ゲッターズ飯田の五星三心占い
タイプと命数の調べ方

あなたのタイプをチェック！

タイプはサイトからも調べられます

https://www.asahi-getters.com/2024/

五星三心占いとは？

ゲッターズ飯田が26年間で7万人以上を無償で占い続け、占いの勉強と実践のなかから編み出したもの。6つのタイプがあり、羅針盤座、インディアン座、鳳凰座、時計座、カメレオン座、イルカ座と、実際の星座に由来して名づけています。それぞれに「金」「銀」があり、さらに、もっている欲望をかけ合わせた、全120タイプで細かく性格を分析し、運命を読み解きます。

三心

羅針盤座　…　オン座　イルカ座

金　銀　…　銀　金　銀

×

10種類

五星

自我欲　食欲・性欲　金欲・財欲　権力・支配欲　創作欲

陽　陰　陽　陰　陽　陰　陽　陰　陽　陰

かけ合わせて全120!!

STEP 1 あなたの【命数】は?

五星三心占いでは、生年月日ごとに【命数】と呼ばれる数字が
割り当てられています。

命数の調べ方

1 P.18からの「命数表」で
「生まれた年」を探す。

2 横軸で「生まれた月」を探す。

3 縦軸で「生まれた日」を探す。

4 2と3が交差したマスにある数字が、
あなたの【命数】です。

※命数表の【命数】に、さらに別の数字を足したりかけたりする必要はありません。

例 1992年5月8日生まれの場合

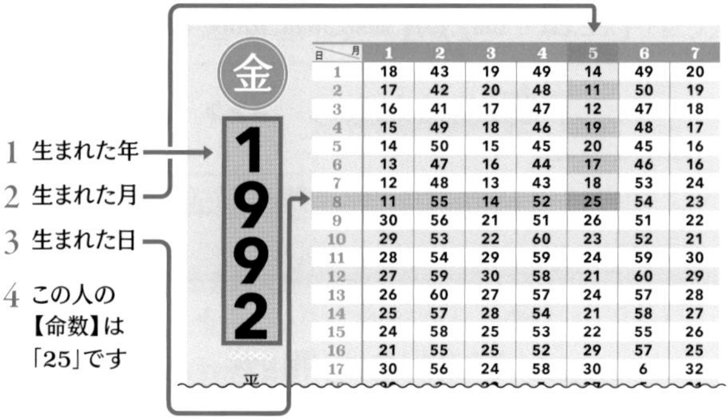

日＼月	1	2	3	4	5	6	7
1	18	43	19	49	14	49	20
2	17	42	20	48	11	50	19
3	16	41	17	47	12	47	18
4	15	49	18	46	19	48	17
5	14	50	15	45	20	45	16
6	13	47	16	44	17	46	16
7	12	48	13	43	18	53	24
8	11	55	14	52	25	54	23
9	30	56	21	51	26	51	22
10	29	53	22	60	23	52	21
11	28	54	29	59	24	59	30
12	27	59	30	58	21	60	29
13	26	60	27	57	24	57	28
14	25	57	28	54	21	58	27
15	24	58	25	53	22	55	26
16	21	55	25	52	29	57	25
17	30	56	24	58	30	6	32

命数表の月と日が交わる箇所の数字が**【命数】**です。
1992年5月8日生まれの人は「**25**」になります。

恋も仕事も
お金も
満足できる年。

収入アップ　臨時ボーナス

素直に助けを求める

生活習慣を見直す

ほめられたら
全力でよろこぶ

重要な仕事を任される

好きな人に告白する

ひとりで
決めすぎない

GOLD PHOENIX

金の鳳凰座

2024年のキーワード

春にチャンス到来

上半期は
新しい
出会いを
求めて
行動する

下半期は
無駄な
夜更かし
禁止

調子に乗れる
だけ乗る

アドバイスを求められたら素直に応える

困っている人を助ける

特技を
アピールする

大きな買い物は4月上旬までに

協力してくれる人に
感謝とねぎらいを
伝える

急な出世

新たな人脈

環境が不満なら
2～3月に引っ越そう

結婚に話が進む

時間をかけたなら
自信をもって行動しよう

これまでの努力が
実る上半期

現状を守る準備を
するといい下半期

「2年間恋人ナシ」なら
2～3月に大胆なイメチェンを

素敵な恋が
できる年

上半期は
即行動

投資をするなら春までに

11月までに人間ドックへ

固定費削減

貯金を増やす

言いたいことをハッキリ伝える

「先がないとわかっている恋」は終わりに

必要な資格があるなら勉強スタート

好きなことをアピール

手紙

CONTENTS

＼｜／
ときどき見返そう

第2部

金の鳳凰座が さらに運気を上げるために

この本を手にしたあなたへ

『ゲッターズ飯田の五星三心占い2024』をご購入いただき、ありがとうございます。占いは「当たった、外れた」と一喜一憂したり、「やみくもに信じるもの」ではなく、人生をよりよくするための道具のひとつ。いい結果なら当てにいき、悪い内容なら外れるよう努力することが重要です。この本を「読んでおしまい」にせず、読んで使って心の支えとし、「**人生の地図**」としてご活用いただけたら幸いです。

2024年は「金・銀の鳳凰座」「金のインディアン座」「金の羅針盤座」の運気がよく、**個の力が強くなるような流れ**になります。個人の力を育て、しっかり根を張り芽を伸ばす大切な年。また2024年は辰年で、辰は目に見えない龍ですから、どれだけ水面下で頑張り、努力しておくかが重要になります。結果をすぐに出そうと焦らず、じっくりゆっくり力をつける1年を目指してみるといいでしょう。

この本の特長は、**2024年の開運3か条**(P.74)、**毎月の開運3か条**(P.96 ～)、**命数別の開運アクション**(P.175 ～)です。これらをできるだけ守って過ごせば開運できるようになっているので、何度も読み返してください。**運気グラフ**(P.72、94)を見ておくことも大事。大まかな運気の流れがわかると、計画を立てやすくなるでしょう。

また、「占いを使いこなす」には、他人を占い、それに応じた行動をしてこそ。2024年の人間関係をよくするためにも、**ほかのタイプや気になる人の命数ページ**も読んでみるといいでしょう。

2024年の目標を立てる、他人のことを知る、話のネタにする……。自分も周りも笑顔にするために、この本をたくさん使ってください。

金の鳳凰座が

2024年をよりよく過ごすために

「金の鳳凰座」の2024年は、「ブレーキの年」。
「ブレーキの年」は、急ブレーキがかかって止まるような運気ではなく、2025年に向けてゆっくりスピードを落としながら調整していくような運気です。

2024年の上半期は実力を出し切るつもりで、ときには思い切った勝負や行動に出ても問題ないでしょう。結婚や起業など長年の夢も叶いやすいので、遠慮は無用です。「運気がいい」と信じて行動し、視野を広げていきましょう。また、ひとりの時間より人に会う時間を増やし、自分とは違う価値観や発想力をもつ人と話す機会をつくることも重要です。あなたが会話の中心にならなくても、人との交流を楽しんで「聞き上手」になれるよう努めましょう。
下半期は、自分の向き不向きをもっと素直に考え、何を守るべきかを見極めると、おのずと進むべき道が見えてくるでしょう。

2024年をよりよく過ごすには、2023年のうちから得意なことや好きなことを、周囲に言葉や行動で伝えておくことも大切。自分の好きなことで周りによろこんでもらえるよう、人の役に立てる部分を見つけていきましょう。

ゲッターズ飯田

12タイプ別

2024年の相関図

銀のインディアン座

マイペースな
中学生タイプ

距離感が大事

協力すると最強

金の 鳳《ほう》凰《おう》座
（あなたと同じタイプの人）

金のイルカ座

負けず嫌いな
頑張り屋

強い絆が生まれる予感

金の 鳳《ほう》凰《おう》座

忍耐強い情熱家

頼りになる人

銀のイルカ座

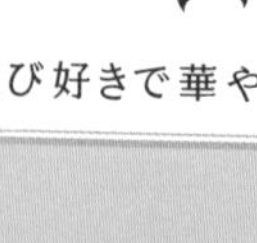

遊び好きで華やか

歴史の話で盛り上がる

金のカメレオン座

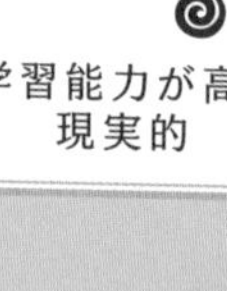

学習能力が高く
現実的

あなたを中心とした、2024年の全タイプとの関係を図にしました。
人間関係や付き合い方の参考にしてみてください。

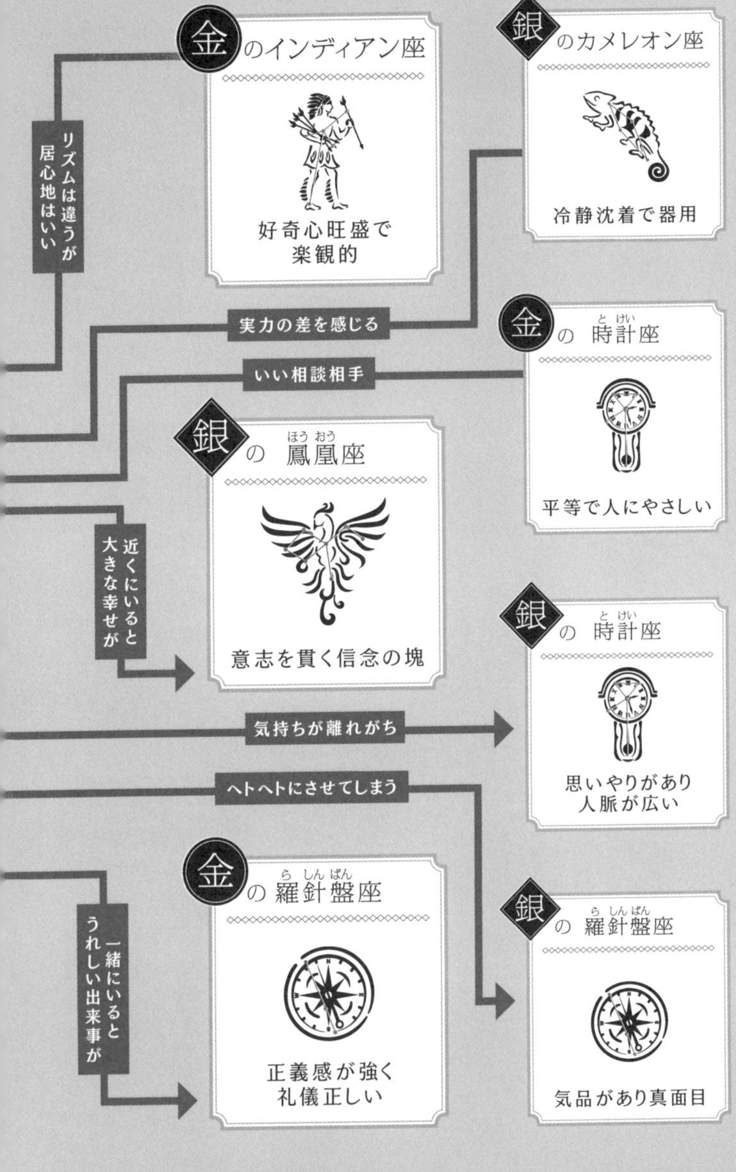

運気記号の説明

本書に出てくる「運気の記号」を解説します。

運気グラフ

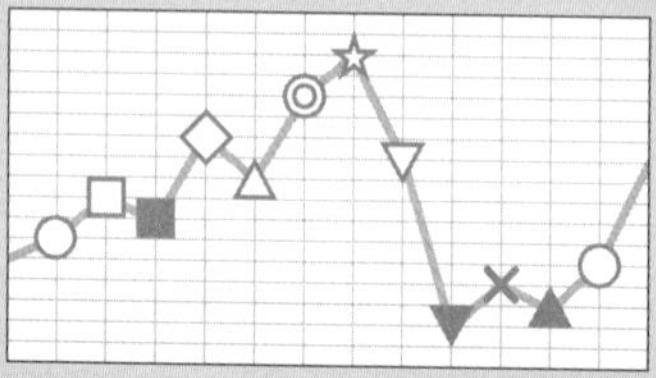

ATTENTION

運気のレベルは、タイプやその年によって変わります。

運気カレンダー

10（水）	◎	自信をもって仕事に取り組むことが大切 は堂々としておくことでいい結果につな みるとうまくいきそうです。
11（木）	☆	これまでの積み重ねがいいかたちになっ 役立つことがありそう。自分のことだけ 謝されたり、いつかあなたが困ったとき
12（金）	▽	順調に物事が進む日ですが、終業間際 で慌ただしくなったり、残業することがあ や部下の動きをチェックしておきましょう
13（土）	▼	うっかり約束を忘れてしまったり、操作 思った以上に油断しがちなので、気をつ
14（日）	×	手先が不器用なことを忘れて細かい作 りそう。得意な人にお願いして助けても 切ったり、ドアに指をはさんで痛い思い

チャレンジ ○

チャレンジの月

新しい環境に身をおくことや変化が多くなる月。不慣れなことも増えて苦労を感じる場合も多いですが、自分を鍛える時期だと受け止め、至らない部分を強化するように努めましょう。新しい出会いも増えて、長い付き合いになったり、いい経験ができたりしそうです。

チャレンジの日

新しいことへの積極的な挑戦が大事な日。ここでの失敗からは学べることがあるので、まずはチャレンジすることが重要です。新しい出会いも増えるので、知り合いや友人の集まりに参加したり、自ら人を集めたりすると運気が上がるでしょう。

開運アクション

- 「新しいこと」に注目する
- 「未体験」に挑む
- 迷ったら行動する
- 遠慮しない
- 経験と人脈を広げる
- 失敗を恐れない

健康管理 □

健康管理の月

求められることが増え、疲れがドンドンたまってしまう月。公私ともに予定がいっぱいになるので、計画をしっかり立てて健康的な生活リズムを心がける必要があるでしょう。とくに、下旬から体調を崩してしまうことがあるので、無理はしないように。

健康管理の日

計画的な行動が大事な日。予定にないことをすると夕方以降に体調を崩してしまうことがあるでしょう。日中は、何事にも積極的に取り組むことが重要ですが、慎重に細部までこだわりましょう。挨拶や礼儀などをしっかりしておくことも大切に。

開運アクション

- この先の目標を立てる
- 計画をしっかり立てる
- 軌道修正する
- 向き不向きを見極める
- 健康的な生活リズムをつくる
- 自分磨きをする

リフレッシュ■	リフレッシュの月	体力的な無理は避けたほうがいい月。「しっかり仕事をしてしっかり休む」ことが大事です。限界を感じる前に休み、スパやマッサージなどで心身を癒やしましょう。下旬になるとチャンスに恵まれるので、体調を万全にしておき、いい流れに乗りましょう。	**開運アクション** ◆無理しない ◆頑張りすぎない ◆しっかり休む ◆生活習慣を整える ◆心身ともにケアする ◆不調を放っておかない
	リフレッシュの日	心身ともに無理は避け、リフレッシュを心がけることで運気の流れがよくなる日。とくに日中は疲れやすくなるため、体を休ませる時間をしっかりとり、集中力の低下や仕事の効率の悪化を避けるようにしましょう。夜にはうれしい誘いがありそう。	
解放◇	解放の月	良くも悪くも目立つ機会が増え、気持ちが楽になる出来事がある月。運気が微妙なときに決断したことから離れたり、相性が悪い人との縁が切れたりすることもあるでしょう。この時期は積極性が大事で、遠慮していると運気の流れも引いてしまいます。	**開運アクション** ◆自分らしさを出す ◆積極的に人と関わる ◆積極的に自分をアピールする ◆勇気を出して行動する ◆執着しない ◆思い切って判断する
	解放の日	面倒なことやプレッシャーから解放される日。相性が悪い人と縁が切れて気持ちが楽になったり、あなたの魅力が輝いて、才能や努力が注目されたりすることがあるでしょう。恋愛面では答えが出る日。夜のデートはうまくいく可能性が高いでしょう。	
準備△	準備の月	準備や情報の不足、確認ミスなどを自分でも実感してしまう月。事前の準備やスケジュールの確認を忘れずに。ただ、この月は「しっかり仕事をして計画的に遊ぶ」ことも大切。また、「遊び心をもつ」と運気がよくなるでしょう。	**開運アクション** ◆事前準備と確認を怠らない ◆うっかりミスに注意 ◆最後まで気を抜かない ◆浮ついた気持ちに注意 ◆遊び心を大切にする ◆遊ぶときは全力で
	準備の日	何事にも準備と確認作業をしっかりすることが大事な日。うっかりミスが多いので、1日の予定を確認しましょう。この日は遊び心も大切なので、自分も周囲も楽しませて、なんでもゲーム感覚で楽しんでみると魅力が輝くこともあるでしょう。	

幸運◎	幸運の月	努力を続けてきたことがいいかたちとなって表れる月。遠慮せずにアピールし、実力を全力で出し切るといい流れに乗れるでしょう。また、頑張りを見ていた人から協力を得られることもあり、チャンスに恵まれる可能性も高くなります。	開運アクション ◆過去の人やものとのつながりを大切にする ◆新しい人やものより、なじみのある人やものを選ぶ ◆諦め切れないことに再挑戦する ◆素直に評価を受け入れる ◆決断をする ◆スタートを切る
	幸運の日	秘めていた力を発揮することができる日。勇気を出した行動でこれまで頑張ってきたことが評価され、幸運をつかめるでしょう。恋愛面では相性がいい人と結ばれたり、すでに知り合っている人と縁が強くなったりするので、好意を伝えるといい関係に進みそう。	
開運☆	開運の月	運気のよさを感じられて、能力や魅力を評価される月。今後のことを考えた決断をするにも最適です。運命的な出会いがある可能性も高いので、人との出会いを大切にしましょう。幸運を感じられない場合は、環境を変えてみるのがオススメです。	開運アクション ◆夢を叶えるための行動を起こす ◆自分の意見や感覚を大事にする ◆自分から積極的に人に関わっていく ◆大きな決断をする ◆やりたいことのスタートを切る ◆自らチャンスをつかみにいく
	開運の日	運を味方にできる最高の日。積極的に行動することで自分の思い通りに物事が運びます。告白、プロポーズ、結婚、決断、覚悟、買い物、引っ越し、契約などをするには最適なタイミング。ここで決めたら簡単に変えないことが大事です。	
ブレーキ▽	ブレーキの月	中旬までは積極的に行動し、前月にやり残したことを終えておくといい月。契約などの決断は中旬までに。それ以降に延長される場合は縁がないと思って見切りをつけるといいでしょう。中旬以降は、現状を守るための判断が必要となります。	開運アクション ◆朝早くから活動する ◆やるべきことがあるなら明るいうちに済ます ◆昨日やり残したことを日中に終わらせる ◆夕方以降はゆったりと過ごす ◆夜は活動的にならない
	ブレーキの日	日中は積極的に行動することでいい結果に結びつきますが、夕方あたりから判断ミスをするなど「裏の時期」の影響がジワジワ出てくる日。大事なことは早めに終わらせて、夜はゆっくり音楽を聴いたり、本を読んでのんびりするといいでしょう。	

開運☆・幸運◎の活かし方

いい運気を味方につけて スタートを切ることが大事

運気のいい年、月、日には、「何かいいことがあるかも」と期待してしまいますが、**「これまでの積み重ねに結果が出るとき」**です。努力したご褒美として「いいこと」が起きるので、逆に言えば、積み重ねがなければ何も起きず、悪いことを積み重ねてしまったら、悪い結果が出てしまいます。また、**「決断とスタートのとき」**でもあります。運気のいいときの決断やスタートには運が味方してくれ、タイミングを合わせれば力を発揮しやすくもなります。「自分を信じて、決断し、行動する」。この繰り返しが人生ですが、見えない流れを味方につけると、よりうまくいきやすくなります。このいい流れのサイクルに入るには、「いい運気のときに行動する」。これを繰り返してみてください。

大切なのは、行動すること。いくら運気がよくても、行動しなければ何も起きません。運気のいい年、月、日に**タイミングを合わせて動いてみて**ください。

※運気により「☆、◎の月日」がない年もあります。その場合は「◇、○の月日」に行動してみてください。

2024年 金の鳳凰座

運気のいい時期(開運、幸運など)に心がけたい10のこと

1. ご機嫌でいれば、自然と運はよくなるものだと知る
2. 人のよろこびを、一緒によろこべる人になる
3. 「ここにつながるのか」と思えるまで頑張るといい
4. 自分の夢や希望に見合った言葉を使う
5. 多くの人から感謝されるような生き方をする
6. 自分のためではなく、恩返しのために努力する
7. 「完璧」でなく「最善」を目指す
8. 諦めたら終わり。諦めるから次がある。両方忘れない
9. 人生は、「感謝できることを見つけるゲーム」だと思う
10. ほめられたら素直によろこぶ

乱気▼	乱気の月	「五星三心占い」でもっとも注意が必要な月。人間関係や心の乱れ、判断ミスが起きやすく、現状を変える決断は避けるべきです。ここでの決断は、幸運、開運の時期にいい結果に結びつかなくなる可能性があります。新しい出会いはとくに注意。運命を狂わせる相手の場合も。	**開運アクション** ◆**現状を受け入れる** ◆**問題は100%自分の責任だと思う** ◆**マイナス面よりもプラス面を探す** ◆**何事もいい経験だと思う** ◆**周囲からのアドバイスにもっと素直になる** ◆**自分中心に考えない** ◆**流れに身を任せてみる** ◆**何事もポジティブ変換してみる** ◆**自分も他人も許す** ◆**感謝できることをできるだけ見つける**
	乱気の日	「五星三心占い」でもっとも注意が必要な日。判断ミスをしやすいので、新たな挑戦や大きな決断は避けることが大事。今日の出来事は何事も勉強だと受け止め、不運に感じることは「このくらいで済んでよかった」と考えましょう。	
裏運気✕	裏運気の月	裏目に出ることが多い月。体調を崩したり、いまの生活を変えたくなったりします。自分の裏側の才能が出る時期でもあり、これまでと違う興味や関係をもつことも。不慣れや苦手なことを知る経験はいい勉強になるので、しっかり受け止め、自分に課題が出たと思うようにしましょう。	
	裏運気の日	自分の裏の才能や個性が出る日。「運が悪い」のではなく、ふだん鍛えられない部分を強化する日で、自分でも気づかなかった能力に目覚めることもあります。何をすれば自分を大きく成長させられるのかを考えて行動するといいでしょう。	
整理▲	整理の月	裏運気から表の運気に戻ってくる月。本来の自分らしくなることで、不要なものが目について片付けたくなります。ドンドン捨てると運気の流れがよくなるでしょう。下旬になると出会いが増え、物事を前向きにとらえられるようになります。	**開運アクション** ◆**不要なものを手放す** ◆**身の回りの掃除をする** ◆**人間関係を見直す** ◆**去る者を追わない** ◆**物事に区切りをつける** ◆**執着をなくす**
	整理の日	裏運気から本来の自分である表の運気に戻る日。日中は運気が乱れやすく判断ミスが多いため、身の回りの整理整頓や掃除をしっかりすることが大事。行動的になるのは夕方以降がいいでしょう。恋愛面では失恋しやすいですが、覚悟を決めるきっかけもありそうです。	

＝ 運気の影響がない日……良くも悪くも運気に左右されない日

乱気▼・裏運気✕の乗りこなし方

「裏の欲望」がわかり
「裏の自分」に会える

「五星三心占い」では、12年のうちの2年、12か月のうちの2か月、12日のうちの2日を、大きなくくりとして**「裏の時期（乱気＋裏運気）」**と呼び、**「裏の欲望（才能）が出てくる時期」**と考えます。人は誰しも欲望をもっていますが、ほしいと思う「欲望の種類」が違うため、「うれしい、楽しい」と感じる対象や度合いは人により異なります。同じ欲望ばかり体験していても、いずれ飽きてしまい、違うものを求めたくなります。そのタイミングが「裏の時期」です。

「裏の時期」には「裏の自分」が出てきます。たとえば、人と一緒にいるのが好きなタイプはひとりの時間が増え、ひとりが心地いい人は、大勢と絡まなくてはならない状況になる。恋愛でも、好みではない人が気になってくる……。本来の「自分らしさ」とは逆のことが起こるので、「慣れなくてつらい」と感じるのです。

しかし、だからこそふだんの自分とは違った体験ができて、視野が広がり学べることも。**この時期を乗り越えると、大きく成長できます。**「悪い運気」というわけではないのです。

2024年 金の鳳凰座
裏の時期（乱気＋裏運気）に心にとどめたい10のこと

❶「すみません」を「ありがとうございます」に変える
❷ 他人に過度な期待をしない
❸ 本気でやろうとしないから、できないんだと気づく
❹ 過ぎたことにこだわらず、失敗や挫折から学ぶ
❺ 好きでも不向きなものがあることを知る
❻ やる気は、行動した先に生まれるものだと覚えておく
❼ 勝てないなら、素直に見習う
❽ 学んだから楽しめる。 楽しむには学ぶ必要がある
❾ 怒る前に「自分の伝え方が悪いのでは?」と振り返る
❿ すべての人に、必ず尊敬できる部分はあるもの

命数を調べるときの注意点

命数は足したり引いたりしない

「五星三心占い」の基本は「四柱推命」という占いですが、計算が複雑なので、この本の命数表には、先に計算を済ませたものを載せています。ですから、命数表に載っている数字が、そのまま「あなたの命数」になります。生年月日を足したり引いたりする必要はありません。

深夜0時〜日の出前の時間帯に生まれた人

深夜0時から日の出前の時間帯に生まれた人は、前日の運気の影響を強く受けている可能性があります。本来の生年月日で占ってみて、内容がしっくりこない場合は、生年月日の1日前の日でも占ってみてください。もしかすると、前日の運気の影響を強く受けているタイプかもしれません。

また、日の出の時刻は季節により異なりますので、生まれた季節で考えてみてください。

戸籍と本当の誕生日が違う人

戸籍に記載されている日付と、実際に生まれた日が違う人は、「実際に生まれた日」で占ってください。

命数表

【命数】とはあなたの運命をつかさどる数字です。
生年月日ごとに割り当てられています。

タイプの区分

生まれた西暦年
偶数年…金
奇数年…銀

命数 1 ～ 10 羅針盤座

命数 11 ～ 20 インディアン座

命数 21 ～ 30 鳳凰座

命数 31 ～ 40 時計座

命数 41 ～ 50 カメレオン座

命数 51 ～ 60 イルカ座

詳しい調べ方は、巻頭の折込ページをチェック!

※1930（昭和5）～1938（昭和13）年の命数は『ゲッターズ飯田の「五星三心占い」新・決定版』

銀

1939

昭和14年生 ★ 満85歳

日＼月	1	2	3	4	5	6	7	8	9	10	11	12
1	36	1	40	8	31	10	39	10	32	1	37	1
2	35	10	37	7	32	7	38	9	39	10	38	2
3	34	9	38	6	39	8	37	8	40	9	45	19
4	33	8	35	5	40	5	36	7	47	18	46	20
5	32	8	36	4	37	6	35	16	48	17	43	17
6	31	15	33	3	37	13	44	15	45	16	43	18
7	50	16	34	12	45	14	43	14	46	15	41	15
8	49	13	41	11	46	11	42	14	43	14	42	16
9	48	14	42	20	43	12	41	11	44	13	49	13
10	47	11	49	19	44	19	50	12	41	12	50	14
11	46	12	50	18	41	20	49	19	42	11	47	11
12	45	19	47	17	42	17	48	20	49	20	48	12
13	44	18	48	16	49	18	47	17	50	19	55	29
14	43	15	45	15	42	15	46	18	57	28	56	30
15	42	16	46	14	49	16	45	25	58	27	53	24
16	49	23	43	11	50	23	54	30	55	26	60	28
17	58	24	43	30	57	25	53	27	56	25	57	25
18	57	21	52	29	58	24	60	28	53	24	58	26
19	54	30	51	23	55	23	59	25	53	29	55	24
20	53	27	60	24	56	22	58	26	52	28	56	23
21	52	28	59	21	59	21	51	23	51	24	53	22
22	51	25	58	22	60	30	60	24	59	27	54	21
23	60	26	57	29	57	29	59	29	59	28	9	40
24	59	23	56	30	58	28	58	30	8	35	10	39
25	58	24	55	27	55	27	57	37	7	36	7	38
26	57	31	54	28	56	36	6	38	6	33	8	37
27	6	32	53	35	3	33	5	35	5	34	5	36
28	5	39	2	36	4	32	4	36	4	31	6	35
29	4		1	33	1	31	3	33	3	32	3	34
30	3		10	34	2	40	2	34	2	39	4	33
31	2		9		9		1	31		40		32

金

1940

昭和15年生 ★ 満84歳

日＼月	1	2	3	4	5	6	7	8	9	10	11	12
1	31	16	34	12	45	14	43	14	46	15	41	15
2	48	15	41	11	46	11	42	13	43	14	42	16
3	49	14	42	20	43	12	41	12	44	13	49	13
4	48	13	49	19	44	19	50	11	41	12	50	14
5	47	11	50	18	41	20	49	20	42	11	47	11
6	46	12	47	17	42	17	48	19	49	20	48	12
7	45	19	48	16	49	18	47	18	50	19	55	29
8	44	20	45	15	50	15	46	18	57	28	56	30
9	43	17	46	14	47	16	45	25	58	27	53	27
10	42	18	43	13	48	23	54	26	55	26	54	30
11	41	25	44	22	55	24	53	23	56	25	51	25
12	60	26	51	21	56	21	52	24	53	24	52	26
13	59	21	52	30	53	22	51	21	54	23	59	23
14	58	22	59	29	56	29	60	22	51	22	60	24
15	57	29	60	26	53	30	59	29	52	21	53	21
16	57	30	57	25	54	27	58	24	59	30	54	22
17	53	27	57	24	51	29	55	21	60	29	1	39
18	52	28	56	30	52	28	54	22	7	34	2	39
19	59	25	55	27	59	27	53	39	7	33	9	38
20	58	24	54	28	60	36	6	40	6	32	10	37
21	57	31	53	35	3	35	5	37	5	34	7	36
22	6	32	2	36	4	34	4	38	4	31	6	35
23	5	39	1	33	1	33	3	33	3	32	3	34
24	4	40	10	34	2	32	2	34	2	39	4	33
25	3	37	9	31	9	31	1	31	1	40	1	32
26	2	38	8	32	10	38	10	32	10	37	2	31
27	1	35	7	39	7	37	9	39	9	38	19	50
28	10	36	6	40	8	36	8	40	18	45	20	49
29	9	33	5	37	5	35	7	47	17	46	17	48
30	8		4	38	6	44	16	48	16	43	18	47
31	7		3		13		15	45		44		46

命数が…… 1~10 羅針盤座　11~20 インディアン座　21~30 鳳凰座

に載っています。

銀

1941

昭和16年生 ★ 満83歳

日＼月	1	2	3	4	5	6	7	8	9	10	11	12
1	45	20	47	17	42	17	48	19	49	20	48	12
2	44	19	48	16	49	18	47	18	50	19	55	29
3	43	18	45	15	50	15	46	17	57	28	56	30
4	42	18	50	14	47	16	45	26	58	27	53	27
5	41	25	47	13	43	23	54	25	55	26	54	28
6	60	26	44	22	52	24	53	24	56	25	51	25
7	59	23	56	21	56	21	52	21	53	24	52	26
8	58	24	52	30	53	22	51	21	54	24	59	23
9	57	21	59	29	54	29	60	22	51	22	60	24
10	56	22	60	28	51	30	59	29	52	21	57	21
11	55	29	57	27	52	27	58	30	59	30	58	22
12	54	21	58	26	59	28	57	27	60	29	5	39
13	53	25	55	25	60	25	56	28	7	38	6	40
14	52	26	56	24	59	26	55	35	8	37	3	37
15	51	33	53	21	60	33	4	36	5	36	4	38
16	8	34	54	40	7	34	3	37	6	35	7	35
17	7	31	2	39	8	34	10	38	3	34	8	36
18	6	32	1	33	5	33	9	35	4	33	5	34
19	3	37	10	34	6	32	8	36	2	38	6	33
20	2	38	9	31	3	31	1	33	1	37	3	32
21	1	35	8	32	10	40	10	34	10	36	4	31
22	10	36	7	39	7	39	9	31	9	38	11	50
23	9	33	6	40	8	38	8	40	18	45	20	49
24	8	34	5	37	5	37	7	47	17	46	17	48
25	7	41	4	38	6	46	16	48	16	43	18	47
26	17	42	3	45	13	45	15	45	15	44	15	46
27	15	49	12	46	14	42	14	46	14	41	16	45
28	14	50	11	43	11	41	13	43	13	42	13	44
29	13		20	44	12	50	12	44	12	49	14	43
30	12		19	41	19	50	11	41	11	50	11	42
31	11		18		20		20	42		47		41

金

1942

昭和17年生 ★ 満82歳

日＼月	1	2	3	4	5	6	7	8	9	10	11	12
1	60	25	44	22	55	24	53	24	56	25	51	25
2	59	24	51	21	56	21	52	23	53	24	52	26
3	58	23	52	30	53	22	51	22	54	23	59	23
4	57	21	59	29	54	29	60	21	51	22	60	24
5	56	22	60	28	51	30	59	30	52	21	57	21
6	55	29	57	27	52	27	58	29	59	28	58	22
7	54	30	58	26	59	28	57	28	60	29	5	39
8	53	27	55	25	60	25	56	28	7	38	6	40
9	52	28	56	24	57	26	55	35	8	37	3	37
10	51	35	53	23	58	33	4	36	5	36	4	38
11	10	36	54	32	5	34	3	33	6	35	1	35
12	9	31	1	31	6	31	2	34	2	34	2	36
13	8	32	2	40	3	32	1	31	4	33	9	33
14	7	39	9	39	6	39	10	32	1	32	10	34
15	6	40	10	36	3	40	9	39	2	31	7	31
16	3	37	7	35	4	37	8	34	9	40	4	32
17	2	38	7	34	1	39	7	31	10	39	11	49
18	1	35	6	40	2	38	4	32	17	48	12	50
19	8	34	5	37	9	37	3	49	17	43	19	48
20	7	41	4	38	10	46	12	50	16	42	20	47
21	16	42	3	45	13	45	15	47	15	41	17	46
22	15	49	12	46	14	44	14	48	14	41	18	45
23	14	50	11	43	11	43	13	43	13	42	13	44
24	13	47	20	44	12	42	12	44	12	49	14	43
25	12	48	19	41	19	41	11	41	11	50	11	42
26	11	45	18	42	20	50	20	42	20	47	12	41
27	20	46	17	49	17	47	19	49	19	48	29	60
28	19	43	16	50	18	46	18	50	28	55	30	59
29	18		15	47	15	45	17	57	27	56	27	58
30	17		14	48	16	54	26	58	26	53	28	57
31	26		13		23		25	55		54		56

31~40 時計座　41~50 カメレオン座　51~60 イルカ座

銀

1943

昭和18年生 ★ 満81歳

日＼月	1	2	3	4	5	6	7	8	9	10	11	12
1	55	30	57	27	52	27	58	29	59	30	58	22
2	54	29	58	26	59	28	57	28	60	29	5	39
3	53	28	55	25	60	25	56	27	7	38	6	40
4	51	27	56	24	57	26	55	36	8	37	3	37
5	51	35	53	23	58	33	4	35	5	36	4	38
6	10	36	54	32	3	34	3	34	6	35	1	35
7	9	33	1	31	6	31	2	33	3	37	2	36
8	8	34	2	40	3	32	1	31	4	33	9	33
9	7	31	9	39	4	39	10	32	1	32	10	34
10	6	32	10	38	1	40	9	39	2	31	7	31
11	5	39	7	37	2	37	8	40	9	40	8	32
12	4	40	8	36	9	38	7	37	10	39	15	49
13	3	35	5	35	10	35	6	38	17	48	16	50
14	2	36	6	34	1	36	5	45	18	47	13	47
15	1	43	3	33	2	43	14	46	15	46	14	48
16	18	44	4	50	17	44	13	47	16	45	17	45
17	17	41	12	49	18	44	12	48	13	44	18	46
18	16	42	11	48	15	43	19	45	14	43	17	45
19	13	49	20	44	16	42	18	46	12	48	16	46
20	12	48	19	41	13	41	17	43	11	47	13	43
21	11	45	18	42	20	50	20	44	20	46	14	44
22	20	46	17	49	17	49	19	41	19	48	21	51
23	19	43	16	50	18	48	18	50	28	55	30	60
24	18	44	15	47	15	47	17	57	27	56	27	57
25	17	51	14	48	16	56	26	58	26	53	28	58
26	26	52	13	55	23	55	25	55	25	54	25	55
27	25	59	22	56	24	52	24	56	24	51	26	55
28	24	60	21	53	21	51	23	53	23	52	23	54
29	23		30	54	22	60	22	54	22	59	24	53
30	22		29	51	29	59	21	51	21	60	21	52
31	25		28		30		30	52		57		51

金

1944

昭和19年生 ★ 満80歳

日＼月	1	2	3	4	5	6	7	8	9	10	11	12
1	10	35	1	31	6	31	2	33	3	34	2	36
2	9	34	2	38	3	32	1	32	4	33	9	33
3	8	33	9	39	4	39	10	31	1	32	10	34
4	7	32	10	38	1	40	9	40	2	31	7	31
5	6	32	7	37	2	37	8	39	9	40	8	32
6	5	39	8	36	9	38	8	38	10	39	15	49
7	4	40	5	35	10	35	6	35	17	48	16	50
8	3	37	6	34	7	36	5	45	18	47	13	47
9	2	38	3	33	8	43	14	46	15	46	14	48
10	2	45	4	42	15	44	13	43	16	45	11	45
11	19	46	11	41	16	41	12	44	13	44	12	46
12	19	43	12	50	13	42	11	41	14	43	19	43
13	18	42	19	49	14	49	20	42	11	42	20	44
14	17	49	20	48	13	50	19	49	12	41	17	41
15	16	50	17	45	14	47	18	50	19	50	14	42
16	13	47	18	44	11	48	17	41	20	49	21	59
17	15	48	16	43	12	48	14	42	27	58	22	60
18	11	45	15	47	19	47	13	59	28	53	29	58
19	18	46	14	45	19	56	22	60	26	52	30	57
20	17	51	13	55	27	55	25	57	25	51	27	56
21	26	52	22	56	24	54	24	58	27	51	28	55
22	25	59	21	53	21	53	23	55	23	52	23	54
23	24	60	28	54	22	52	22	54	22	59	24	53
24	23	57	29	51	29	51	21	51	21	60	21	52
25	22	58	28	52	30	60	30	52	30	57	22	51
26	21	55	27	59	27	59	29	59	29	58	39	10
27	30	56	26	60	28	56	28	60	38	5	40	9
28	29	53	25	57	25	55	27	7	37	6	37	8
29	28	54	24	58	26	4	36	8	36	3	38	7
30	27		23	5	33	3	35	5	35	4	35	6
31	36		32		34		34	6		1		5

命数が…… 1~10 羅針盤座　11~20 インディアン座　21~30 鳳凰座

銀 1945

昭和20年生★満79歳

日＼月	1	2	3	4	5	6	7	8	9	10	11	12
1	4	39	8	36	9	38	7	38	10	39	15	49
2	3	38	5	35	10	35	6	37	17	48	16	50
3	2	37	6	34	7	36	5	46	18	47	13	47
4	1	45	3	33	8	43	14	45	15	46	14	48
5	20	46	8	42	15	44	13	44	16	45	11	45
6	19	43	11	41	16	41	12	43	13	44	12	46
7	18	44	12	50	13	42	11	42	14	43	19	43
8	17	41	19	49	14	49	20	42	11	42	20	44
9	16	42	20	48	11	50	19	49	12	41	17	41
10	15	49	17	47	12	47	18	50	19	50	18	42
11	14	50	18	46	19	48	17	47	20	49	25	59
12	13	45	15	45	20	45	16	48	27	58	26	60
13	12	46	16	44	17	46	15	55	28	57	23	57
14	11	53	13	43	20	53	24	56	25	56	24	58
15	30	54	14	60	27	54	23	53	26	55	21	55
16	27	51	21	59	28	51	22	58	23	54	28	56
17	26	52	21	58	25	53	29	55	24	53	25	53
18	25	59	30	54	26	52	28	56	21	52	26	53
19	22	58	29	51	23	51	27	53	21	57	23	52
20	21	55	28	52	24	60	30	54	30	56	24	51
21	30	56	27	59	27	59	29	51	29	55	31	10
22	29	53	26	60	28	58	28	52	38	5	32	9
23	28	54	25	57	25	57	27	7	37	6	37	8
24	27	1	24	58	26	6	36	8	36	3	38	7
25	36	2	23	5	33	5	35	5	35	4	35	6
26	35	9	32	6	34	4	34	6	34	1	36	5
27	34	10	31	3	31	1	33	3	33	2	33	4
28	33	7	40	4	32	10	32	4	32	9	34	3
29	32		39	1	39	9	31	1	31	10	31	2
30	31		38	2	40	8	40	2	40	7	32	1
31	40		37		37		39	9		8		20

金 1946

昭和21年生★満78歳

日＼月	1	2	3	4	5	6	7	8	9	10	11	12
1	19	44	11	41	16	41	12	43	13	44	12	46
2	18	43	12	50	13	42	11	42	14	43	19	43
3	17	42	19	49	14	49	20	41	11	42	20	44
4	16	42	20	48	11	50	19	50	12	41	17	41
5	15	49	11	47	12	47	18	49	19	50	18	42
6	14	50	18	46	19	48	17	48	20	49	25	59
7	13	47	15	45	20	45	15	47	27	58	26	60
8	12	48	16	44	17	46	15	55	28	57	23	57
9	11	55	13	43	18	53	24	56	25	56	24	58
10	30	56	14	52	25	54	23	53	26	55	21	55
11	29	53	21	51	26	51	22	54	23	54	22	56
12	28	52	22	60	23	52	21	51	24	53	29	53
13	27	59	29	59	24	59	30	52	21	52	30	54
14	26	60	30	58	23	60	29	59	22	51	27	51
15	25	57	27	55	24	57	28	60	29	60	28	52
16	22	58	28	54	21	58	27	51	30	59	31	9
17	21	55	26	53	22	58	26	52	37	8	32	10
18	30	56	25	57	29	57	23	9	38	7	39	7
19	27	1	24	58	30	6	32	10	36	2	40	7
20	36	2	23	5	37	5	31	7	35	1	37	6
21	35	9	32	6	34	4	34	8	34	10	38	5
22	34	10	31	3	31	3	33	5	33	2	35	4
23	33	7	40	4	32	2	32	4	32	9	34	3
24	32	8	39	1	39	1	31	1	31	10	31	2
25	31	5	38	2	40	10	40	2	40	7	32	1
26	40	6	37	9	37	9	39	9	39	8	49	20
27	39	3	36	10	38	6	38	10	48	15	50	19
28	38	4	35	7	35	5	37	17	47	16	47	18
29	37		34	8	36	14	46	18	46	13	48	17
30	46		33	15	43	13	45	15	45	14	45	16
31	45		42		44		44	16		11		15

31~40 時計座　**41~50** カメレオン座　**51~60** イルカ座

銀 1947

昭和22年生 ★ 満77歳

日＼月	1	2	3	4	5	6	7	8	9	10	11	12
1	14	49	18	46	19	48	17	48	20	49	25	59
2	13	48	15	45	20	45	16	47	27	58	26	60
3	12	47	16	44	17	46	15	56	28	57	23	57
4	11	56	13	43	18	53	24	55	25	56	24	58
5	30	56	14	52	25	54	23	54	26	55	21	55
6	29	53	21	51	26	51	22	53	23	54	22	56
7	28	54	22	60	23	52	21	52	24	53	29	53
8	27	51	29	59	24	59	30	52	21	52	30	54
9	26	52	30	58	21	60	29	59	22	51	27	51
10	25	59	27	57	22	57	28	60	29	60	28	52
11	24	60	28	56	29	58	27	57	30	59	35	9
12	23	57	25	55	30	55	26	58	37	8	36	10
13	22	56	26	54	27	56	25	5	38	7	33	7
14	21	3	23	53	30	3	34	6	35	6	34	8
15	40	4	24	2	37	4	33	3	36	5	31	5
16	37	1	31	9	38	1	32	8	33	4	38	6
17	36	2	31	8	35	3	31	5	34	3	35	3
18	35	9	40	7	36	2	38	6	31	2	36	4
19	32	10	39	1	33	1	37	3	31	7	33	2
20	31	5	38	2	34	10	36	4	40	6	34	1
21	40	6	37	9	37	9	39	1	39	5	41	20
22	39	3	36	10	38	8	38	2	48	15	42	19
23	38	4	35	7	35	7	37	17	47	16	47	18
24	37	11	34	8	36	16	46	18	46	13	48	17
25	46	12	33	15	43	15	45	15	45	14	45	16
26	45	19	42	16	44	14	44	16	44	11	46	15
27	44	20	41	13	41	11	43	13	43	12	43	14
28	43	17	50	14	42	20	42	14	42	19	44	13
29	42		49	11	49	19	41	11	41	20	41	12
30	41		48	12	50	18	50	12	50	17	42	11
31	50		47		47		49	19		18		30

金 1948

昭和23年生 ★ 満76歳

日＼月	1	2	3	4	5	6	7	8	9	10	11	12
1	29	54	22	60	23	52	21	52	24	53	29	53
2	28	53	29	59	24	59	30	51	21	52	30	54
3	27	52	30	58	21	60	29	60	22	51	27	51
4	26	51	27	57	22	57	28	59	29	60	28	52
5	25	59	28	56	29	58	27	58	30	59	35	9
6	24	60	25	55	30	55	26	57	37	8	36	10
7	23	57	26	54	27	56	25	6	38	7	33	7
8	22	58	23	53	28	3	34	6	35	6	34	8
9	21	5	24	2	35	4	33	3	36	5	31	5
10	40	6	31	1	36	1	32	4	33	4	32	6
11	39	3	32	10	33	2	31	1	34	3	39	3
12	38	4	39	9	34	9	40	2	31	2	40	4
13	37	9	40	8	33	10	39	9	32	1	37	1
14	36	10	37	7	34	7	38	10	39	10	38	2
15	35	7	38	4	31	8	37	7	40	9	41	19
16	32	8	35	3	32	5	36	2	47	18	42	20
17	31	5	35	2	39	7	33	19	48	17	49	17
18	40	6	34	8	40	16	42	20	45	12	50	17
19	37	13	33	15	47	15	41	17	45	11	47	16
20	46	12	42	16	44	14	44	18	44	20	48	15
21	45	19	41	13	41	13	43	15	43	12	45	14
22	44	20	50	14	42	12	42	16	42	19	44	13
23	43	17	49	11	49	11	41	11	41	20	41	12
24	42	18	48	12	50	20	50	12	50	17	42	11
25	41	15	47	19	47	19	49	19	49	18	59	30
26	50	16	46	20	48	18	48	20	58	25	60	29
27	49	13	45	17	45	15	47	27	57	26	57	28
28	48	14	44	18	46	24	56	28	56	23	58	27
29	47	21	43	25	55	23	55	26	55	24	55	26
30	56		52	26	53	22	54	25	54	21	56	25
31	55		51		54		53	23		22		24

命数が…… 1～10 羅針盤座　11～20 インディアン座　21～30 鳳凰座

銀 1949

昭和24年生 ★ 満75歳

日＼月	1	2	3	4	5	6	7	8	9	10	11	12
1	23	58	25	55	30	55	26	57	37	8	36	10
2	22	57	26	54	27	56	25	6	38	7	33	7
3	21	6	23	53	28	3	34	5	35	6	34	8
4	40	6	24	2	35	4	33	4	36	5	31	5
5	39	3	31	1	36	1	32	3	33	4	32	6
6	38	4	32	10	33	2	31	2	34	3	39	3
7	37	1	39	9	34	9	40	1	31	2	40	4
8	36	2	40	8	31	10	39	9	32	1	37	1
9	35	9	37	7	32	7	38	10	39	10	38	2
10	34	10	38	6	39	8	37	7	40	9	45	19
11	33	7	35	5	40	5	36	8	47	18	46	20
12	32	6	36	4	37	6	35	15	48	17	43	17
13	31	13	33	3	38	13	44	16	45	16	44	18
14	50	14	34	12	47	14	43	13	46	15	41	15
15	49	11	41	19	48	11	42	14	43	14	42	16
16	46	12	42	18	45	12	41	15	44	13	45	13
17	45	19	50	17	46	12	48	16	41	12	46	14
18	44	20	49	11	43	11	47	13	42	11	43	12
19	41	15	48	12	44	20	46	14	50	16	44	11
20	50	16	47	19	41	19	49	11	49	15	51	30
21	49	13	46	20	48	18	48	12	58	24	52	29
22	48	14	45	17	45	17	47	29	57	26	59	28
23	47	21	44	18	46	26	56	28	56	23	58	27
24	56	22	43	25	53	25	55	25	55	24	55	26
25	55	29	52	26	54	24	54	26	54	21	56	25
26	54	30	51	23	51	21	53	23	53	22	53	24
27	53	27	60	24	52	30	52	24	52	29	54	23
28	52	28	59	21	59	29	51	21	51	30	51	22
29	51		58	22	60	28	60	22	60	27	52	21
30	60		57	29	57	27	59	29	59	28	9	40
31	59		56		58		58	30		35		39

金 1950

昭和25年生 ★ 満74歳

日＼月	1	2	3	4	5	6	7	8	9	10	11	12
1	38	3	32	10	33	2	31	2	34	3	39	3
2	37	2	39	9	34	9	40	1	31	2	40	4
3	36	1	40	8	31	10	39	10	32	1	37	1
4	35	9	37	7	32	7	38	9	39	10	38	2
5	34	10	38	6	39	8	37	8	40	9	45	19
6	33	7	35	5	40	5	36	7	47	18	46	20
7	32	8	36	4	37	6	35	16	48	17	43	17
8	31	15	33	3	38	13	44	16	45	16	44	18
9	50	16	34	12	45	14	43	13	46	15	41	15
10	49	13	41	11	46	11	42	14	43	14	42	16
11	48	14	42	20	43	12	41	11	44	13	49	13
12	47	19	49	19	44	19	50	12	41	12	50	14
13	46	20	50	18	41	20	49	19	42	11	47	11
14	45	17	47	17	44	17	48	20	49	20	48	12
15	44	18	48	14	41	18	47	17	50	19	55	29
16	41	15	45	13	42	15	46	12	57	28	52	30
17	50	16	45	12	49	17	45	29	58	27	59	27
18	49	23	44	18	50	26	52	30	55	26	60	28
19	56	22	43	25	57	25	51	27	55	21	57	26
20	55	29	52	26	58	24	60	28	54	30	58	25
21	54	30	51	23	51	23	53	25	53	29	55	24
22	53	27	60	24	52	22	52	26	52	29	56	23
23	52	28	59	21	59	21	51	21	51	30	51	22
24	51	25	58	22	60	30	60	22	60	27	52	21
25	60	26	57	29	57	29	59	29	59	28	9	40
26	59	23	56	30	58	28	58	30	8	35	10	39
27	58	24	55	27	55	25	57	37	7	36	7	38
28	57	31	54	28	56	34	6	38	6	33	8	37
29	6		53	35	3	33	5	35	5	34	5	36
30	5		2	36	4	32	4	36	4	31	6	35
31	4		1		1		3	33		32		34

31~40 時計座　41~50 カメレオン座　51~60 イルカ座

銀

1951

昭和26年生 ★ 満73歳

日＼月	1	2	3	4	5	6	7	8	9	10	11	12
1	33	8	35	5	40	5	36	7	47	18	46	20
2	32	7	36	4	37	6	35	16	48	17	43	17
3	31	16	33	3	38	13	44	15	45	16	44	18
4	50	15	34	12	45	14	43	14	46	15	41	15
5	49	13	41	11	46	11	42	13	43	14	42	16
6	48	14	42	20	43	12	41	12	44	13	49	13
7	47	11	49	19	44	19	50	11	41	12	50	14
8	46	12	50	18	41	20	49	19	42	11	47	11
9	45	19	47	17	42	17	48	20	49	20	48	12
10	44	20	48	16	49	18	47	17	50	19	55	29
11	43	17	45	15	50	15	46	18	57	28	56	30
12	42	18	46	14	47	16	45	25	58	27	53	27
13	41	23	43	13	48	23	54	26	55	26	54	28
14	60	24	44	22	57	24	53	23	56	25	51	25
15	59	21	51	21	58	21	52	24	53	24	52	26
16	56	22	52	28	55	22	51	25	54	23	55	23
17	55	29	60	27	56	22	60	26	51	22	56	24
18	54	30	59	26	53	21	57	23	52	21	53	21
19	51	27	58	22	54	30	56	24	60	26	54	21
20	60	26	57	29	51	29	55	21	59	25	1	40
21	59	23	56	30	58	28	58	22	8	34	2	39
22	58	24	55	27	55	27	57	39	7	36	9	38
23	57	31	54	28	56	36	6	38	6	33	8	37
24	6	32	53	35	3	35	5	35	5	34	5	36
25	5	39	2	36	4	34	4	36	4	31	6	35
26	4	40	1	33	1	33	3	33	3	32	3	34
27	3	37	10	34	2	40	2	34	2	39	4	33
28	2	38	9	31	9	39	1	31	1	40	1	32
29	1		8	32	10	38	10	32	10	37	2	31
30	10		7	39	7	37	9	39	9	38	19	50
31	9		6		8		8	40		45		49

金

1952

昭和27年生 ★ 満72歳

日＼月	1	2	3	4	5	6	7	8	9	10	11	12
1	48	13	49	19	44	19	50	11	41	12	50	14
2	47	12	50	18	41	20	49	20	42	11	47	11
3	46	11	47	17	42	17	48	19	49	20	48	12
4	45	20	48	16	49	18	47	18	50	19	55	29
5	44	20	45	15	50	15	46	17	57	28	56	30
6	43	17	46	14	47	16	45	26	58	27	53	27
7	42	18	43	13	48	23	54	26	55	26	54	28
8	41	25	44	22	55	24	53	23	56	25	51	25
9	60	26	51	21	56	21	52	24	53	24	52	26
10	59	23	52	30	53	22	51	21	54	23	59	23
11	58	24	59	29	54	29	60	22	51	22	60	24
12	57	21	60	28	51	30	59	29	52	21	57	21
13	56	30	57	27	54	27	58	30	59	30	58	22
14	55	27	58	26	51	28	57	27	60	29	5	39
15	54	28	55	23	52	25	56	22	7	38	2	40
16	51	25	56	22	59	26	55	39	8	37	9	37
17	60	26	54	21	60	36	2	40	5	36	10	38
18	59	33	53	35	7	35	1	37	6	31	7	36
19	6	34	2	36	8	34	10	38	4	40	8	35
20	5	39	1	33	1	33	3	35	3	39	5	34
21	4	40	10	34	2	32	2	36	2	39	6	33
22	3	37	9	31	9	31	1	31	1	40	1	32
23	2	38	8	32	10	40	10	32	10	37	2	31
24	1	35	7	39	7	39	9	39	9	38	19	50
25	10	36	6	40	8	38	8	40	18	45	20	49
26	9	33	5	37	5	37	7	47	17	46	17	48
27	8	34	4	38	6	44	16	48	16	43	18	47
28	7	41	3	45	13	43	15	45	15	44	15	46
29	16	42	12	46	14	42	14	46	14	41	16	45
30	15		11	43	11	41	13	43	13	42	13	44
31	14		20		12		12	44		49		43

命数が…… 1~10 羅針盤座　11~20 インディアン座　21~30 鳳凰座

銀

1953

昭和28年生

★

満71歳

日＼月	1	2	3	4	5	6	7	8	9	10	11	12
1	42	17	46	14	47	16	45	26	58	27	53	27
2	41	26	43	13	48	23	54	25	55	26	54	28
3	60	25	44	22	55	24	53	24	56	25	51	25
4	59	23	51	21	56	21	52	23	53	24	52	26
5	58	24	52	30	53	22	51	22	54	23	59	23
6	57	21	59	29	54	29	60	21	51	22	60	24
7	56	22	60	28	51	30	59	30	52	21	57	21
8	55	29	57	27	52	27	58	30	59	30	58	22
9	54	30	58	26	59	28	57	27	60	29	5	39
10	53	27	55	25	60	25	56	28	7	38	6	40
11	52	28	56	24	57	26	55	35	8	37	3	37
12	51	33	53	23	58	33	4	36	5	36	4	38
13	10	34	54	32	5	34	3	33	6	35	1	35
14	9	31	1	31	8	31	2	34	3	34	2	36
15	8	32	2	38	5	32	1	31	4	33	9	33
16	5	39	9	37	6	39	10	36	1	32	6	34
17	4	40	9	36	3	31	7	33	2	31	3	31
18	3	37	8	32	4	40	6	34	9	36	4	31
19	10	36	7	39	1	39	5	31	9	35	11	50
20	9	33	6	40	2	38	8	32	18	44	12	49
21	8	34	5	37	5	37	7	49	17	46	19	48
22	7	41	4	38	6	46	16	50	16	43	20	47
23	16	42	3	45	13	45	15	45	15	44	15	46
24	15	49	12	46	14	44	14	46	14	41	16	45
25	14	50	11	43	11	43	13	43	13	42	13	44
26	13	47	20	44	12	42	12	44	12	49	14	43
27	12	48	19	41	19	49	11	41	11	50	11	42
28	11	45	18	42	20	48	20	42	20	47	12	41
29	20		17	49	17	47	19	49	19	48	29	60
30	19		16	50	18	46	18	50	28	55	30	59
31	18		15		15		17	57		56		58

金

1954

昭和29年生

★

満70歳

日＼月	1	2	3	4	5	6	7	8	9	10	11	12
1	57	22	59	29	54	29	60	21	51	22	60	24
2	56	21	60	28	51	30	59	30	52	21	57	21
3	55	30	57	27	52	27	58	29	59	30	58	22
4	54	30	58	26	59	28	57	28	60	29	5	39
5	53	27	55	25	60	25	56	27	7	38	6	40
6	52	28	56	24	57	26	57	36	8	37	3	37
7	51	35	53	23	58	33	4	35	5	36	4	38
8	10	36	54	32	5	34	3	33	6	35	1	35
9	9	33	1	31	6	31	2	34	3	34	2	36
10	8	34	2	40	3	32	1	31	4	33	9	33
11	7	31	9	39	4	39	10	32	1	32	10	34
12	6	40	10	38	1	40	9	39	2	31	7	31
13	5	37	7	37	2	37	8	40	9	40	8	32
14	4	38	8	36	1	38	7	37	10	39	15	49
15	3	35	5	33	2	35	6	38	17	48	16	50
16	10	36	6	32	9	36	5	49	18	47	19	47
17	9	43	4	31	10	46	14	50	15	46	20	48
18	18	44	3	45	17	45	11	47	16	45	17	45
19	15	49	12	46	18	44	20	48	14	50	18	45
20	14	50	11	43	15	43	19	45	13	49	15	44
21	13	47	20	44	12	42	12	46	12	48	16	43
22	12	48	19	41	19	41	11	43	11	50	13	42
23	11	45	18	42	20	50	20	42	20	47	12	41
24	20	46	17	49	17	49	19	49	19	48	29	60
25	19	43	16	50	18	48	18	50	28	55	30	59
26	18	44	15	47	15	47	17	57	27	56	27	58
27	17	51	14	48	16	54	26	58	26	53	28	57
28	26	52	13	55	23	53	25	55	25	54	25	56
29	25		22	56	24	52	24	56	24	51	26	55
30	24		21	53	21	51	23	53	23	52	23	54
31	23		30		22		22	54		59		53

31~40 時計座　41~50 カメレオン座　51~60 イルカ座

銀

1955

昭和30年生 ★ 満69歳

日＼月	1	2	3	4	5	6	7	8	9	10	11	12
1	52	27	56	24	57	26	55	36	8	37	3	37
2	51	36	53	23	58	33	4	35	5	36	4	38
3	10	35	54	32	5	34	3	34	6	35	1	35
4	9	33	1	31	6	31	2	33	3	34	2	36
5	8	34	2	40	3	32	1	32	4	33	9	33
6	7	31	9	39	4	39	10	31	1	32	10	34
7	6	32	10	38	1	40	9	40	2	31	7	31
8	5	39	7	37	2	37	8	40	9	40	8	32
9	4	40	8	36	9	38	7	37	10	39	15	49
10	3	37	5	35	10	35	6	38	17	48	16	50
11	2	38	6	34	7	36	5	45	18	47	13	47
12	1	43	3	33	8	43	14	46	15	46	14	48
13	20	44	4	42	15	44	13	43	16	45	11	45
14	19	41	11	41	18	41	12	44	13	44	12	46
15	18	42	12	48	15	42	11	41	14	43	19	43
16	15	49	19	47	16	49	20	46	11	42	16	44
17	14	50	19	46	13	41	19	43	12	41	13	41
18	13	47	18	42	14	50	16	44	19	50	14	42
19	20	46	17	49	11	49	15	41	19	45	21	60
20	19	43	16	50	12	48	14	42	28	54	22	59
21	18	44	15	47	15	47	17	59	27	53	29	58
22	17	51	14	48	16	56	26	60	26	53	30	57
23	26	52	13	55	23	55	25	55	25	54	25	56
24	25	59	22	56	24	54	24	56	24	51	26	55
25	24	60	21	53	21	53	23	53	23	52	23	54
26	23	57	30	54	22	52	22	54	22	59	24	53
27	22	58	29	51	29	59	21	51	21	60	21	52
28	21	55	28	52	30	58	30	52	30	57	22	51
29	30		27	59	27	57	29	59	29	58	39	10
30	29		26	60	28	56	28	60	38	5	40	9
31	28		25		25		27	7		6		8

金

1956

昭和31年生 ★ 満68歳

日＼月	1	2	3	4	5	6	7	8	9	10	11	12
1	7	32	10	38	1	40	9	40	2	31	7	31
2	6	31	7	37	2	37	8	39	9	40	8	32
3	5	40	8	36	9	38	7	38	10	39	15	49
4	4	39	5	35	10	35	6	37	17	48	16	50
5	3	37	6	34	7	36	5	46	18	47	13	47
6	2	38	3	33	8	43	14	45	15	46	14	48
7	1	45	4	42	15	44	13	43	16	45	11	45
8	20	46	11	41	16	41	12	44	13	44	12	46
9	19	43	12	50	13	42	11	41	14	43	19	43
10	18	44	19	49	14	49	20	42	11	42	20	44
11	17	41	20	48	11	50	19	49	12	41	17	41
12	16	42	17	47	12	47	18	50	19	50	18	42
13	15	47	18	46	11	48	17	47	20	49	25	59
14	14	48	15	45	12	45	16	48	27	58	26	60
15	13	45	16	42	19	46	15	59	28	57	29	57
16	20	46	14	41	20	53	24	60	25	56	30	58
17	19	53	13	60	27	55	21	57	26	55	27	55
18	28	54	22	56	28	54	30	58	23	60	28	55
19	25	51	21	53	25	53	29	55	23	59	25	54
20	24	60	30	54	22	52	22	56	22	58	26	53
21	23	57	29	51	29	51	21	53	21	60	23	52
22	22	58	28	52	30	60	30	52	30	57	22	51
23	21	55	27	59	27	59	30	59	29	58	39	10
24	30	56	26	60	28	58	28	60	38	5	40	9
25	29	53	25	57	25	57	27	7	37	6	37	8
26	28	54	24	58	26	6	36	8	36	3	38	7
27	27	1	23	5	33	3	35	5	35	4	35	6
28	36	2	32	6	34	2	34	6	34	1	36	5
29	35	9	31	3	31	1	33	3	33	2	33	4
30	34		40	4	32	10	32	4	32	9	34	3
31	33		39		39		31	1		10		2

命数が…… 1~10 羅針盤座 11~20 インディアン座 21~30 鳳凰座

銀

1957

昭和32年生 ★ 満67歳

日＼月	1	2	3	4	5	6	7	8	9	10	11	12
1	1	46	3	33	8	43	14	45	15	46	14	48
2	20	45	4	42	15	44	13	44	16	45	11	45
3	19	44	11	41	16	41	12	43	13	44	12	46
4	18	44	12	50	13	42	11	42	14	43	19	43
5	17	41	19	49	14	49	20	41	11	42	20	44
6	16	42	20	48	11	50	19	50	12	41	17	41
7	15	49	17	47	12	47	18	49	19	50	18	42
8	14	50	18	46	19	48	17	47	20	49	25	59
9	13	47	15	45	20	45	16	48	27	58	26	60
10	12	48	16	44	17	46	15	55	28	57	23	57
11	11	55	13	43	18	53	24	56	25	56	24	58
12	30	54	14	52	25	54	23	53	26	55	21	55
13	29	51	21	51	26	51	22	54	23	54	22	56
14	28	52	22	60	25	52	21	51	24	53	29	53
15	25	59	29	57	26	59	30	52	21	52	30	54
16	24	60	30	56	23	60	29	53	22	51	23	51
17	23	57	28	55	24	60	26	54	29	60	24	52
18	30	58	27	59	21	59	25	51	30	55	31	10
19	29	53	26	60	22	58	24	52	38	4	32	9
20	28	54	25	57	29	57	27	9	37	3	39	8
21	27	1	24	58	26	6	36	10	36	3	40	7
22	36	2	23	5	33	5	35	7	35	4	37	6
23	35	9	32	6	34	4	34	6	34	1	36	5
24	34	10	31	3	31	3	33	3	33	2	33	4
25	33	7	40	4	32	2	32	4	32	9	34	3
26	32	8	39	1	39	1	31	1	31	10	31	2
27	31	5	38	2	40	8	40	2	40	7	32	1
28	40	6	37	9	37	7	39	9	39	8	49	20
29	39		36	10	38	6	38	10	48	15	50	19
30	38		35	7	35	5	37	17	47	16	47	18
31	37		34		36		46	18		13		17

金

1958

昭和33年生 ★ 満66歳

日＼月	1	2	3	4	5	6	7	8	9	10	11	12
1	16	41	20	48	11	50	19	50	12	41	17	41
2	15	50	17	47	12	47	18	49	19	50	18	42
3	14	49	18	46	19	48	17	48	20	49	25	59
4	13	47	15	45	20	45	16	47	27	58	26	60
5	12	48	16	44	17	46	15	56	28	57	23	57
6	11	55	13	43	18	53	24	55	25	56	24	58
7	30	56	14	52	25	54	23	54	26	55	21	55
8	29	53	21	51	26	51	22	54	23	54	22	56
9	28	54	22	60	23	52	21	51	24	53	29	53
10	27	51	29	59	24	59	30	52	21	52	30	54
11	26	52	30	58	21	60	29	59	22	51	27	51
12	25	57	27	57	22	57	28	60	29	60	28	52
13	24	58	28	56	29	58	27	57	30	59	35	9
14	23	55	25	55	22	55	26	58	37	8	36	10
15	22	56	26	52	29	56	25	5	38	7	33	7
16	29	3	23	51	30	3	34	10	35	6	40	8
17	38	4	23	10	37	5	33	7	36	5	37	5
18	37	1	32	6	38	4	40	8	33	4	38	5
19	34	10	31	3	35	3	39	5	33	9	35	4
20	33	7	40	4	36	2	38	6	32	8	36	3
21	32	8	39	1	39	1	31	3	31	7	33	2
22	31	5	38	2	40	10	40	4	40	7	34	1
23	40	6	37	9	37	9	39	9	39	8	49	20
24	39	3	36	10	38	8	38	10	48	15	50	19
25	38	4	35	7	35	7	37	17	47	16	47	18
26	37	11	34	8	36	16	46	18	46	13	48	17
27	46	12	33	15	43	13	45	15	45	14	45	16
28	45	19	42	16	44	12	44	16	44	11	46	15
29	44		41	13	41	11	43	13	43	12	43	14
30	43		50	14	42	20	42	14	42	19	44	13
31	42		49		49		41	11		20		12

31~40 時計座　41~50 カメレオン座　51~60 イルカ座

銀

1959

昭和34年生
★
満65歳

日＼月	1	2	3	4	5	6	7	8	9	10	11	12
1	11	56	13	43	18	53	24	55	25	56	24	58
2	30	55	14	52	25	54	23	54	26	55	21	55
3	29	54	21	51	26	51	22	53	23	54	22	56
4	28	54	22	60	23	52	21	52	24	53	29	53
5	27	51	29	59	24	59	30	51	21	52	30	54
6	26	52	30	58	21	60	29	60	22	51	27	51
7	25	59	27	57	22	57	28	59	29	60	28	52
8	24	60	28	56	29	58	27	57	30	59	35	9
9	23	57	25	55	30	55	26	58	37	8	36	10
10	22	58	26	54	27	56	25	5	38	7	33	7
11	21	5	23	53	28	3	34	6	35	6	34	8
12	40	4	24	2	35	4	33	3	36	5	31	5
13	39	1	31	1	36	1	32	4	33	4	32	6
14	38	2	32	10	35	2	31	1	34	3	39	3
15	37	9	39	7	36	9	40	2	31	2	40	4
16	34	10	40	6	33	10	39	3	32	1	33	1
17	33	7	38	5	34	10	38	4	39	10	34	2
18	32	8	37	9	31	9	35	1	40	9	41	19
19	39	3	36	10	32	8	34	2	48	14	42	19
20	38	4	35	7	39	7	33	19	47	13	49	18
21	37	11	34	8	36	16	46	20	46	12	50	17
22	46	12	33	15	43	15	45	17	45	14	47	16
23	45	19	42	16	44	14	44	16	44	11	46	15
24	44	20	41	13	41	13	43	13	43	12	43	14
25	43	17	50	14	42	12	42	14	42	19	44	13
26	42	18	49	11	49	11	41	11	41	20	41	12
27	41	15	48	12	50	18	50	12	50	17	42	11
28	50	16	47	19	47	17	49	19	49	18	59	30
29	49		46	20	48	16	48	20	58	25	60	29
30	48		45	17	45	15	47	27	57	26	57	28
31	47		44		46		56	28		23		27

金

1960

昭和35年生
★
満64歳

日＼月	1	2	3	4	5	6	7	8	9	10	11	12
1	26	51	27	57	22	57	28	59	29	60	28	52
2	25	60	28	56	29	58	27	58	30	59	35	9
3	24	59	25	55	30	55	26	57	37	8	36	10
4	23	58	26	54	27	56	25	6	38	7	33	7
5	22	58	23	53	28	3	34	5	35	6	34	8
6	21	5	24	2	35	4	33	4	36	5	31	5
7	40	6	31	1	36	1	32	4	33	4	32	6
8	39	3	32	10	33	2	31	1	34	3	39	3
9	38	4	39	9	34	9	40	2	31	2	40	4
10	37	1	40	8	31	10	39	9	32	1	37	1
11	36	2	37	7	32	7	38	10	39	10	38	2
12	35	9	38	6	39	8	37	7	40	9	45	19
13	34	8	35	5	32	5	36	8	47	18	46	20
14	33	5	36	4	39	6	35	15	48	17	43	17
15	32	6	33	1	40	13	44	20	45	16	50	18
16	39	13	33	20	47	14	43	17	46	15	47	15
17	48	14	42	19	48	14	50	18	43	14	48	16
18	47	11	41	13	45	13	49	15	44	19	45	14
19	44	12	50	14	46	12	48	16	42	18	46	13
20	43	17	49	11	49	11	41	13	41	17	43	12
21	42	18	48	12	50	20	50	14	50	17	44	11
22	41	15	47	19	47	19	49	19	49	18	59	30
23	50	16	46	20	48	18	48	20	58	25	60	29
24	49	13	45	17	45	17	47	27	57	26	57	28
25	48	14	44	18	46	26	56	28	56	23	58	27
26	47	21	43	25	53	25	55	25	55	24	55	26
27	56	22	52	26	54	22	54	26	54	21	56	25
28	55	29	51	23	51	21	53	23	53	22	53	24
29	54	30	60	24	52	30	52	24	52	29	54	23
30	53		59	21	59	29	51	21	51	30	51	22
31	52		58		60		60	22		27		21

命数が…… 1~10 羅針盤座　11~20 インディアン座　21~30 鳳凰座

銀 1961 昭和36年生 ★ 満63歳

日＼月	1	2	3	4	5	6	7	8	9	10	11	12
1	40	5	24	2	35	4	33	4	36	5	31	5
2	39	4	31	1	36	1	32	3	33	4	32	6
3	38	3	32	10	33	2	31	2	34	3	39	3
4	37	1	39	9	34	9	40	1	31	2	40	4
5	36	2	34	8	31	10	39	10	32	1	37	1
6	35	9	37	7	32	7	38	9	39	10	38	2
7	34	10	38	6	39	8	37	8	40	9	45	19
8	33	7	35	5	40	5	36	8	47	18	46	20
9	32	8	36	4	37	6	35	15	48	17	43	17
10	31	15	33	3	38	13	44	16	45	16	44	18
11	50	16	34	12	45	14	43	13	46	15	41	15
12	49	11	41	11	46	11	42	14	43	14	42	16
13	48	12	42	20	43	12	41	11	44	13	49	13
14	47	19	49	19	46	19	50	12	41	12	50	14
15	44	20	50	16	43	20	49	19	42	11	47	11
16	43	17	47	15	44	17	48	14	49	20	44	12
17	42	18	47	14	41	19	45	11	50	19	51	29
18	49	15	46	20	42	18	44	12	57	24	52	29
19	48	14	45	17	49	17	43	29	57	23	59	28
20	47	21	44	18	50	26	56	30	56	22	60	27
21	56	22	43	25	53	25	55	27	55	24	57	26
22	55	29	52	26	54	24	54	28	54	21	58	25
23	54	30	51	23	51	23	53	23	53	22	53	24
24	53	27	60	24	52	22	52	24	52	29	54	23
25	52	28	59	21	59	21	51	21	51	30	51	22
26	51	25	58	22	60	30	60	22	60	27	52	21
27	60	26	57	29	57	27	59	29	59	28	9	40
28	59	23	56	30	58	26	58	30	8	35	10	39
29	58		55	27	55	25	57	37	7	36	7	38
30	57		54	28	56	34	6	38	6	33	8	37
31	6		53		3		5	35		34		36

金 1962 昭和37年生 ★ 満62歳

日＼月	1	2	3	4	5	6	7	8	9	10	11	12
1	35	10	37	7	32	7	38	9	39	10	38	2
2	34	9	38	6	39	8	37	8	40	9	45	19
3	33	8	35	5	40	5	36	7	47	18	46	20
4	32	8	36	4	37	6	35	16	48	17	43	17
5	31	15	33	3	38	13	44	15	45	16	44	18
6	50	16	34	12	45	14	43	14	46	15	41	15
7	49	13	41	11	46	11	42	13	43	14	42	16
8	48	14	42	20	43	12	41	11	44	13	49	13
9	47	11	49	19	44	19	50	12	41	12	50	14
10	46	12	50	18	41	20	49	19	42	11	47	11
11	45	19	47	17	42	17	48	20	49	20	48	12
12	44	18	48	16	49	18	47	17	50	19	55	29
13	43	15	45	15	50	15	46	18	57	28	56	30
14	42	16	46	14	49	16	45	25	58	27	53	27
15	41	23	43	11	50	23	54	26	55	26	54	28
16	58	24	44	30	57	24	53	27	56	25	57	25
17	57	21	52	29	58	24	60	28	53	24	58	26
18	56	22	51	23	55	23	59	25	54	23	55	24
19	53	27	60	24	56	22	58	26	52	28	56	23
20	52	28	59	21	53	21	51	23	51	27	53	22
21	51	25	58	22	60	30	60	24	60	26	54	21
22	60	26	57	29	57	29	59	21	59	28	1	40
23	59	23	56	30	58	28	58	30	8	35	10	39
24	58	24	55	27	55	27	57	37	7	36	7	38
25	57	31	54	28	56	36	6	38	6	33	8	37
26	6	32	53	35	3	35	5	35	5	34	5	36
27	5	39	2	36	4	32	4	36	4	31	6	35
28	4	40	1	33	1	31	3	33	3	32	3	34
29	3		10	34	2	40	2	34	2	39	4	33
30	2		9	31	9	39	1	31	1	40	1	32
31	1		8		10		10	32		37		31

31~40 時計座　41~50 カメレオン座　51~60 イルカ座

銀 1963 昭和38年生 ★ 満61歳

日＼月	1	2	3	4	5	6	7	8	9	10	11	12
1	50	15	34	12	45	14	43	14	46	15	41	15
2	49	14	41	11	46	11	42	13	43	14	42	16
3	48	13	42	20	43	12	41	12	44	13	49	13
4	47	11	49	19	44	19	50	11	41	12	50	14
5	46	12	50	18	41	20	49	20	42	11	47	11
6	45	19	47	17	42	17	48	19	49	20	48	12
7	44	20	48	16	49	18	47	18	50	19	55	29
8	43	17	45	15	50	15	46	18	57	28	56	30
9	42	18	46	14	47	16	45	25	58	27	53	27
10	41	25	43	13	48	23	54	26	55	26	54	28
11	60	26	44	22	55	24	53	23	56	25	51	25
12	59	21	51	21	56	21	52	24	53	24	52	26
13	58	22	52	30	53	22	51	21	54	23	59	23
14	57	29	59	29	56	29	60	22	51	22	60	24
15	56	30	60	26	53	30	59	29	52	21	57	21
16	53	27	57	25	54	27	58	24	59	30	54	22
17	52	28	57	24	51	29	57	21	60	29	1	39
18	51	25	56	30	52	28	54	22	7	38	2	40
19	58	24	55	27	59	27	53	39	7	33	9	38
20	57	31	54	28	60	36	2	40	6	32	10	37
21	6	32	53	35	3	35	5	37	5	31	7	36
22	5	39	2	36	4	34	4	38	4	31	8	35
23	4	40	1	33	1	33	3	33	3	32	3	34
24	3	37	10	34	2	32	2	34	2	39	4	33
25	2	38	9	31	9	31	1	31	1	40	1	32
26	1	35	8	32	10	40	10	32	10	37	2	31
27	10	36	7	39	7	37	9	39	9	38	19	50
28	9	33	6	40	8	36	8	40	18	45	20	49
29	8		5	37	5	35	7	47	17	46	17	48
30	7		4	38	6	44	16	48	16	43	18	47
31	16		3		13		15	45		44		46

金 1964 昭和39年生 ★ 満60歳

日＼月	1	2	3	4	5	6	7	8	9	10	11	12
1	45	20	48	16	49	18	47	18	50	19	55	29
2	44	19	45	15	50	15	46	17	57	28	56	30
3	43	18	46	14	47	16	45	26	58	27	53	27
4	42	17	43	13	48	23	54	25	55	26	54	28
5	41	25	44	22	55	24	53	24	56	25	51	25
6	60	26	51	21	56	21	52	23	53	24	52	26
7	59	23	52	30	53	22	51	21	54	23	59	23
8	58	24	59	29	54	29	60	22	51	22	60	24
9	57	21	60	28	51	30	59	29	52	21	57	21
10	56	22	57	27	52	27	58	30	59	30	58	22
11	55	29	58	26	59	28	57	27	60	29	5	39
12	54	30	55	25	60	25	56	28	7	38	6	40
13	53	25	56	24	59	26	55	35	8	37	3	37
14	52	26	53	23	60	33	4	36	5	36	4	38
15	51	33	54	40	7	34	3	37	6	35	7	35
16	8	34	2	39	8	31	2	38	3	34	8	36
17	7	31	1	38	5	33	9	35	4	33	5	33
18	6	32	10	34	6	32	8	36	2	38	6	33
19	3	39	9	31	3	31	7	33	1	37	3	32
20	2	38	8	32	10	40	10	34	10	36	4	31
21	1	35	7	39	7	39	9	31	9	38	11	50
22	10	36	6	40	8	38	8	40	18	45	20	49
23	9	33	5	37	5	37	7	47	17	46	17	48
24	8	34	4	38	6	46	16	48	16	43	18	47
25	7	41	3	45	13	45	15	45	15	44	15	46
26	16	42	12	46	14	44	14	46	14	41	16	45
27	15	49	11	43	11	41	13	43	13	42	13	44
28	14	50	20	44	12	50	12	44	12	49	14	43
29	13	47	19	41	19	49	11	41	11	50	11	42
30	12		18	42	20	48	20	42	20	47	12	41
31	11		17		17		19	49		48		60

命数が…… 1~10 羅針盤座　11~20 インディアン座　21~30 鳳凰座

銀 1965 昭和40年生 ★ 満59歳

日＼月	1	2	3	4	5	6	7	8	9	10	11	12
1	59	24	51	21	56	21	52	23	53	24	52	26
2	58	23	52	30	53	22	51	22	54	23	59	23
3	57	22	59	29	54	29	60	21	51	22	60	24
4	56	22	60	28	51	30	59	30	52	21	57	21
5	55	29	57	27	52	27	58	29	59	30	58	22
6	54	30	58	26	59	28	57	28	60	29	5	39
7	53	27	55	25	60	25	56	27	7	38	6	40
8	52	28	56	24	57	26	55	35	8	37	3	37
9	51	35	53	23	58	33	4	36	5	36	4	38
10	10	36	54	32	5	34	3	33	6	35	1	35
11	9	33	1	31	6	31	2	34	3	34	2	36
12	8	32	2	40	3	32	1	31	4	33	9	33
13	7	39	9	39	4	39	10	32	1	32	10	34
14	6	40	10	38	3	40	9	39	2	31	7	31
15	3	37	7	35	4	37	8	40	9	40	4	32
16	2	38	8	34	1	38	7	31	10	39	11	49
17	1	35	6	33	2	38	4	32	17	48	12	50
18	8	36	5	37	9	37	3	49	18	43	19	48
19	7	41	4	38	10	46	12	50	16	42	20	47
20	16	42	3	45	17	45	15	47	15	41	17	46
21	15	49	12	46	14	44	14	48	14	41	18	45
22	14	50	11	43	11	43	13	45	13	42	15	44
23	13	47	20	44	12	42	12	44	12	49	14	43
24	12	48	19	41	19	41	11	41	11	50	11	42
25	11	45	18	42	20	50	20	42	20	47	12	41
26	20	46	17	49	17	49	19	49	19	48	29	60
27	19	43	16	50	18	46	18	50	28	55	30	59
28	18	44	15	47	15	45	17	57	27	56	27	58
29	17		14	48	16	54	26	58	26	53	28	57
30	26		13	55	23	53	25	55	25	54	25	56
31	25		22		24		24	56		51		55

金 1966 昭和41年生 ★ 満58歳

日＼月	1	2	3	4	5	6	7	8	9	10	11	12
1	54	29	58	26	59	28	57	28	60	29	5	39
2	53	28	55	25	60	25	56	27	7	38	6	40
3	52	27	56	24	57	26	55	36	8	37	3	37
4	51	35	53	23	58	33	4	35	5	36	4	38
5	10	36	54	32	5	34	3	34	6	35	1	35
6	9	33	1	31	6	31	2	33	3	34	2	36
7	8	34	2	40	3	32	1	32	4	33	9	33
8	7	31	9	39	4	39	10	32	1	32	10	34
9	6	32	10	38	1	40	9	39	2	31	7	31
10	5	39	7	37	2	37	8	40	9	40	8	32
11	4	40	8	36	9	38	7	37	10	39	15	49
12	3	35	5	35	10	35	6	38	17	48	16	50
13	2	36	6	34	7	36	5	45	18	47	13	47
14	1	43	3	33	10	43	14	46	15	46	14	48
15	20	44	4	50	17	44	13	43	16	45	11	45
16	17	41	11	49	18	41	12	48	13	44	18	46
17	16	42	11	48	15	43	19	45	14	43	15	43
18	15	49	20	44	16	42	18	46	11	42	16	43
19	12	48	19	41	13	41	17	43	11	47	13	42
20	11	45	18	42	14	50	20	44	20	46	14	41
21	20	46	17	49	17	49	19	41	19	45	21	60
22	19	43	16	50	18	48	18	42	28	55	22	59
23	18	44	15	47	15	47	17	57	27	56	27	58
24	17	51	14	48	16	56	26	58	26	53	28	57
25	26	52	13	55	23	55	25	55	25	54	25	56
26	25	59	22	56	24	54	24	56	24	51	26	55
27	24	60	21	53	21	51	23	53	23	52	23	54
28	23	57	30	54	22	60	22	54	22	59	24	53
29	22		29	51	29	59	21	51	21	60	21	52
30	21		28	52	30	58	30	52	30	57	22	51
31	30		27		27		29	59		58		10

31~40 時計座　41~50 カメレオン座　51~60 イルカ座

銀

1967

昭和42年生★満57歳

日＼月	1	2	3	4	5	6	7	8	9	10	11	12
1	9	34	1	31	6	31	2	33	3	34	2	36
2	8	33	2	40	3	32	1	32	4	33	9	33
3	7	32	9	39	4	39	10	31	1	32	10	34
4	6	32	10	38	1	40	9	40	2	31	7	31
5	5	39	7	37	2	37	8	39	9	40	8	32
6	4	40	8	36	9	38	7	38	10	39	15	49
7	3	37	5	35	10	35	6	37	17	48	16	50
8	2	38	6	34	7	36	5	45	18	47	13	47
9	1	45	3	33	8	43	14	46	15	46	14	48
10	20	46	4	42	15	44	13	43	16	45	11	45
11	19	43	11	41	16	41	12	44	13	44	12	46
12	18	42	12	50	13	42	11	41	14	43	19	43
13	17	49	19	49	14	49	20	42	11	42	20	44
14	16	50	20	48	13	50	19	49	12	41	17	41
15	15	47	17	45	14	47	18	50	19	50	18	42
16	12	48	18	44	11	48	17	41	20	49	21	59
17	11	45	16	43	12	48	16	42	27	58	22	60
18	20	46	15	47	19	47	13	59	28	57	29	57
19	17	51	14	48	20	56	22	60	26	52	30	57
20	26	52	13	55	27	55	21	57	25	51	27	56
21	25	59	22	56	24	54	24	58	24	60	28	55
22	24	60	21	53	21	53	23	55	23	52	25	54
23	23	57	30	54	22	52	22	54	22	59	24	53
24	22	58	29	51	29	51	21	51	21	60	21	52
25	21	55	28	52	30	60	30	52	30	57	22	51
26	30	56	27	59	27	57	29	59	29	58	39	10
27	29	53	26	60	28	56	28	60	38	5	40	9
28	28	54	25	57	25	55	27	7	37	6	37	8
29	27		24	58	26	4	36	8	36	3	38	7
30	36		23	5	33	3	35	5	35	4	35	6
31	35		32		34		34	6		1		5

金

1968

昭和43年生★満56歳

日＼月	1	2	3	4	5	6	7	8	9	10	11	12
1	4	39	5	35	10	35	6	37	17	48	16	50
2	3	38	6	34	7	36	5	46	18	47	13	47
3	2	37	3	33	8	43	14	45	15	46	14	48
4	1	46	4	42	15	44	13	44	16	45	11	45
5	20	46	11	41	16	41	12	43	13	44	12	46
6	19	43	12	50	13	42	11	42	14	43	19	43
7	18	44	19	49	14	49	20	42	11	42	20	44
8	17	41	20	48	11	50	19	49	12	41	17	41
9	16	42	17	47	12	47	18	50	19	50	18	42
10	15	49	18	46	19	48	17	47	20	49	25	59
11	14	50	15	45	20	45	16	48	27	58	26	60
12	13	47	16	44	17	46	15	55	28	57	23	57
13	12	46	13	43	20	53	24	56	25	56	24	58
14	11	53	14	52	27	54	23	53	26	55	21	55
15	30	54	21	59	28	51	22	58	23	54	28	56
16	27	51	21	58	25	52	21	55	24	53	25	53
17	26	52	30	57	26	52	28	56	21	52	26	54
18	25	59	29	51	23	51	27	53	21	57	23	52
19	22	60	28	52	24	60	26	54	30	56	24	51
20	21	55	27	59	27	59	29	51	29	55	31	10
21	30	56	26	60	28	58	28	52	38	5	32	9
22	29	53	25	57	25	57	27	7	37	6	37	8
23	28	54	24	58	26	6	36	8	36	3	38	7
24	27	1	23	5	33	5	35	5	35	4	35	6
25	36	2	32	6	34	4	34	6	34	1	36	5
26	35	9	31	3	31	3	33	3	33	2	33	4
27	34	10	40	4	32	10	32	4	32	9	34	3
28	33	7	39	1	39	9	31	1	31	10	31	2
29	32	8	38	2	40	8	40	2	40	7	32	1
30	31		37	9	37	7	39	9	39	8	49	20
31	40		36		38		38	10		15		19

命数が……1~10 羅針盤座　11~20 インディアン座　21~30 鳳凰座

銀

1969

昭和44年生 ★ 満55歳

日＼月	1	2	3	4	5	6	7	8	9	10	11	12
1	18	43	12	50	13	42	11	42	14	43	19	43
2	17	42	19	49	14	49	20	41	11	42	20	44
3	16	41	20	48	11	50	19	50	12	41	17	41
4	15	49	17	47	12	47	18	49	19	50	18	42
5	14	50	18	46	19	48	17	48	20	49	25	59
6	13	47	15	45	20	45	16	47	27	58	26	60
7	12	48	16	44	17	46	15	56	28	57	23	57
8	11	55	13	43	18	53	24	56	25	56	24	58
9	30	56	14	52	25	54	23	53	26	55	21	55
10	29	53	21	51	26	51	22	54	23	54	22	56
11	28	54	22	60	23	52	21	51	24	53	29	53
12	27	59	29	59	24	59	30	52	21	52	30	54
13	26	60	30	58	21	60	29	59	22	51	27	51
14	25	57	27	57	24	57	28	60	29	60	28	52
15	22	58	28	54	21	58	27	57	30	59	31	9
16	21	55	25	53	22	55	26	52	37	8	32	10
17	30	56	25	52	29	57	23	9	38	7	39	7
18	27	3	24	58	30	6	32	10	35	2	40	7
19	36	2	23	5	37	5	31	7	35	1	37	6
20	35	9	32	6	38	4	34	8	34	10	38	5
21	34	10	31	3	31	3	33	5	33	2	35	4
22	33	7	40	4	32	2	32	6	32	9	34	3
23	32	8	39	1	39	1	31	1	31	10	31	2
24	31	5	38	2	40	10	40	2	40	7	32	1
25	40	6	37	9	37	9	39	9	39	8	49	20
26	39	3	36	10	38	8	38	10	48	15	50	19
27	38	4	35	7	35	5	37	17	47	16	47	18
28	37	11	34	8	36	14	46	18	46	13	48	17
29	46		33	15	43	13	45	15	45	14	45	16
30	45		42	16	44	12	44	16	44	11	46	15
31	44		41		41		43	13		12		14

金

1970

昭和45年生 ★ 満54歳

日＼月	1	2	3	4	5	6	7	8	9	10	11	12
1	13	48	15	45	20	45	16	47	27	58	26	60
2	12	47	16	44	17	46	15	56	28	57	23	57
3	11	56	13	43	18	53	24	55	25	56	24	58
4	30	56	14	52	25	54	23	54	26	55	21	55
5	29	53	21	51	28	51	22	53	23	54	22	56
6	28	54	22	60	23	52	21	52	24	53	29	53
7	27	51	29	59	24	59	30	51	21	52	30	54
8	26	52	30	58	21	60	29	59	22	51	27	51
9	25	59	27	57	22	57	28	60	29	60	28	52
10	24	60	28	56	29	58	27	57	30	59	35	9
11	23	57	25	55	30	55	26	58	37	8	36	10
12	22	56	26	54	27	56	25	5	38	7	33	7
13	21	3	23	53	28	3	34	6	35	6	34	8
14	40	4	24	2	37	4	33	3	36	5	31	5
15	39	1	31	9	38	1	32	4	33	4	32	6
16	36	2	32	8	35	2	31	5	34	3	35	3
17	35	9	40	7	36	2	38	6	31	2	36	4
18	34	10	39	1	33	1	37	3	32	1	33	2
19	31	5	38	2	34	10	36	4	40	6	34	1
20	40	6	37	9	31	9	39	1	39	5	41	20
21	39	3	36	10	38	8	38	2	48	14	42	19
22	38	4	35	7	35	7	37	19	47	16	49	18
23	37	11	34	8	36	16	46	18	46	13	48	17
24	46	12	33	15	43	15	45	15	45	14	45	16
25	45	19	42	16	44	14	44	16	44	11	46	15
26	44	20	41	13	41	13	43	13	43	12	43	14
27	43	17	50	14	42	20	42	14	42	19	44	13
28	42	18	49	11	49	19	41	11	41	20	41	12
29	41		48	12	50	18	50	12	50	17	42	11
30	50		47	19	47	17	49	19	49	18	59	30
31	49		46		48		48	20		25		29

31~40 時計座　41~50 カメレオン座　51~60 イルカ座

銀 1971

昭和46年生 ★ 満53歳

日＼月	1	2	3	4	5	6	7	8	9	10	11	12
1	28	53	22	60	23	52	21	52	24	53	29	53
2	27	52	29	59	24	59	30	51	21	52	30	54
3	26	51	30	58	21	60	29	60	22	51	27	51
4	25	59	27	57	22	57	28	59	29	60	28	52
5	24	60	28	56	29	58	27	58	30	59	35	9
6	23	57	25	55	30	55	26	57	37	8	36	10
7	22	58	26	54	27	56	25	6	38	7	33	7
8	21	5	23	53	28	3	34	6	35	6	34	8
9	40	6	24	2	35	4	33	3	36	5	31	5
10	39	3	31	1	36	1	32	4	33	4	32	6
11	38	4	32	10	33	2	31	1	34	3	39	3
12	37	9	39	9	34	9	40	2	31	2	40	4
13	36	10	40	8	31	10	39	9	32	1	37	1
14	35	7	37	7	34	7	38	10	39	10	38	2
15	34	8	38	4	31	8	37	7	40	9	45	19
16	31	5	35	3	32	5	36	2	47	18	42	20
17	40	6	35	2	39	7	35	19	48	17	49	17
18	39	13	34	8	40	16	42	20	45	16	50	18
19	46	12	33	15	47	15	41	17	45	11	47	16
20	45	19	42	16	48	14	50	18	44	20	48	15
21	44	20	41	13	41	13	43	15	43	19	45	14
22	43	17	50	14	42	12	42	16	42	19	46	13
23	42	18	49	11	49	11	41	11	41	20	41	12
24	41	15	48	12	50	20	50	12	50	17	42	11
25	50	16	47	19	47	19	49	19	49	18	59	30
26	49	13	46	20	48	18	48	20	58	25	60	29
27	48	14	45	17	45	15	47	27	57	26	57	28
28	47	21	44	18	46	24	56	28	56	23	58	27
29	56		43	25	53	23	55	25	55	24	55	26
30	55		52	26	54	22	54	26	54	21	56	25
31	54		51		51		53	23		22		24

金 1972

昭和47年生 ★ 満52歳

日＼月	1	2	3	4	5	6	7	8	9	10	11	12
1	23	58	26	54	27	56	25	6	38	7	33	7
2	22	57	23	53	28	3	34	5	35	6	34	8
3	21	6	24	2	35	4	33	4	36	5	31	5
4	40	5	31	1	36	1	32	3	33	4	32	6
5	39	3	32	10	33	2	31	2	34	3	39	3
6	38	4	39	9	34	9	40	1	31	2	33	4
7	37	1	40	8	31	10	39	9	32	1	37	1
8	36	2	37	7	32	7	38	10	39	10	38	2
9	35	9	38	6	39	8	37	7	40	9	45	19
10	34	10	35	5	40	5	36	8	47	18	46	20
11	33	7	36	4	37	6	35	15	48	17	43	17
12	32	8	33	3	38	13	44	16	45	16	44	18
13	31	13	34	12	47	14	43	13	46	15	41	15
14	50	14	41	11	48	11	42	14	43	14	42	16
15	49	11	42	18	45	12	41	15	44	13	45	13
16	46	12	50	17	46	12	50	16	41	12	46	14
17	45	19	49	16	43	11	47	13	42	11	43	11
18	44	20	48	12	44	20	46	14	50	16	44	11
19	41	17	47	19	41	19	45	11	49	15	51	30
20	50	16	46	20	48	18	48	12	58	24	52	29
21	49	13	45	17	45	17	47	29	57	26	59	28
22	48	14	44	18	46	26	56	28	56	23	58	27
23	47	21	43	25	53	25	55	25	55	24	55	26
24	56	22	52	26	54	24	54	26	54	21	56	25
25	55	29	51	23	51	23	53	23	53	22	53	24
26	54	30	60	24	52	30	52	24	52	29	54	23
27	53	27	59	21	59	29	51	21	51	30	51	22
28	52	28	58	22	60	28	60	22	60	27	52	21
29	51	25	57	29	57	27	59	29	59	28	9	40
30	60		56	30	58	26	58	30	8	35	10	39
31	59		55		55		57	37		36		38

命数が…… 1~10 羅針盤座　11~20 インディアン座　21~30 鳳凰座

銀 1973 昭和48年生 ★ 満51歳

日＼月	1	2	3	4	5	6	7	8	9	10	11	12
1	37	2	39	9	34	9	40	1	31	2	40	4
2	36	1	40	8	31	10	39	10	32	1	37	1
3	35	10	37	7	32	7	38	9	39	10	38	2
4	34	10	38	6	39	8	37	8	40	9	45	19
5	33	7	35	5	40	5	36	7	47	18	46	20
6	32	8	36	4	37	6	35	16	48	17	43	17
7	31	15	33	3	38	13	44	15	45	16	44	18
8	50	16	34	12	45	14	43	13	46	15	41	15
9	49	13	41	11	46	11	42	14	43	14	42	16
10	48	14	42	20	43	12	41	11	44	13	49	13
11	47	11	49	19	44	19	50	12	41	12	50	14
12	46	20	50	18	41	20	49	19	42	11	47	11
13	45	17	47	17	42	17	48	20	49	20	48	12
14	44	18	48	16	41	18	47	17	50	19	55	29
15	41	15	45	13	42	15	46	18	57	28	52	30
16	50	16	46	12	49	16	45	29	58	27	59	27
17	49	23	44	11	50	26	52	30	55	26	60	28
18	56	24	43	25	57	25	51	27	56	21	57	26
19	55	29	52	26	58	24	60	28	54	30	58	25
20	54	30	51	23	55	23	53	25	53	29	55	24
21	53	27	60	24	52	22	52	26	52	29	56	23
22	52	28	59	21	59	21	51	23	51	30	51	22
23	51	25	58	22	60	30	60	22	60	27	52	21
24	60	26	57	29	57	29	59	29	59	28	9	40
25	59	23	56	30	58	28	58	30	8	35	10	39
26	58	24	55	27	55	25	57	37	7	36	7	38
27	57	31	54	28	56	34	6	38	6	33	8	37
28	6	32	53	35	3	33	5	35	5	34	5	36
29	5		2	36	4	32	4	36	4	31	6	35
30	4		1	33	1	31	3	33	3	32	3	34
31	3		10		2		2	34		39		33

金 1974 昭和49年生 ★ 満50歳

日＼月	1	2	3	4	5	6	7	8	9	10	11	12
1	32	7	36	4	37	6	35	16	48	17	43	17
2	31	16	33	3	38	13	44	15	45	16	44	18
3	50	15	34	12	45	14	43	14	46	15	41	15
4	49	13	41	11	46	11	42	13	43	14	42	16
5	48	14	42	20	43	12	41	12	44	13	49	13
6	47	11	49	19	44	19	50	11	41	12	50	14
7	46	12	50	18	41	20	49	20	42	11	47	11
8	45	19	47	17	42	17	48	20	49	20	48	12
9	44	20	48	16	49	18	47	17	50	19	55	29
10	43	17	45	15	50	15	46	18	57	28	56	30
11	42	18	46	14	47	16	45	25	58	27	53	27
12	41	23	43	13	48	23	54	26	55	26	54	28
13	60	24	44	22	55	24	53	23	56	25	51	25
14	59	21	51	21	58	21	52	24	53	24	52	26
15	58	22	52	28	55	22	51	21	54	23	59	23
16	55	29	59	27	56	29	60	26	51	22	56	24
17	54	30	59	26	53	21	57	23	52	21	53	21
18	53	27	58	22	54	30	56	24	59	30	54	21
19	60	26	57	29	51	29	55	21	59	25	1	40
20	59	23	56	30	52	28	58	22	8	34	2	39
21	58	24	55	27	55	27	57	39	7	33	9	38
22	57	31	54	28	56	36	6	40	6	33	10	37
23	6	32	53	35	3	35	5	35	5	34	5	36
24	5	39	2	36	4	34	4	36	4	31	6	35
25	4	40	1	33	1	33	3	33	3	32	3	34
26	3	37	10	34	2	32	2	34	2	39	4	33
27	2	38	9	31	9	39	1	31	1	40	1	32
28	1	35	8	32	10	38	10	32	10	37	2	31
29	10		7	39	7	37	9	39	9	38	19	50
30	9		6	40	8	36	8	40	18	45	20	49
31	8		5		5		7	47		46		48

31~40 時計座　41~50 カメレオン座　51~60 イルカ座

銀 1975

昭和50年生 ★ 満49歳

日＼月	1	2	3	4	5	6	7	8	9	10	11	12
1	47	12	49	19	44	19	50	11	41	12	50	14
2	46	11	50	18	41	20	49	20	42	11	47	11
3	45	20	47	17	42	17	48	19	49	20	48	12
4	44	20	48	16	49	18	47	18	50	19	55	29
5	43	17	45	15	50	15	46	17	57	28	56	30
6	42	18	46	14	47	16	45	26	58	27	53	27
7	41	25	43	13	48	23	54	25	55	26	54	28
8	60	26	44	22	55	24	53	23	56	25	51	25
9	59	23	51	21	56	21	52	24	53	24	52	26
10	58	24	52	30	53	22	51	21	54	23	59	23
11	57	21	59	29	54	29	60	22	51	22	60	24
12	56	30	60	28	51	30	59	29	52	21	57	21
13	55	27	57	27	52	27	58	30	59	30	58	22
14	54	28	58	26	51	28	57	27	60	29	5	39
15	53	25	55	23	52	25	56	28	7	38	6	40
16	60	26	56	22	59	26	55	39	8	37	9	37
17	59	33	54	21	60	36	4	40	5	36	10	38
18	8	34	53	35	7	35	1	37	6	35	7	35
19	5	39	2	36	8	34	10	38	4	40	8	35
20	4	40	1	33	5	33	9	35	3	39	5	34
21	3	37	10	34	2	32	2	36	2	38	6	33
22	2	38	9	31	9	31	1	33	1	40	3	32
23	1	35	8	32	10	40	10	32	10	37	2	31
24	10	36	7	39	7	39	9	39	9	38	19	50
25	9	33	6	40	8	38	8	40	18	45	20	49
26	8	34	5	37	5	37	7	47	17	46	17	48
27	7	41	4	38	6	44	16	48	16	43	18	47
28	16	42	3	45	13	43	15	45	15	44	15	46
29	15		12	46	14	42	14	46	14	41	16	45
30	14		11	43	11	41	13	43	13	42	13	44
31	13		20		12		12	44		49		43

金 1976

昭和51年生 ★ 満48歳

日＼月	1	2	3	4	5	6	7	8	9	10	11	12
1	42	17	43	13	48	23	54	25	55	26	54	28
2	41	26	44	22	55	24	53	24	56	25	51	25
3	60	25	51	21	56	21	52	23	53	24	52	26
4	59	24	52	30	53	22	51	22	54	23	59	23
5	58	24	59	29	54	29	60	21	51	22	60	24
6	57	21	60	28	51	30	59	30	52	21	57	21
7	56	22	57	27	52	27	58	30	59	30	58	22
8	55	29	58	26	59	28	57	27	60	29	5	39
9	54	30	55	25	60	25	56	28	7	38	6	40
10	53	27	56	24	57	26	55	35	8	37	3	37
11	52	28	53	23	58	33	4	36	5	36	4	38
12	51	35	54	32	5	34	3	33	6	35	1	35
13	10	34	1	31	8	31	2	34	3	34	2	36
14	9	31	2	40	5	32	1	31	4	33	9	33
15	8	32	9	37	6	39	10	36	1	32	6	34
16	5	39	9	36	3	31	9	33	2	31	3	31
17	4	40	8	35	4	40	6	34	9	40	4	32
18	3	37	7	39	1	39	5	31	9	35	11	50
19	10	38	6	40	2	38	4	32	18	44	12	49
20	9	33	5	37	5	37	7	49	17	43	19	48
21	8	34	4	38	6	46	16	50	16	43	20	47
22	7	41	3	45	13	45	15	45	15	44	15	46
23	16	42	12	46	14	44	14	46	14	41	16	45
24	15	49	11	43	11	43	13	43	13	42	13	44
25	14	50	20	44	12	42	12	44	12	49	14	43
26	13	47	19	41	19	49	11	41	11	50	11	42
27	12	48	18	42	20	48	20	42	20	47	12	41
28	11	45	17	49	17	47	19	49	19	48	29	60
29	20	46	16	50	18	46	18	50	28	55	30	59
30	19		15	47	15	45	17	57	27	56	27	58
31	18		14		16		26	58		53		57

命数が……　1~10 羅針盤座　11~20 インディアン座　21~30 鳳凰座

銀

1977

昭和52年生 ★ 満47歳

日＼月	1	2	3	4	5	6	7	8	9	10	11	12
1	56	21	60	28	51	30	59	30	52	21	57	21
2	55	30	57	27	52	27	58	29	59	30	58	22
3	54	29	58	26	59	28	57	28	60	29	5	39
4	53	27	55	25	60	25	56	27	7	38	6	40
5	52	28	56	24	57	26	55	36	8	37	3	37
6	51	35	53	23	58	33	4	35	5	36	4	38
7	10	36	54	32	5	34	3	34	6	35	1	35
8	9	33	1	31	6	31	2	34	3	34	2	36
9	8	34	2	40	3	32	1	31	4	33	9	33
10	7	31	9	39	4	39	10	32	1	32	10	34
11	6	32	10	38	1	40	9	39	2	31	7	31
12	5	37	7	37	2	37	8	40	9	40	8	32
13	4	38	8	36	9	38	7	37	10	39	15	49
14	3	35	5	35	2	35	6	38	17	48	16	50
15	10	36	6	32	9	36	5	45	18	47	19	47
16	9	43	3	31	10	43	14	50	15	46	20	48
17	18	44	3	50	17	45	11	47	16	45	17	45
18	15	41	12	46	18	44	20	48	13	50	18	45
19	14	50	11	43	15	43	19	45	13	49	15	44
20	13	47	20	44	16	42	12	46	12	48	16	43
21	12	48	19	41	19	41	11	43	11	50	13	42
22	11	45	18	42	20	50	20	44	20	47	12	41
23	20	46	17	49	17	49	19	49	19	48	29	60
24	19	43	16	50	18	48	18	50	28	55	30	59
25	18	44	15	47	15	47	17	57	27	56	27	58
26	17	51	14	48	16	56	26	58	26	53	28	57
27	26	52	13	55	23	53	25	55	25	54	25	56
28	25	59	22	56	24	52	24	56	24	51	26	55
29	24		21	53	21	51	23	53	23	52	23	54
30	23		30	54	22	60	22	54	22	59	24	53
31	22		29		29		21	51		60		52

金

1978

昭和53年生 ★ 満46歳

日＼月	1	2	3	4	5	6	7	8	9	10	11	12
1	51	36	53	23	58	33	4	35	5	36	4	38
2	10	35	54	32	5	34	3	34	6	35	1	35
3	9	34	1	31	6	31	2	33	3	34	2	36
4	8	34	2	40	3	32	1	32	4	33	9	33
5	7	31	9	39	4	39	10	31	1	32	10	34
6	6	32	10	38	1	40	9	40	2	31	7	31
7	5	39	7	37	2	37	8	39	9	40	8	32
8	4	40	8	36	9	38	7	37	10	39	15	49
9	3	37	5	35	10	35	6	38	17	48	16	50
10	2	38	6	34	7	36	5	45	18	47	13	47
11	1	45	3	33	8	43	14	46	15	46	14	48
12	20	44	4	42	15	44	13	43	16	45	11	45
13	19	41	11	41	16	41	12	44	13	44	12	46
14	18	42	12	50	15	42	11	41	14	43	19	43
15	17	49	19	47	16	49	20	42	11	42	20	44
16	14	50	20	46	13	50	19	43	12	41	13	41
17	13	47	18	45	14	50	16	44	19	50	14	42
18	12	48	17	49	11	49	15	41	20	49	21	60
19	19	43	16	50	12	48	14	42	28	54	22	59
20	18	44	15	47	19	47	17	59	27	53	29	58
21	17	51	14	48	16	56	26	60	26	52	30	57
22	26	52	13	55	23	55	25	57	25	54	27	56
23	25	59	22	56	24	54	24	56	24	51	26	55
24	24	60	21	53	21	53	23	53	23	52	23	54
25	23	57	30	54	22	52	22	54	22	59	24	53
26	22	58	29	51	29	51	21	51	21	60	21	52
27	21	55	28	52	30	58	30	52	30	57	22	51
28	30	56	27	59	27	57	29	59	29	58	39	10
29	29		26	60	28	56	28	60	38	5	40	9
30	28		25	57	25	55	27	7	37	6	37	8
31	27		24		26		36	8		3		7

31～40 時計座　41～50 カメレオン座　51～60 イルカ座

銀

1979

昭和54年生 ★ 満45歳

日＼月	1	2	3	4	5	6	7	8	9	10	11	12
1	6	31	10	38	1	40	9	40	2	31	7	31
2	5	40	7	37	2	37	8	39	9	40	8	32
3	4	39	8	36	9	38	7	38	10	39	15	49
4	3	37	5	35	10	35	6	37	17	48	16	50
5	2	38	6	34	7	36	5	46	18	47	13	47
6	1	45	3	33	8	43	14	45	15	46	14	48
7	20	46	4	42	15	44	13	44	16	45	11	45
8	19	43	11	41	16	41	12	44	13	44	12	46
9	18	44	12	50	13	42	11	41	14	43	19	43
10	17	41	19	49	14	49	20	42	11	42	20	44
11	16	42	20	48	11	50	19	49	12	41	17	41
12	15	47	17	47	12	47	18	50	19	50	18	42
13	14	48	18	46	19	48	17	47	20	49	25	59
14	13	45	15	45	12	45	16	48	27	58	26	60
15	12	46	16	42	19	46	15	55	28	57	23	57
16	19	53	13	41	20	53	24	60	25	56	30	58
17	28	54	13	60	27	55	23	57	26	55	27	55
18	27	51	22	56	28	54	30	58	23	54	28	56
19	24	60	21	53	25	53	29	55	23	59	25	54
20	23	57	30	54	26	52	28	56	22	58	26	53
21	22	58	29	51	29	51	21	53	21	57	23	52
22	21	55	28	52	30	60	30	54	30	57	24	51
23	30	56	27	59	27	59	29	59	29	58	39	10
24	29	53	26	60	28	58	28	60	38	5	40	9
25	28	54	25	57	25	57	27	7	37	6	37	8
26	27	1	24	58	26	6	36	8	36	3	38	7
27	36	2	23	5	33	3	35	5	35	4	35	6
28	35	9	32	6	34	2	34	6	34	1	36	5
29	34		31	3	31	1	33	3	33	2	33	4
30	33		40	4	32	10	32	4	32	9	34	3
31	32		39		39		31	1		10		2

金

1980

昭和55年生 ★ 満44歳

日＼月	1	2	3	4	5	6	7	8	9	10	11	12
1	1	46	4	42	15	44	13	44	16	45	11	45
2	20	45	11	41	16	41	12	43	13	44	12	46
3	19	44	12	50	13	42	11	42	14	43	19	43
4	18	43	19	49	14	49	20	41	11	42	20	44
5	17	41	20	48	11	50	19	50	12	41	17	41
6	16	42	17	47	12	47	17	49	19	50	18	42
7	15	49	18	46	19	48	17	47	20	49	25	59
8	14	50	15	45	20	45	16	48	27	58	26	60
9	13	47	16	44	17	46	15	55	28	57	23	57
10	12	48	13	43	18	53	24	56	25	56	24	58
11	11	55	14	52	25	54	23	53	26	55	21	55
12	30	56	21	51	26	51	22	54	23	54	22	56
13	29	51	22	60	25	52	21	51	24	53	29	53
14	28	52	29	57	26	59	30	52	21	52	30	54
15	27	59	30	56	23	60	29	53	22	51	23	51
16	24	60	28	55	24	60	28	54	29	60	24	52
17	23	57	27	59	21	59	25	51	30	59	31	9
18	22	58	26	60	22	58	24	52	38	4	32	9
19	29	55	25	57	29	57	23	9	37	3	39	8
20	28	54	24	58	26	6	36	10	36	2	40	7
21	27	1	23	5	33	5	35	7	35	4	37	6
22	36	2	32	6	34	4	34	6	34	1	36	5
23	35	9	31	3	31	3	33	3	33	2	33	4
24	34	10	40	4	32	2	32	4	32	9	34	3
25	33	7	39	1	39	1	31	1	31	10	31	2
26	32	8	38	2	40	8	40	2	40	7	32	1
27	31	5	37	9	37	7	39	9	39	8	49	20
28	40	6	36	10	38	6	38	10	48	15	50	19
29	39	3	35	7	35	5	37	17	47	16	47	18
30	38		34	8	36	14	46	18	46	13	48	17
31	37		33		43		45	15		14		16

命数が…… 1~10 羅針盤座　11~20 インディアン座　21~30 鳳凰座

銀

1981

昭和56年生★満43歳

日＼月	1	2	3	4	5	6	7	8	9	10	11	12
1	15	50	17	47	12	47	18	49	19	50	18	42
2	14	49	18	46	19	48	17	48	20	49	25	59
3	13	48	15	45	20	45	16	47	27	58	26	60
4	12	48	16	44	17	46	15	56	28	57	23	57
5	11	55	17	43	18	53	24	55	25	56	24	58
6	30	56	14	52	25	54	23	54	26	55	21	55
7	29	53	21	51	26	51	22	54	23	54	22	56
8	28	54	22	60	23	52	21	51	24	53	29	53
9	27	51	29	59	24	59	30	52	21	52	30	54
10	26	52	30	58	21	60	29	59	22	51	27	51
11	25	59	27	57	22	57	28	60	29	60	28	52
12	24	58	28	56	29	58	27	57	30	59	35	9
13	23	55	25	55	22	55	26	58	37	8	36	10
14	22	56	26	54	29	56	25	5	38	7	33	7
15	21	3	23	51	30	3	34	10	35	6	40	8
16	38	4	24	10	37	4	33	7	36	5	37	5
17	37	1	32	9	38	4	40	8	33	4	38	6
18	36	2	31	3	35	3	39	5	34	9	35	4
19	33	7	40	4	36	2	38	6	32	8	36	3
20	32	8	39	1	39	1	31	3	31	7	33	2
21	31	5	38	2	40	10	40	4	40	7	34	1
22	40	6	37	9	37	9	39	9	39	8	49	20
23	39	3	36	10	38	8	38	10	48	15	50	19
24	38	4	35	7	35	7	37	17	47	16	47	18
25	37	11	34	8	36	16	46	18	46	13	48	17
26	46	12	33	15	43	15	45	15	45	14	45	16
27	45	19	42	16	44	12	44	16	44	11	46	15
28	44	20	41	13	41	11	43	13	43	12	43	14
29	43		50	14	42	20	42	14	42	19	44	13
30	42		49	11	49	19	41	11	41	20	41	12
31	41		48		50		50	12		17		11

金

1982

昭和57年生★満42歳

日＼月	1	2	3	4	5	6	7	8	9	10	11	12
1	30	55	14	52	25	54	23	54	26	55	21	55
2	29	54	21	51	26	51	22	53	23	54	22	56
3	28	53	22	60	23	52	21	52	24	53	29	53
4	27	51	29	59	24	59	30	51	21	52	30	54
5	26	52	24	58	21	60	29	60	22	51	27	51
6	25	59	27	57	22	57	28	59	29	60	28	52
7	24	60	28	56	29	58	27	58	30	59	35	9
8	23	57	25	55	30	55	26	58	37	8	36	10
9	22	58	26	54	27	56	25	5	38	7	33	7
10	21	5	23	53	28	3	34	6	35	6	34	8
11	40	6	24	2	35	4	33	3	36	5	31	5
12	39	1	31	1	36	1	32	4	33	4	32	6
13	38	2	32	10	33	2	31	1	34	3	39	3
14	37	9	39	9	36	9	40	2	31	2	40	4
15	36	10	40	6	33	10	39	9	32	1	37	1
16	33	7	37	5	34	7	38	4	39	10	34	2
17	32	8	37	4	31	9	35	1	40	9	41	19
18	31	5	36	10	32	8	34	2	47	14	42	19
19	38	4	35	7	39	7	33	19	47	13	49	18
20	37	11	34	8	40	16	46	20	46	12	50	17
21	46	12	33	15	43	15	45	17	45	14	47	16
22	45	19	42	16	44	14	44	18	44	11	48	15
23	44	20	41	13	41	13	43	13	43	12	43	14
24	43	17	50	14	42	12	42	14	42	19	44	13
25	42	18	49	11	49	11	41	11	41	20	41	12
26	41	15	48	12	50	20	50	12	50	17	42	11
27	50	16	47	19	47	17	49	19	49	18	59	30
28	49	13	46	20	48	16	48	20	58	25	60	29
29	48		45	17	45	15	47	27	57	26	57	28
30	47		44	18	46	24	56	28	56	23	58	27
31	56		43		53		55	25		24		26

31~40 時計座　41~50 カメレオン座　51~60 イルカ座

銀

1983

昭和58年生★満41歳

日＼月	1	2	3	4	5	6	7	8	9	10	11	12
1	25	60	27	57	22	57	28	59	29	60	28	52
2	24	59	28	56	29	58	27	58	30	59	35	9
3	23	58	25	55	30	55	26	57	37	8	36	10
4	22	58	26	54	27	56	25	6	38	7	33	7
5	21	5	23	53	28	3	34	5	35	6	34	8
6	40	6	24	2	35	4	33	4	36	5	31	5
7	39	3	31	1	36	1	31	3	33	4	32	6
8	38	4	32	10	33	2	31	1	34	3	39	3
9	37	1	39	9	34	9	40	2	31	2	40	4
10	36	2	40	8	31	10	39	9	32	1	37	1
11	35	9	37	7	32	7	38	10	39	10	38	2
12	34	8	38	6	39	8	37	7	40	9	45	19
13	33	5	35	5	40	5	36	8	47	18	46	20
14	32	6	36	4	39	6	35	15	48	17	43	17
15	31	13	33	1	40	13	44	16	45	16	44	18
16	48	14	34	20	47	14	43	17	46	15	47	15
17	47	11	42	19	48	14	42	18	43	14	48	16
18	46	12	41	13	45	13	49	15	44	13	45	13
19	43	17	50	14	46	12	48	16	42	18	46	13
20	42	18	49	11	43	11	47	13	41	17	43	12
21	41	15	48	12	50	20	50	14	50	16	44	11
22	50	16	47	19	47	19	49	11	49	18	51	30
23	49	13	46	20	48	18	48	20	58	25	60	29
24	48	14	45	17	45	17	47	27	57	26	57	28
25	47	21	44	18	46	26	56	28	56	23	58	27
26	56	22	43	25	53	25	55	25	55	24	55	26
27	55	29	52	26	54	22	54	26	54	21	56	25
28	54	30	51	23	51	21	53	23	53	22	53	24
29	53		60	24	52	30	52	24	52	29	54	23
30	52		59	21	59	29	51	21	51	30	51	22
31	51		58		60		60	22		27		21

金

1984

昭和59年生★満40歳

日＼月	1	2	3	4	5	6	7	8	9	10	11	12
1	40	5	31	1	36	1	32	3	33	4	32	6
2	39	4	32	10	33	2	31	2	34	3	39	3
3	38	3	39	9	34	9	40	1	31	2	40	4
4	37	2	40	8	31	10	39	10	32	1	37	1
5	36	2	37	7	32	7	38	9	39	10	38	2
6	35	9	38	6	39	8	38	8	40	9	45	19
7	34	10	35	5	40	5	36	8	47	18	46	20
8	33	7	36	4	37	6	35	15	48	17	43	17
9	32	8	33	3	38	13	44	16	45	16	44	18
10	31	15	34	12	45	14	43	13	46	15	41	15
11	50	16	41	11	46	11	42	14	43	14	42	16
12	49	13	42	20	43	12	41	11	44	13	49	13
13	48	12	49	19	46	19	50	12	41	12	50	14
14	47	19	50	16	43	20	49	19	42	11	47	11
15	46	20	47	15	44	17	48	14	49	20	44	12
16	43	17	47	14	41	19	47	11	50	19	51	29
17	42	18	46	20	42	18	44	12	57	28	52	30
18	41	15	45	17	49	17	43	29	57	23	59	28
19	48	16	44	18	50	26	52	30	56	22	60	27
20	47	21	43	25	53	25	55	27	55	21	57	26
21	56	22	52	26	54	24	54	28	54	21	58	25
22	55	29	51	23	51	23	53	23	53	22	53	24
23	54	30	60	24	52	22	52	24	52	29	54	23
24	53	27	59	21	59	21	51	21	51	30	51	22
25	52	28	58	22	60	30	60	22	60	27	52	21
26	51	25	57	29	57	27	59	29	59	28	9	40
27	60	26	56	30	58	26	58	30	8	35	10	39
28	59	23	55	27	55	25	57	37	7	36	7	38
29	58	24	54	28	56	34	6	38	6	33	8	37
30	57		53	35	3	33	5	35	5	34	5	36
31	6		2		4		4	36		31		35

命数が…… 1~10 羅針盤座　11~20 インディアン座　21~30 鳳凰座

銀 1985 昭和60年生 ★ 満39歳

日＼月	1	2	3	4	5	6	7	8	9	10	11	12
1	34	9	38	6	39	8	37	8	40	9	45	19
2	33	8	35	5	40	5	36	7	47	18	46	20
3	32	7	36	4	37	6	35	16	48	17	43	17
4	31	15	33	3	38	13	44	15	45	16	44	18
5	50	16	38	12	45	14	43	14	46	15	41	15
6	49	13	41	11	46	11	42	13	43	14	42	16
7	48	14	42	20	43	12	41	11	44	13	49	13
8	47	11	49	19	44	19	50	12	41	12	50	14
9	46	12	50	18	41	20	49	19	42	11	47	11
10	45	19	47	17	42	17	48	20	49	20	48	12
11	44	20	48	16	49	18	47	17	50	19	55	29
12	43	15	45	15	50	15	46	18	57	28	56	30
13	42	16	46	14	49	16	45	25	58	27	53	27
14	41	23	43	13	50	23	54	26	55	26	54	28
15	58	24	44	30	57	24	53	27	56	25	57	25
16	57	21	51	29	58	21	52	28	53	24	58	26
17	56	22	51	28	55	23	59	25	54	23	55	23
18	53	29	60	24	56	22	58	26	51	28	56	23
19	52	28	59	21	53	21	57	23	51	27	53	22
20	51	25	58	22	60	30	60	24	60	26	54	21
21	60	26	57	29	57	29	59	21	59	28	1	40
22	59	23	56	30	58	28	58	30	8	35	10	39
23	58	24	55	27	55	27	57	37	7	36	7	38
24	57	31	54	28	56	36	6	38	6	33	8	37
25	6	32	53	35	3	35	5	35	5	34	5	36
26	5	39	2	36	4	32	4	36	4	31	6	35
27	4	40	1	33	1	31	3	33	3	32	3	34
28	3	37	10	34	2	40	2	34	2	39	4	33
29	2		9	31	9	39	1	31	1	40	1	32
30	1		8	32	10	38	10	32	10	37	2	31
31	10		7		7		9	39		38		50

金 1986 昭和61年生 ★ 満38歳

日＼月	1	2	3	4	5	6	7	8	9	10	11	12
1	49	14	41	11	46	11	42	13	43	14	42	16
2	48	13	42	20	43	12	41	12	44	13	49	13
3	47	12	49	19	44	19	50	11	41	12	50	14
4	46	12	50	18	41	20	49	20	42	11	47	11
5	45	19	41	17	42	17	48	19	49	20	48	12
6	44	20	48	16	49	18	47	18	50	19	55	29
7	43	17	45	15	50	15	46	17	57	28	56	30
8	42	18	46	14	47	16	45	25	58	27	53	27
9	41	25	43	13	48	23	54	26	55	26	54	28
10	60	26	44	22	55	24	53	23	56	25	51	25
11	59	23	51	21	56	21	52	24	53	24	52	26
12	58	22	52	30	53	22	51	21	54	23	59	23
13	57	29	59	29	54	29	60	22	51	22	60	24
14	56	30	60	28	53	30	59	29	52	21	57	21
15	55	27	57	25	54	27	58	30	59	30	58	22
16	52	28	58	24	51	28	57	21	60	29	1	39
17	51	25	56	23	52	28	54	22	7	38	2	40
18	60	26	55	27	59	27	53	39	8	33	9	38
19	57	31	54	28	60	36	2	40	6	32	10	37
20	6	32	53	35	7	35	5	37	5	31	7	36
21	5	39	2	36	4	34	4	38	4	31	8	35
22	4	40	1	33	1	33	3	35	3	32	5	34
23	3	37	10	34	2	32	2	34	2	39	4	33
24	2	38	9	31	9	31	1	31	1	40	1	32
25	1	35	8	32	10	40	10	32	10	37	2	31
26	10	36	7	39	7	39	9	39	9	38	19	50
27	9	33	6	40	8	36	8	40	18	45	20	49
28	8	34	5	37	5	35	7	47	17	46	17	48
29	7		4	38	6	44	16	48	16	43	18	47
30	16		3	45	13	43	15	45	15	44	15	46
31	15		12		14		14	46		41		45

31~40 時計座　41~50 カメレオン座　51~60 イルカ座

銀

1987

昭和62年生 ★ 満37歳

日＼月	1	2	3	4	5	6	7	8	9	10	11	12
1	44	19	48	16	49	18	47	18	50	19	55	29
2	43	18	45	15	50	15	46	17	57	28	56	30
3	42	17	46	14	47	16	45	26	58	27	53	27
4	41	25	43	13	48	23	54	25	55	26	54	28
5	60	26	48	22	55	24	53	24	56	25	51	25
6	59	23	51	21	56	21	52	23	53	24	52	26
7	58	24	52	30	53	22	52	22	54	23	59	23
8	57	21	59	29	54	29	60	22	51	22	60	24
9	56	22	60	28	51	30	59	29	52	21	57	21
10	55	29	57	27	52	27	58	30	59	30	58	22
11	54	30	58	26	59	28	57	27	60	29	5	39
12	53	25	55	25	60	25	56	28	7	38	6	40
13	52	26	56	24	57	26	55	35	8	37	3	37
14	51	33	53	23	60	33	4	36	5	36	4	38
15	10	34	54	40	7	34	3	33	6	35	1	35
16	7	31	1	39	8	31	2	38	3	34	8	36
17	6	32	1	38	5	33	1	35	4	33	5	33
18	5	39	10	34	6	32	8	36	1	32	6	34
19	2	38	9	31	3	31	7	33	1	37	3	32
20	1	35	8	32	4	40	6	34	10	36	4	31
21	10	36	7	39	7	39	9	31	9	35	11	50
22	9	33	6	40	8	38	8	32	18	45	12	49
23	8	34	5	37	5	37	7	47	17	46	17	48
24	7	41	4	38	6	46	16	48	16	43	18	47
25	16	42	3	45	13	45	15	45	15	44	15	46
26	15	49	12	46	14	44	14	46	14	41	16	45
27	14	50	11	43	11	41	13	43	13	42	13	44
28	13	47	20	44	12	50	12	44	12	49	14	43
29	12		19	41	19	49	11	41	11	50	11	42
30	11		18	42	20	48	20	42	20	47	12	41
31	20		17		17		19	49		48		60

金

1988

昭和63年生 ★ 満36歳

日＼月	1	2	3	4	5	6	7	8	9	10	11	12
1	59	24	52	30	53	22	51	22	54	23	59	23
2	58	23	59	29	54	29	60	21	51	22	60	24
3	57	22	60	28	51	30	59	30	52	21	57	21
4	56	22	57	27	52	27	58	29	59	30	58	22
5	55	29	58	26	59	28	57	28	60	29	5	39
6	54	30	55	25	60	25	55	27	7	38	6	40
7	53	27	56	24	57	26	55	35	8	37	3	37
8	52	28	53	23	58	33	4	36	5	36	4	38
9	51	35	54	32	5	34	3	33	6	35	1	35
10	10	36	1	31	6	31	2	34	3	34	2	36
11	9	33	2	40	3	32	1	31	4	33	9	33
12	8	32	9	39	4	39	10	32	1	32	10	34
13	7	39	10	38	3	40	9	39	2	31	7	31
14	6	40	7	35	4	37	8	40	9	40	8	32
15	5	37	8	34	1	38	7	31	10	39	11	49
16	2	38	6	33	2	38	6	32	17	48	12	50
17	1	35	5	37	9	37	3	49	18	47	19	47
18	10	36	4	38	10	46	12	50	16	42	20	47
19	7	41	3	45	17	45	11	47	15	41	17	46
20	16	42	12	46	14	44	14	48	14	50	18	45
21	15	49	11	43	11	43	13	45	13	42	15	44
22	14	50	20	44	12	42	12	44	12	49	14	43
23	13	47	19	41	19	41	11	41	11	50	11	42
24	12	48	18	42	20	50	20	42	20	47	12	41
25	11	45	17	49	17	49	19	49	19	48	29	60
26	20	46	16	50	18	46	18	50	28	55	30	59
27	19	43	15	47	15	45	17	57	27	56	27	58
28	18	44	14	48	16	54	26	58	26	53	28	57
29	17	51	13	55	23	53	25	55	25	54	25	56
30	26		22	56	24	52	24	56	24	51	26	55
31	25		21		21		23	53		52		54

命数が……　1~10 羅針盤座　11~20 インディアン座　21~30 鳳凰座

銀

1989

昭和64年生　平成元年生

★満35歳

日＼月	1	2	3	4	5	6	7	8	9	10	11	12
1	53	28	55	25	60	25	56	27	7	38	6	40
2	52	27	56	24	57	26	55	36	8	37	3	37
3	51	36	53	23	58	33	4	35	5	36	4	38
4	10	36	54	32	5	34	3	34	6	35	1	35
5	9	33	1	31	6	31	2	33	3	34	2	36
6	8	34	2	40	3	32	1	32	4	33	9	33
7	7	31	9	39	4	39	10	32	1	32	10	34
8	6	32	10	38	1	40	9	39	2	31	7	31
9	5	39	7	37	2	37	8	40	9	40	8	32
10	4	40	8	36	9	38	7	37	10	39	15	49
11	3	37	5	35	10	35	6	38	17	48	16	50
12	2	36	6	34	7	36	5	45	18	47	13	47
13	1	43	3	33	10	43	14	46	15	46	14	48
14	20	44	4	42	17	44	13	43	16	45	11	45
15	17	41	11	49	18	41	12	48	13	44	18	46
16	16	42	11	48	15	42	11	45	14	43	15	43
17	15	49	20	47	16	42	18	46	11	42	16	44
18	12	50	19	41	13	41	17	43	12	47	13	42
19	11	45	18	42	14	50	16	44	20	46	14	41
20	20	46	17	49	17	49	19	41	19	45	21	60
21	19	43	16	50	18	48	18	42	28	55	22	59
22	18	44	15	47	15	47	17	57	27	56	27	58
23	17	51	14	48	16	56	26	58	26	53	28	57
24	26	52	13	55	23	55	25	55	25	54	25	56
25	25	59	22	56	24	54	24	56	24	51	26	55
26	24	60	21	53	21	53	23	53	23	52	23	54
27	23	57	30	54	22	60	22	54	22	59	24	53
28	22	58	29	51	29	59	21	51	21	60	21	52
29	21		28	52	30	58	30	52	30	57	22	51
30	30		27	59	27	57	29	59	29	58	39	10
31	29		26		28		28	60		5		9

金

1990

平成2年生

★満34歳

日＼月	1	2	3	4	5	6	7	8	9	10	11	12
1	8	33	2	40	3	32	1	32	4	33	9	33
2	7	32	9	39	4	39	10	31	1	32	10	34
3	6	31	10	38	1	40	9	40	2	31	7	31
4	5	39	7	37	2	37	8	39	9	40	8	32
5	4	40	2	36	9	38	7	38	10	39	15	49
6	3	37	5	35	10	35	6	37	17	48	16	50
7	2	38	6	34	7	36	5	46	18	47	13	47
8	1	45	3	33	8	43	14	46	15	46	14	48
9	20	46	4	42	15	44	13	43	16	45	11	45
10	19	43	11	41	16	41	12	44	13	44	12	46
11	18	44	12	50	13	42	11	41	14	43	19	43
12	17	49	19	49	14	49	20	42	11	42	20	44
13	16	50	20	48	11	50	19	49	12	41	17	41
14	15	47	17	47	14	47	18	50	19	50	18	42
15	12	48	18	44	11	48	17	47	20	49	25	59
16	11	45	15	43	12	45	16	42	27	58	22	60
17	20	46	15	42	19	47	13	59	28	57	29	57
18	17	53	14	48	20	56	22	60	25	52	30	57
19	26	52	13	55	27	55	21	57	25	51	27	56
20	25	59	22	56	28	54	24	58	24	60	28	55
21	24	60	21	53	21	53	23	55	23	52	25	54
22	23	57	30	54	22	52	22	56	22	59	26	53
23	22	58	29	51	29	51	21	51	21	60	21	52
24	21	55	28	52	30	60	30	52	30	57	22	51
25	30	56	27	59	27	59	29	59	29	58	39	10
26	29	53	26	60	28	58	28	60	38	5	40	9
27	28	54	25	57	25	55	27	7	37	6	37	8
28	27	1	24	58	26	4	36	8	36	3	38	7
29	36		23	5	33	3	35	5	35	4	35	6
30	35		32	6	34	2	34	6	34	1	36	5
31	34		31		31		33	3		2		4

31~40 時計座　41~50 カメレオン座　51~60 イルカ座

銀

1991

平成3年生 ★ 満33歳

日＼月	1	2	3	4	5	6	7	8	9	10	11	12
1	3	38	5	35	10	35	6	37	17	48	16	50
2	2	37	6	34	7	36	5	46	18	47	13	47
3	1	46	3	33	8	43	14	45	15	46	14	48
4	20	46	4	42	15	44	13	44	16	45	11	45
5	19	43	15	41	16	41	12	43	13	44	12	46
6	18	44	12	50	13	42	11	42	14	43	19	43
7	17	41	19	49	14	49	20	41	11	42	20	44
8	16	42	20	48	11	50	19	49	12	41	17	41
9	15	49	17	47	12	47	18	50	19	50	18	42
10	14	50	18	46	19	48	17	47	20	49	25	59
11	13	47	15	45	20	45	16	48	27	58	26	60
12	12	46	16	44	17	46	15	55	28	57	23	57
13	11	53	13	43	18	53	24	56	25	56	24	58
14	30	54	14	52	27	54	23	53	26	55	21	55
15	29	51	21	59	28	51	22	54	23	54	22	56
16	26	52	22	58	25	52	21	55	24	53	25	53
17	25	59	30	57	26	52	28	56	21	52	26	54
18	24	60	29	51	23	51	27	53	22	51	23	51
19	21	55	28	52	24	60	26	54	30	56	24	51
20	30	56	27	59	21	59	29	51	29	55	31	10
21	29	53	26	60	28	58	28	52	38	4	32	9
22	28	54	25	57	25	57	27	9	37	6	39	8
23	27	1	24	58	26	6	36	8	36	3	38	7
24	36	2	23	5	33	5	35	5	35	4	35	6
25	35	9	32	6	34	4	34	6	34	1	36	5
26	34	10	31	3	31	1	33	3	33	2	33	4
27	33	7	40	4	32	10	32	4	32	9	34	3
28	32	8	39	1	39	9	31	1	31	10	31	2
29	31		38	2	40	8	40	2	40	7	32	1
30	40		37	9	37	7	39	9	39	8	49	20
31	39		36		38		38	10		15		19

金

1992

平成4年生 ★ 満32歳

日＼月	1	2	3	4	5	6	7	8	9	10	11	12
1	18	43	19	49	14	49	20	41	11	42	20	44
2	17	42	20	48	11	50	19	50	12	41	17	41
3	16	41	17	47	12	47	18	49	19	50	18	42
4	15	49	18	46	19	48	17	48	20	49	25	59
5	14	50	15	45	20	45	16	47	27	58	26	60
6	13	47	16	44	17	46	16	56	28	57	23	57
7	12	48	13	43	18	53	24	56	25	56	24	58
8	11	55	14	52	25	54	23	53	26	55	21	55
9	30	56	21	51	26	51	22	54	23	54	22	56
10	29	53	22	60	23	52	21	51	24	53	29	53
11	28	54	29	59	24	59	30	52	21	52	30	54
12	27	59	30	58	21	60	29	59	22	51	27	51
13	26	60	27	57	24	57	28	60	29	60	28	52
14	25	57	28	54	21	58	27	57	30	59	35	9
15	24	58	25	53	22	55	26	52	37	8	32	10
16	21	55	25	52	29	57	25	9	38	7	39	7
17	30	56	24	58	30	6	32	10	35	6	40	8
18	29	3	23	5	37	5	31	7	35	1	37	6
19	36	2	32	6	38	4	40	8	34	10	38	5
20	35	9	31	3	31	3	33	5	33	9	35	4
21	34	10	40	4	32	2	32	6	32	9	36	3
22	33	7	39	1	39	1	31	1	31	10	31	2
23	32	8	38	2	40	10	40	2	40	7	32	1
24	31	5	37	9	37	9	39	9	39	8	49	20
25	40	6	36	10	38	8	38	10	48	15	50	19
26	39	3	35	7	35	5	37	17	47	16	47	18
27	38	4	34	8	36	14	46	18	46	13	48	17
28	37	11	33	15	43	13	45	15	45	14	45	16
29	46	12	42	16	44	12	44	16	44	11	46	15
30	45		41	13	41	11	43	13	43	12	43	14
31	44		50		42		42	14		19		13

命数が…… 1~10 羅針盤座　11~20 インディアン座　21~30 鳳凰座

銀 1993 平成5年生 ★ 満31歳

日＼月	1	2	3	4	5	6	7	8	9	10	11	12
1	12	47	16	44	17	46	15	56	28	57	23	57
2	11	56	13	43	18	53	24	55	25	56	24	58
3	30	55	14	52	25	54	23	54	26	55	21	55
4	29	53	21	51	26	51	22	53	23	54	22	56
5	28	54	22	60	23	52	21	52	24	53	29	53
6	27	51	29	59	24	59	30	51	21	52	30	54
7	26	52	30	58	21	60	30	59	22	51	27	51
8	25	59	27	57	22	57	28	60	29	60	28	52
9	24	60	28	56	29	58	27	57	30	59	35	9
10	23	57	25	55	30	55	26	58	37	8	36	10
11	22	58	26	54	27	56	25	5	38	7	33	7
12	21	3	23	53	28	3	34	6	35	6	34	8
13	40	4	24	2	37	4	33	3	36	5	31	5
14	39	1	31	1	38	1	32	4	33	4	32	6
15	36	2	32	8	35	2	31	5	34	3	35	3
16	35	9	40	7	36	9	40	6	31	2	36	4
17	34	10	39	6	33	1	39	3	32	1	33	1
18	31	7	38	2	34	10	36	4	39	6	34	1
19	40	6	37	9	31	9	35	1	39	5	41	20
20	39	3	36	10	38	8	34	2	48	14	42	19
21	38	4	35	7	35	7	37	19	47	16	49	18
22	37	11	34	8	36	16	46	18	46	13	48	17
23	46	12	33	15	43	15	45	15	45	14	45	16
24	45	19	42	16	44	14	44	16	44	11	46	15
25	44	20	41	13	41	13	43	13	43	12	43	14
26	43	17	50	14	42	12	42	14	42	19	44	13
27	42	18	49	11	49	19	41	11	41	20	41	12
28	41	15	48	12	50	18	50	12	50	17	42	11
29	50		47	19	47	17	49	19	49	18	59	30
30	49		46	20	48	16	48	20	58	25	60	29
31	48		45		45		47	27		26		28

金 1994 平成6年生 ★ 満30歳

日＼月	1	2	3	4	5	6	7	8	9	10	11	12
1	27	52	29	59	24	59	30	51	21	52	30	54
2	26	51	30	58	21	60	29	60	22	51	27	51
3	25	60	27	57	22	57	28	59	29	60	28	52
4	24	60	28	56	29	58	27	58	30	59	35	9
5	23	57	29	55	30	55	26	57	37	8	36	10
6	22	58	26	54	27	56	25	6	38	7	33	7
7	21	5	23	53	28	3	34	5	35	6	34	8
8	40	6	24	2	35	4	33	3	36	5	31	5
9	39	3	31	1	36	1	32	4	33	4	32	6
10	38	4	32	10	33	2	31	1	34	3	39	3
11	37	1	39	9	34	9	40	2	31	2	40	4
12	36	10	40	8	31	10	39	9	32	1	37	1
13	35	7	37	7	32	7	38	10	39	10	38	2
14	34	8	38	6	31	8	37	7	40	9	45	19
15	31	5	35	3	32	5	36	8	47	18	46	20
16	40	6	36	2	39	6	35	19	48	17	49	17
17	39	13	34	1	40	16	42	20	45	16	50	18
18	46	14	33	15	47	15	41	17	46	11	47	16
19	45	19	42	16	48	14	50	18	44	20	48	15
20	44	20	41	13	45	13	43	15	43	19	45	14
21	43	17	50	14	42	12	42	16	42	19	46	13
22	42	18	49	11	49	11	41	13	41	20	43	12
23	41	15	48	12	50	20	50	12	50	17	42	11
24	50	16	47	19	47	19	49	19	49	18	59	30
25	49	13	46	20	48	18	48	20	58	25	60	29
26	48	14	45	17	45	17	47	27	57	26	57	28
27	47	21	44	18	46	24	56	28	56	23	58	27
28	56	22	43	25	53	23	55	25	55	24	55	26
29	55		52	26	54	22	54	26	54	21	56	25
30	54		51	23	51	21	53	23	53	22	53	24
31	53		60		52		52	24		29		23

31~40 時計座　41~50 カメレオン座　51~60 イルカ座

銀

1995

平成7年生

★

満29歳

日＼月	1	2	3	4	5	6	7	8	9	10	11	12
1	22	57	26	54	27	56	25	6	38	7	33	7
2	21	6	23	53	28	3	34	5	35	6	34	8
3	40	5	24	2	35	4	33	4	36	5	31	5
4	39	3	31	1	36	1	32	3	33	4	32	6
5	38	4	32	10	33	2	31	2	34	3	39	3
6	37	1	39	9	34	9	40	1	31	2	40	4
7	36	2	40	8	31	10	39	10	32	1	37	1
8	35	9	37	7	32	7	38	10	39	10	38	2
9	34	10	38	6	39	8	37	7	40	9	45	19
10	33	7	35	5	40	5	36	8	47	18	46	20
11	32	8	36	4	37	6	35	15	48	17	43	17
12	31	13	33	3	38	13	44	16	45	16	44	18
13	50	14	34	12	45	14	43	13	46	15	41	15
14	49	11	41	11	48	11	42	14	43	14	42	16
15	48	12	42	18	45	12	41	11	44	13	49	13
16	45	19	49	17	46	19	50	16	41	12	46	14
17	44	20	49	16	43	11	47	13	42	11	43	11
18	43	17	48	12	44	20	46	14	49	20	44	11
19	50	16	47	19	41	19	45	11	49	15	51	30
20	49	13	46	20	42	18	48	12	58	24	52	29
21	48	14	45	17	45	17	47	29	57	23	59	28
22	47	21	44	18	46	26	56	30	56	23	60	27
23	56	22	43	25	53	25	55	25	55	24	55	26
24	55	29	52	26	54	24	54	26	54	21	56	25
25	54	30	51	23	51	23	53	23	53	22	53	24
26	53	27	60	24	52	22	52	24	52	29	54	23
27	52	28	59	21	59	29	51	21	51	30	51	22
28	51	25	58	22	60	28	60	22	60	27	52	21
29	60		57	29	57	27	59	29	59	28	9	40
30	59		56	30	58	26	58	30	8	35	10	39
31	58		55		55		57	37		36		38

金

1996

平成8年生

★

満28歳

日＼月	1	2	3	4	5	6	7	8	9	10	11	12
1	37	2	40	8	31	10	39	10	32	1	37	1
2	36	1	37	7	32	7	38	9	39	10	38	2
3	35	10	38	6	39	8	37	8	40	9	45	19
4	34	10	35	5	40	5	36	7	47	18	46	20
5	33	7	36	4	37	6	35	16	48	17	43	17
6	32	8	33	3	38	13	43	15	45	16	44	18
7	31	15	34	12	45	14	43	13	46	15	41	15
8	50	16	41	11	46	11	42	14	43	14	42	16
9	49	13	42	20	43	12	41	11	44	13	49	13
10	48	14	49	19	44	19	50	12	41	12	50	14
11	47	11	50	18	41	20	49	19	42	11	47	11
12	46	20	47	17	42	17	48	20	49	20	48	12
13	45	17	48	16	41	18	47	17	50	19	55	29
14	44	18	45	13	42	15	46	18	57	28	56	30
15	43	15	46	12	49	16	45	29	58	27	59	27
16	50	16	44	11	50	26	54	30	55	26	60	28
17	49	23	43	25	57	25	51	27	56	25	57	25
18	58	24	52	26	58	24	60	28	54	30	58	25
19	55	29	51	23	55	23	59	25	53	29	55	24
20	54	30	60	24	52	22	52	26	52	28	56	23
21	53	27	59	21	59	21	51	23	51	30	53	22
22	52	28	58	22	60	30	60	22	60	27	52	21
23	51	25	57	29	57	29	59	29	59	28	9	40
24	60	26	56	30	58	28	58	30	8	35	10	39
25	59	23	55	27	55	27	57	37	7	36	7	38
26	58	24	54	28	56	34	6	38	6	33	8	37
27	57	31	53	35	3	33	5	35	5	34	5	36
28	6	32	2	36	4	32	4	36	4	31	6	35
29	5	39	1	33	1	31	3	33	3	32	3	34
30	4		10	34	2	40	2	34	2	39	4	33
31	3		9		9		1	31		40		32

命数が…… 1~10 羅針盤座　11~20 インディアン座　21~30 鳳凰座

銀

1997

平成9年生 ★ 満27歳

日＼月	1	2	3	4	5	6	7	8	9	10	11	12
1	31	16	33	3	38	13	44	15	45	16	44	18
2	50	15	34	12	45	14	43	14	46	15	41	15
3	49	14	41	11	46	11	42	13	43	14	42	16
4	48	14	42	20	43	12	41	12	44	13	49	13
5	47	11	49	19	44	19	50	11	41	12	50	14
6	46	12	50	18	41	20	49	20	42	11	47	11
7	45	19	47	17	42	17	48	20	49	20	48	12
8	44	20	48	16	49	18	47	17	50	19	55	29
9	43	17	45	15	50	15	46	18	57	28	56	30
10	42	18	46	14	47	16	45	25	58	27	53	27
11	41	25	43	13	48	23	54	26	55	26	54	28
12	60	24	44	22	55	24	53	23	56	25	51	25
13	59	21	51	21	58	21	52	24	53	24	52	26
14	58	22	52	30	55	22	51	21	54	23	59	23
15	55	29	59	27	56	29	60	26	51	22	56	24
16	54	30	59	26	53	30	59	23	52	21	53	21
17	53	27	58	25	54	30	56	24	59	30	54	22
18	60	28	57	29	51	29	55	21	59	25	1	40
19	59	23	56	30	52	28	54	22	8	34	2	39
20	58	24	55	27	55	27	57	39	7	33	9	38
21	57	31	54	28	56	36	6	40	6	33	10	37
22	6	32	53	35	3	35	5	35	5	34	5	36
23	5	39	2	36	4	34	4	36	4	31	6	35
24	4	40	1	33	1	33	3	33	3	32	3	34
25	3	37	10	34	2	32	2	34	2	39	4	33
26	2	38	9	31	9	39	1	31	1	40	1	32
27	1	35	8	32	10	38	10	32	10	37	2	31
28	10	36	7	39	7	37	9	39	9	38	19	50
29	9		6	40	8	36	8	40	18	45	20	49
30	8		5	37	5	35	7	47	17	46	17	48
31	7		4		6		16	48		43		47

金

1998

平成10年生 ★ 満26歳

日＼月	1	2	3	4	5	6	7	8	9	10	11	12
1	46	11	50	18	41	20	49	20	42	11	47	11
2	45	20	47	17	42	17	48	19	49	20	48	12
3	44	19	48	16	49	18	47	18	50	19	55	29
4	43	17	45	15	50	15	46	17	57	28	56	30
5	42	18	50	14	47	16	45	26	58	27	53	27
6	41	25	43	13	48	23	54	25	55	26	54	28
7	60	26	44	22	55	24	53	24	56	25	51	25
8	59	23	51	21	56	21	52	24	53	24	52	26
9	58	24	52	30	53	22	51	21	54	23	59	23
10	57	21	59	29	54	29	60	22	51	22	60	24
11	56	22	60	28	51	30	59	29	52	21	57	21
12	55	27	57	27	52	27	58	30	59	30	58	22
13	54	28	58	26	59	28	57	27	60	29	5	39
14	53	25	55	25	52	25	56	28	7	38	6	40
15	60	26	56	22	59	26	55	35	8	37	3	37
16	59	33	53	21	60	33	4	40	5	36	10	38
17	8	34	53	40	7	35	1	37	6	35	7	35
18	5	31	2	36	8	34	10	38	3	40	8	35
19	4	40	1	33	5	33	9	35	3	39	5	34
20	3	37	10	34	6	32	2	36	2	38	6	33
21	2	38	9	31	9	31	1	33	1	40	3	32
22	1	35	8	32	10	40	10	34	10	37	4	31
23	10	36	7	39	7	39	9	39	9	38	19	50
24	9	33	6	40	8	38	8	40	18	45	20	49
25	8	34	5	37	5	37	7	47	17	46	17	48
26	7	41	4	38	6	46	16	48	16	43	18	47
27	16	42	3	45	13	43	15	45	15	44	15	46
28	15	49	12	46	14	42	14	46	14	41	16	45
29	14		11	43	11	41	13	43	13	42	13	44
30	13		20	44	12	50	12	44	12	49	14	43
31	12		19		19		11	41		50		42

31~40 時計座　41~50 カメレオン座　51~60 イルカ座

銀 1999 平成11年生 ★ 満25歳

日＼月	1	2	3	4	5	6	7	8	9	10	11	12
1	41	26	43	13	48	23	54	25	55	26	54	28
2	60	25	44	22	55	24	53	24	56	25	51	25
3	59	24	51	21	56	21	52	23	53	24	52	26
4	58	24	52	30	53	22	51	22	54	23	59	23
5	57	21	53	29	54	29	60	21	51	22	60	24
6	56	22	60	28	51	30	59	30	52	21	57	21
7	55	29	57	27	52	27	58	29	59	30	58	22
8	54	30	58	26	59	28	57	27	60	29	5	39
9	53	27	55	25	60	25	56	28	7	38	6	40
10	52	28	56	24	57	26	55	35	8	37	3	37
11	51	35	53	23	58	33	4	36	5	36	4	38
12	10	34	54	32	5	34	3	33	6	35	1	35
13	9	31	1	31	6	31	2	34	3	34	2	36
14	8	32	2	40	5	32	1	31	4	33	9	33
15	7	39	9	37	6	39	10	32	1	32	10	34
16	4	40	10	36	3	40	9	33	2	31	3	31
17	3	37	8	35	4	40	6	34	9	40	4	32
18	2	38	7	39	1	39	5	31	10	39	11	50
19	9	33	6	40	2	38	4	32	18	44	12	49
20	8	34	5	37	9	37	7	49	17	43	19	48
21	7	41	4	38	6	46	16	50	16	42	20	47
22	16	42	3	45	13	45	15	47	15	44	17	46
23	15	49	12	46	14	44	14	46	14	41	16	45
24	14	50	11	43	11	43	13	43	13	42	13	44
25	13	47	20	44	12	42	12	44	12	49	14	43
26	12	48	19	41	19	41	11	41	11	50	11	42
27	11	45	18	42	20	48	20	42	20	47	12	41
28	20	46	17	49	17	47	19	49	19	48	29	60
29	19		16	50	18	46	18	50	28	55	30	59
30	18		15	47	15	45	17	57	27	56	27	58
31	17		14		16		26	58		53		57

金 2000 平成12年生 ★ 満24歳

日＼月	1	2	3	4	5	6	7	8	9	10	11	12
1	56	21	57	27	52	27	58	29	59	30	58	22
2	55	30	58	26	59	28	57	28	60	29	5	39
3	54	29	55	25	60	25	56	27	7	38	6	40
4	53	27	56	24	57	26	55	36	8	37	3	37
5	52	28	53	23	58	33	4	35	5	36	4	38
6	51	35	54	32	5	34	4	34	6	35	1	35
7	10	36	1	31	6	31	2	34	3	34	2	36
8	9	33	2	40	3	32	1	31	4	33	9	33
9	8	34	9	39	4	39	10	32	1	32	10	34
10	7	31	10	38	1	40	9	39	2	31	7	31
11	6	32	7	37	2	37	8	40	9	40	8	32
12	5	37	8	36	9	38	7	37	10	39	15	49
13	4	38	5	35	2	35	6	38	17	48	16	50
14	3	35	6	32	9	36	5	45	18	47	13	47
15	2	36	3	31	10	43	14	50	15	46	20	48
16	9	43	3	50	17	45	13	47	16	45	17	45
17	18	44	12	46	18	44	20	48	13	44	18	46
18	17	41	11	43	15	43	19	45	13	49	15	44
19	14	50	20	44	16	42	18	46	12	48	16	43
20	13	47	19	41	19	41	11	43	11	47	13	42
21	12	48	18	42	20	50	20	44	20	47	14	41
22	11	45	17	49	17	49	19	49	19	48	29	60
23	20	46	16	50	18	48	18	50	28	55	30	59
24	19	43	15	47	15	47	17	57	27	56	27	58
25	18	44	14	48	16	56	26	58	26	53	28	57
26	17	51	13	55	23	53	25	55	25	54	25	56
27	26	52	22	56	24	52	24	56	24	51	26	55
28	25	59	21	53	21	51	23	53	23	52	23	54
29	24	60	30	54	22	60	22	54	22	59	24	53
30	23		29	51	29	59	21	51	21	60	21	52
31	22		28		30		30	52		57		51

命数が…… 1~10 羅針盤座　11~20 インディアン座　21~30 鳳凰座

銀

2001

平成13年生 ★ 満23歳

日＼月	1	2	3	4	5	6	7	8	9	10	11	12
1	10	35	54	32	5	34	3	34	6	35	1	35
2	9	34	1	31	6	31	2	33	3	34	2	36
3	8	33	2	40	3	32	1	32	4	33	9	33
4	7	31	9	39	4	39	10	31	1	32	10	34
5	6	32	10	38	1	40	9	40	2	31	7	31
6	5	39	7	37	2	37	7	39	9	40	8	32
7	4	40	8	36	9	38	7	37	10	39	15	49
8	3	37	5	35	10	35	6	38	17	48	16	50
9	2	38	6	34	7	36	5	45	18	47	13	47
10	1	45	3	33	8	43	14	46	15	46	14	48
11	20	46	4	42	15	44	13	43	16	45	11	45
12	19	41	11	41	16	41	12	44	13	44	12	46
13	18	42	12	50	15	42	11	41	14	43	19	43
14	17	49	19	49	16	49	20	42	11	42	20	44
15	14	50	20	46	13	50	19	43	12	41	13	41
16	13	47	18	45	14	50	18	44	19	50	14	42
17	12	48	17	44	11	49	15	41	20	49	21	59
18	19	45	16	50	12	48	14	42	28	54	22	59
19	18	44	15	47	19	47	13	59	27	53	29	58
20	17	51	14	48	16	56	26	60	26	52	30	57
21	26	52	13	55	23	55	25	57	25	54	27	56
22	25	59	22	56	24	54	24	56	24	51	26	55
23	24	60	21	53	21	53	23	53	23	52	23	54
24	23	57	30	54	22	52	22	54	22	59	24	53
25	22	58	29	51	29	51	21	51	21	60	21	52
26	21	55	28	52	30	58	30	52	30	57	22	51
27	30	56	27	59	27	57	29	59	29	58	39	10
28	29	53	26	60	28	56	28	60	38	5	40	9
29	28		25	57	25	55	27	7	37	6	37	8
30	27		24	58	26	4	36	8	36	3	38	7
31	36		23		33		35	5		4		6

金

2002

平成14年生 ★ 満22歳

日＼月	1	2	3	4	5	6	7	8	9	10	11	12
1	5	40	7	37	2	37	8	39	9	40	8	32
2	4	39	8	36	9	38	7	38	10	39	15	49
3	3	38	5	35	10	35	6	37	17	48	16	50
4	2	38	6	34	7	36	5	46	18	47	13	47
5	1	45	7	33	8	43	14	45	15	46	14	48
6	20	46	4	42	15	44	13	44	16	45	11	45
7	19	43	11	41	16	41	12	43	13	44	12	46
8	18	44	12	50	13	42	11	41	14	43	19	43
9	17	41	19	49	14	49	20	42	11	42	20	44
10	16	42	20	48	11	50	19	49	12	41	17	41
11	15	49	17	47	12	47	18	50	19	50	18	42
12	14	48	18	46	19	48	17	47	20	49	25	59
13	13	45	15	45	20	45	16	48	27	58	26	60
14	12	46	16	44	19	46	15	55	28	57	23	57
15	19	53	13	41	20	53	24	56	25	56	30	58
16	28	54	14	60	27	54	23	57	26	55	27	55
17	27	51	22	59	28	54	30	58	23	54	28	56
18	24	52	21	53	25	53	29	55	24	59	25	54
19	23	57	30	54	26	52	28	56	22	58	26	53
20	22	58	29	51	23	51	21	53	21	57	23	52
21	21	55	28	52	30	60	30	54	30	57	24	51
22	30	56	27	59	27	59	29	51	29	58	39	10
23	29	53	26	60	28	58	28	60	38	5	40	9
24	28	54	25	57	25	57	27	7	37	6	37	8
25	27	1	24	58	26	6	36	8	36	3	38	7
26	36	2	23	5	33	5	35	5	35	4	35	6
27	35	9	32	6	34	2	34	6	34	1	36	5
28	34	10	31	3	31	1	33	3	33	2	33	4
29	33		40	4	32	10	32	4	32	9	34	3
30	32		39	1	39	9	31	1	31	10	31	2
31	31		38		40		40	2		7		1

31~40 時計座　41~50 カメレオン座　51~60 イルカ座

銀

2003

平成15年生★満21歳

日＼月	1	2	3	4	5	6	7	8	9	10	11	12
1	20	45	4	42	15	44	13	44	16	45	11	45
2	19	44	11	41	16	41	12	43	13	44	12	46
3	18	43	12	50	13	42	11	42	14	43	19	43
4	17	41	19	49	14	49	20	41	11	42	20	44
5	16	42	14	48	11	50	19	50	12	41	17	41
6	15	49	17	47	12	47	18	49	19	50	18	42
7	14	50	18	46	19	48	17	48	20	49	25	59
8	13	47	15	45	20	45	16	48	27	58	26	60
9	12	48	16	44	17	46	15	55	28	57	23	57
10	11	55	13	43	18	53	24	56	25	56	24	58
11	30	56	14	52	25	54	23	53	26	55	21	55
12	29	51	21	51	26	51	22	54	23	54	22	56
13	28	52	22	60	23	52	21	51	24	53	29	53
14	27	59	29	59	26	59	30	52	21	52	30	54
15	26	60	30	56	23	60	29	59	22	51	27	51
16	23	57	27	55	24	57	28	54	29	60	24	52
17	22	58	27	54	21	59	25	51	30	59	31	9
18	21	55	26	60	22	58	24	52	37	8	32	9
19	28	54	25	57	29	57	23	9	37	3	39	8
20	27	1	24	58	30	6	36	10	36	2	40	7
21	36	2	23	5	33	5	35	7	35	1	37	6
22	35	9	32	6	34	4	34	8	34	1	38	5
23	34	10	31	3	31	3	33	3	33	2	33	4
24	33	7	40	4	32	2	32	4	32	9	34	3
25	32	8	39	1	39	1	31	1	31	10	31	2
26	31	5	38	2	40	10	40	2	40	7	32	1
27	40	6	37	9	37	7	39	9	39	8	49	20
28	39	3	36	10	38	6	38	10	48	15	50	19
29	38		35	7	35	5	37	17	47	16	47	18
30	37		34	8	36	14	46	18	46	13	48	17
31	46		33		43		45	15		14		16

金

2004

平成16年生★満20歳

日＼月	1	2	3	4	5	6	7	8	9	10	11	12
1	15	50	18	46	19	48	17	48	20	49	25	59
2	14	49	15	45	20	45	16	47	27	58	26	60
3	13	48	16	44	17	46	15	56	28	57	23	57
4	12	48	13	43	18	53	24	55	25	56	24	58
5	11	55	14	52	25	54	23	54	26	55	21	55
6	30	56	21	51	26	51	21	53	23	54	22	56
7	29	53	22	60	23	52	21	51	24	53	29	53
8	28	54	29	59	24	59	30	52	21	52	30	54
9	27	51	30	58	21	60	29	59	22	51	27	51
10	26	52	27	57	22	57	28	60	29	60	28	52
11	25	59	28	56	29	58	27	57	30	59	35	9
12	24	58	25	55	30	55	26	58	37	8	36	10
13	23	55	26	54	29	56	25	5	38	7	33	7
14	22	56	23	51	30	3	34	6	35	6	34	8
15	21	3	24	10	37	4	33	7	36	5	37	5
16	38	4	32	9	38	4	32	8	33	4	38	6
17	37	1	31	3	35	3	39	5	34	3	35	3
18	36	2	40	4	36	2	38	6	32	8	36	3
19	33	7	39	1	33	1	37	3	31	7	33	2
20	32	8	38	2	40	10	40	4	40	6	34	1
21	31	5	37	9	37	9	39	1	39	8	41	20
22	40	6	36	10	38	8	38	10	48	15	50	19
23	39	3	35	7	35	7	37	17	47	16	47	18
24	38	4	34	8	36	16	46	18	46	13	48	17
25	37	11	33	15	43	15	45	15	45	14	45	16
26	46	12	42	16	44	12	44	16	44	11	46	15
27	45	19	41	13	41	11	43	13	43	12	43	14
28	44	20	50	14	42	20	42	14	42	19	44	13
29	43	17	49	11	49	19	41	11	41	20	41	12
30	42		48	12	50	18	50	12	50	17	42	11
31	41		47		47		49	19		18		30

命数が…… 1~10 羅針盤座　11~20 インディアン座　21~30 鳳凰座

銀

2005

平成17年生 ★ 満19歳

日＼月	1	2	3	4	5	6	7	8	9	10	11	12
1	29	54	21	51	26	51	22	53	23	54	22	56
2	28	53	22	60	23	52	21	52	24	53	29	53
3	27	52	29	59	24	59	30	51	21	52	30	54
4	26	52	30	58	21	60	29	60	22	51	27	51
5	25	59	27	57	22	57	28	59	29	60	28	52
6	24	60	28	56	29	58	28	58	30	59	35	9
7	23	57	25	55	30	55	26	58	37	8	36	10
8	22	58	26	54	27	56	25	5	38	7	33	7
9	21	5	23	53	28	3	34	6	35	6	34	8
10	40	6	24	2	35	4	33	3	36	5	31	5
11	39	3	31	1	36	1	32	4	33	4	32	6
12	38	2	32	10	33	2	31	1	34	3	39	3
13	37	9	39	9	36	9	40	2	31	2	40	4
14	36	10	40	8	33	10	39	9	32	1	37	1
15	33	7	37	5	34	7	38	4	39	10	34	2
16	32	8	37	4	31	9	37	1	40	9	41	19
17	31	5	36	3	32	8	34	2	47	18	42	20
18	38	6	35	7	39	7	33	19	47	13	49	18
19	37	11	34	8	40	16	42	20	46	12	50	17
20	46	12	33	15	43	15	45	17	45	11	47	16
21	45	19	42	16	44	14	44	18	44	11	48	15
22	44	20	41	13	41	13	43	13	43	12	43	14
23	43	17	50	14	42	12	42	14	42	19	44	13
24	42	18	49	11	49	11	41	11	41	20	41	12
25	41	15	48	12	50	20	50	12	50	17	42	11
26	50	16	47	19	47	17	49	19	49	18	59	30
27	49	13	46	20	48	16	48	20	58	25	60	29
28	48	14	45	17	45	15	47	27	57	26	57	28
29	47		44	18	46	24	56	28	56	23	58	27
30	56		43	25	53	23	55	25	55	24	55	26
31	55		52		54		54	26		21		25

金

2006

平成18年生 ★ 満18歳

日＼月	1	2	3	4	5	6	7	8	9	10	11	12
1	24	59	28	56	29	58	27	58	30	59	35	9
2	23	58	25	55	30	55	26	57	37	8	36	10
3	22	57	26	54	27	56	25	6	38	7	33	7
4	21	5	23	53	28	3	34	5	35	6	34	8
5	40	6	28	2	35	4	33	4	36	5	31	5
6	39	3	31	1	36	1	32	3	33	4	32	6
7	38	4	32	10	33	2	31	2	34	3	39	3
8	37	1	39	9	34	9	40	2	31	2	40	4
9	36	2	40	8	31	10	39	9	32	1	37	1
10	35	9	37	7	32	7	38	10	39	10	38	2
11	34	10	38	6	39	8	37	7	40	9	45	19
12	33	5	35	5	40	5	36	8	47	18	46	20
13	32	6	36	4	37	6	35	15	48	17	43	17
14	31	13	33	3	40	13	44	16	45	16	44	18
15	48	14	34	20	47	14	43	13	46	15	47	15
16	47	11	41	19	48	11	42	18	43	14	48	16
17	46	12	41	18	45	13	49	15	44	13	45	13
18	43	19	50	14	46	12	48	16	41	18	46	13
19	42	18	49	11	43	11	47	13	41	17	43	12
20	41	15	48	12	44	20	50	14	50	16	44	11
21	50	16	47	19	47	19	49	11	49	18	51	30
22	49	13	46	20	48	18	48	12	58	25	60	29
23	48	14	45	17	45	17	47	27	57	26	57	28
24	47	21	44	18	46	26	56	28	56	23	58	27
25	56	22	43	25	53	25	55	25	55	24	55	26
26	55	29	52	26	54	24	54	26	54	21	56	25
27	54	30	51	23	51	21	53	23	53	22	53	24
28	53	27	60	24	52	30	52	24	52	29	54	23
29	52		59	21	59	29	51	21	51	30	51	22
30	51		58	22	60	28	60	22	60	27	52	21
31	60		57		57		59	29		28		40

31~40 時計座　41~50 カメレオン座　51~60 イルカ座

銀 2007

平成19年生 ★ 満17歳

日＼月	1	2	3	4	5	6	7	8	9	10	11	12
1	39	4	31	1	36	1	32	3	33	4	32	6
2	38	3	32	10	33	2	31	2	34	3	39	3
3	37	2	39	9	34	9	40	1	31	2	40	4
4	36	2	40	8	31	10	39	10	32	1	37	1
5	35	9	37	7	32	7	38	9	39	10	38	2
6	34	10	38	6	39	8	37	8	40	9	45	19
7	33	7	35	5	40	5	36	7	47	18	46	20
8	32	8	36	4	37	6	35	15	48	17	43	17
9	31	15	33	3	38	13	44	16	45	16	44	18
10	50	16	34	12	45	14	43	13	46	15	41	15
11	49	13	41	11	46	11	42	14	43	14	42	16
12	48	12	42	20	43	12	41	11	44	13	49	13
13	47	19	49	19	44	19	50	12	41	12	50	14
14	46	20	50	18	43	20	49	19	42	11	47	11
15	45	17	47	15	44	17	48	20	49	20	48	12
16	42	18	48	14	41	18	47	11	50	19	51	29
17	41	15	46	13	42	18	44	12	57	28	52	30
18	50	16	45	17	49	17	43	29	58	27	59	28
19	47	21	44	18	50	26	52	30	56	22	60	27
20	56	22	43	25	57	25	55	27	55	21	57	26
21	55	29	52	26	54	24	54	28	54	30	58	25
22	54	30	51	23	51	23	53	25	53	22	55	24
23	53	27	60	24	52	22	52	24	52	29	54	23
24	52	28	59	21	59	21	51	21	51	30	51	22
25	51	25	58	22	60	30	60	22	60	27	52	21
26	60	26	57	29	57	29	59	29	59	28	9	40
27	59	23	56	30	58	26	58	30	8	35	10	39
28	58	24	55	27	55	25	57	37	7	36	7	38
29	57		54	28	56	34	6	38	6	33	8	37
30	6		53	35	3	33	5	35	5	34	5	36
31	5		2		4		4	36		31		35

金 2008

平成20年生 ★ 満16歳

日＼月	1	2	3	4	5	6	7	8	9	10	11	12
1	34	9	35	5	40	5	36	7	47	18	46	20
2	33	8	36	4	37	6	35	16	48	17	43	17
3	32	7	33	3	38	13	44	15	45	16	44	18
4	31	15	34	12	45	14	43	14	46	15	41	15
5	50	16	41	11	46	11	42	13	43	14	42	16
6	49	13	42	20	43	12	42	12	44	13	49	13
7	48	14	49	19	44	19	50	12	41	12	50	14
8	47	11	50	18	41	20	49	19	42	11	47	11
9	46	12	47	17	42	17	48	20	49	20	48	12
10	45	19	48	16	49	18	47	17	50	19	55	29
11	44	20	45	15	50	15	46	18	57	28	56	30
12	43	15	46	14	47	16	45	25	58	27	53	27
13	42	16	43	13	50	23	54	26	55	26	54	28
14	41	23	44	30	57	24	53	23	56	25	51	25
15	60	24	51	29	58	21	52	28	53	24	58	26
16	57	21	51	28	55	23	51	25	54	23	55	23
17	56	22	60	24	56	22	58	26	51	22	56	24
18	55	29	59	21	53	21	57	23	51	27	53	22
19	52	28	58	22	54	30	56	24	60	26	54	21
20	51	25	57	29	57	29	59	21	59	25	1	40
21	60	26	56	30	58	28	58	22	8	35	2	39
22	59	23	55	27	55	27	57	37	7	36	7	38
23	58	24	54	28	56	36	6	38	6	33	8	37
24	57	31	53	35	3	35	5	35	5	34	5	36
25	6	32	2	36	4	34	4	36	4	31	6	35
26	5	39	1	33	1	31	3	33	3	32	3	34
27	4	40	10	34	2	40	2	34	2	39	4	33
28	3	37	9	31	9	39	1	31	1	40	1	32
29	2	38	8	32	10	38	10	32	10	37	2	31
30	1		7	39	7	37	9	39	9	38	19	50
31	10		6		8		8	40		45		49

命数が……1~10 羅針盤座　11~20 インディアン座　21~30 鳳凰座

銀 2009

平成21年生★満15歳

日＼月	1	2	3	4	5	6	7	8	9	10	11	12
1	48	13	42	20	43	12	41	12	44	13	49	13
2	47	12	49	19	44	19	50	11	41	12	50	14
3	46	11	50	18	41	20	49	20	42	11	47	11
4	45	19	47	17	42	17	48	19	49	20	48	12
5	44	20	48	16	49	18	47	18	50	19	55	29
6	43	17	45	15	50	15	46	17	57	28	56	30
7	42	18	46	14	47	16	45	25	58	27	53	27
8	41	25	43	13	48	23	54	26	55	26	54	28
9	60	26	44	22	55	24	53	23	56	25	51	25
10	59	23	51	21	56	21	52	24	53	24	52	26
11	58	24	52	30	53	22	51	21	54	23	59	23
12	57	29	59	29	54	29	60	22	51	22	60	24
13	56	30	60	28	53	30	59	29	52	21	57	21
14	55	27	57	27	54	27	58	30	59	30	58	22
15	52	28	58	24	51	28	57	21	60	29	1	39
16	51	25	56	23	52	28	56	22	7	38	2	40
17	60	26	55	22	59	27	53	39	8	37	9	37
18	57	33	54	28	60	36	2	40	6	32	10	37
19	6	32	53	35	7	35	1	37	5	31	7	36
20	5	39	2	36	4	34	4	38	4	40	8	35
21	4	40	1	33	1	33	3	35	3	32	5	34
22	3	37	10	34	2	32	2	34	2	39	4	33
23	2	38	9	31	9	31	1	31	1	40	1	32
24	1	35	8	32	10	40	10	32	10	37	2	31
25	10	36	7	39	7	39	9	39	9	38	19	50
26	9	33	6	40	8	36	8	40	18	45	20	49
27	8	34	5	37	5	35	7	47	17	46	17	48
28	7	41	4	38	6	44	16	48	16	43	18	47
29	16		3	45	13	43	15	45	15	44	15	46
30	15		12	46	14	42	14	46	14	41	16	45
31	14		11		11		13	43		42		44

金 2010

平成22年生★満14歳

日＼月	1	2	3	4	5	6	7	8	9	10	11	12
1	43	18	45	15	50	15	46	17	57	28	56	30
2	42	17	46	14	47	16	45	26	58	27	53	27
3	41	26	43	13	48	23	54	25	55	26	54	28
4	60	26	44	22	55	24	53	24	56	25	51	25
5	59	23	55	21	56	21	52	23	53	24	52	26
6	58	24	52	30	53	22	51	22	54	23	59	23
7	57	21	59	29	54	29	60	22	51	22	60	24
8	56	22	60	28	51	30	59	29	52	21	57	21
9	55	29	57	27	52	27	58	30	59	30	58	22
10	54	30	58	26	59	28	57	27	60	29	5	39
11	53	27	55	25	60	25	56	28	7	38	6	40
12	52	26	56	24	57	26	55	35	8	37	3	37
13	51	33	53	23	60	33	4	36	5	36	4	38
14	10	34	54	32	7	34	3	33	6	35	1	35
15	7	31	1	39	8	31	2	38	3	34	8	36
16	6	32	2	38	5	32	1	35	4	33	5	33
17	5	39	10	37	6	32	8	36	1	32	6	34
18	2	40	9	31	3	31	7	33	2	37	3	32
19	1	35	8	32	4	40	6	34	10	36	4	31
20	10	36	7	39	7	39	9	31	9	35	11	50
21	9	33	6	40	8	38	8	32	18	45	12	49
22	8	34	5	37	5	37	7	47	17	46	17	48
23	7	41	4	38	6	46	16	48	16	43	18	47
24	16	42	3	45	13	45	15	45	15	44	15	46
25	15	49	12	46	14	44	14	46	14	41	16	45
26	14	50	11	43	11	43	13	43	13	42	13	44
27	13	47	20	44	12	50	12	44	12	49	14	43
28	12	48	19	41	19	49	11	41	11	50	11	42
29	11		18	42	20	48	20	42	20	47	12	41
30	20		17	49	17	47	19	49	19	48	29	60
31	19		16		18		18	50		55		59

31〜40 時計座　41〜50 カメレオン座　51〜60 イルカ座

銀 2011

平成23年生 ★ 満13歳

日＼月	1	2	3	4	5	6	7	8	9	10	11	12
1	58	23	52	30	53	22	51	22	54	23	59	23
2	57	22	59	29	54	29	60	21	51	22	60	24
3	56	21	60	28	51	30	59	30	52	21	57	21
4	55	29	57	27	52	27	58	29	59	30	58	22
5	54	30	52	26	59	28	57	28	60	29	5	39
6	53	27	55	25	60	25	56	27	7	38	6	40
7	52	28	56	24	57	26	55	36	8	37	3	37
8	51	35	53	23	58	33	4	36	5	36	4	38
9	10	36	54	32	5	34	3	33	6	35	1	35
10	9	33	1	31	6	31	2	34	3	34	2	36
11	8	34	2	40	3	32	1	31	4	33	9	33
12	7	39	9	39	4	39	10	32	1	32	10	34
13	6	40	10	38	1	40	9	39	2	31	7	31
14	5	37	7	37	4	37	8	40	9	40	8	32
15	4	38	8	34	1	38	7	37	10	39	15	49
16	1	35	5	33	2	35	6	32	17	48	12	50
17	10	36	5	32	9	37	3	49	18	47	19	47
18	9	43	4	38	10	46	12	50	15	46	20	47
19	16	42	3	45	17	45	11	47	15	41	17	46
20	15	49	12	46	18	44	14	48	14	50	18	45
21	14	50	11	43	11	43	13	45	13	49	15	44
22	13	47	20	44	12	42	12	46	12	49	16	43
23	12	48	19	41	19	41	11	41	11	50	11	42
24	11	45	18	42	20	50	20	42	20	47	12	41
25	20	46	17	49	17	49	19	49	19	48	29	60
26	19	43	16	50	18	48	18	50	28	55	30	59
27	18	44	15	47	15	45	17	57	27	56	27	58
28	17	51	14	48	16	54	26	58	26	53	28	57
29	26		13	55	23	53	25	55	25	54	25	56
30	25		22	56	24	52	24	56	24	51	26	55
31	24		21		21		23	53		52		54

金 2012

平成24年生 ★ 満12歳

日＼月	1	2	3	4	5	6	7	8	9	10	11	12
1	53	28	56	24	57	26	55	36	8	37	3	37
2	52	27	53	23	58	33	4	35	5	36	4	38
3	51	36	54	32	5	34	3	34	6	35	1	35
4	10	36	1	31	6	31	2	33	3	34	2	36
5	9	33	2	40	3	32	1	32	4	33	9	33
6	8	34	9	39	4	39	9	31	1	32	10	34
7	7	31	10	38	1	40	9	39	2	31	7	31
8	6	32	7	37	2	37	8	40	9	40	8	32
9	5	39	8	36	9	38	7	37	10	39	15	49
10	4	40	5	35	10	35	6	38	17	48	16	50
11	3	37	6	34	7	36	5	45	18	47	13	47
12	2	36	3	33	8	43	14	46	15	46	14	48
13	1	43	4	42	17	44	13	43	16	45	11	45
14	20	44	11	49	18	41	12	44	13	44	12	46
15	19	41	12	48	15	42	11	45	14	43	15	43
16	16	42	20	47	16	42	20	46	11	42	16	44
17	15	49	19	41	13	41	17	43	12	41	13	41
18	14	50	18	42	14	50	16	44	20	46	14	41
19	11	45	17	49	11	49	15	41	19	45	21	60
20	20	46	16	50	18	48	18	42	28	54	22	59
21	19	43	15	47	15	47	17	59	27	56	29	58
22	18	44	14	48	16	56	26	58	26	53	28	57
23	17	51	13	55	23	55	25	55	25	54	25	56
24	26	52	22	56	24	54	24	56	24	51	26	55
25	25	59	21	53	21	53	23	53	23	52	23	54
26	24	60	30	54	22	60	22	54	22	59	24	53
27	23	57	29	51	29	59	21	51	21	60	21	52
28	22	58	28	52	30	58	30	52	30	57	22	51
29	21	55	27	59	27	57	29	59	29	58	39	10
30	30		26	60	28	56	28	60	38	5	40	9
31	29		25		25		27	7		6		8

命数が…… 1~10 羅針盤座　11~20 インディアン座　21~30 鳳凰座

銀 2013 平成25年生★満11歳

日＼月	1	2	3	4	5	6	7	8	9	10	11	12
1	7	32	9	39	4	39	10	31	1	32	10	34
2	6	31	10	38	1	40	9	40	2	31	7	31
3	5	40	7	37	2	37	8	39	9	40	8	32
4	4	40	8	36	9	38	7	38	10	39	15	49
5	3	37	5	35	10	35	6	37	17	48	16	50
6	2	38	6	34	7	36	6	46	18	47	13	47
7	1	45	3	33	8	43	14	46	15	46	14	48
8	20	46	4	42	15	44	13	43	16	45	11	45
9	19	43	11	41	16	41	12	44	13	44	12	46
10	18	44	12	50	13	42	11	41	14	43	19	43
11	17	41	19	49	14	49	20	42	11	42	20	44
12	16	50	20	48	11	50	19	49	12	41	17	41
13	15	47	17	47	14	47	18	50	19	50	18	42
14	14	48	18	46	11	48	17	47	20	49	25	59
15	11	45	15	43	12	45	16	42	27	58	22	60
16	20	46	15	42	19	47	15	59	28	57	29	57
17	19	53	14	41	20	56	22	60	25	56	30	58
18	26	54	13	55	27	55	21	57	25	51	27	56
19	25	59	22	56	28	54	30	58	24	60	28	55
20	24	60	21	53	21	53	23	55	23	59	25	54
21	23	57	30	54	22	52	22	56	22	59	26	53
22	22	58	29	51	29	51	21	51	21	60	21	52
23	21	55	28	52	30	60	30	52	30	57	22	51
24	30	56	27	59	27	59	29	59	29	58	39	10
25	29	53	26	60	28	58	28	60	38	5	40	9
26	28	54	25	57	25	55	27	7	37	6	37	8
27	27	1	24	58	26	4	36	8	36	3	38	7
28	36	2	23	5	33	3	35	5	35	4	35	6
29	35		32	6	34	2	34	6	34	1	36	5
30	34		31	3	31	1	33	3	33	2	33	4
31	33		40		32		32	4		9		3

金 2014 平成26年生★満10歳

日＼月	1	2	3	4	5	6	7	8	9	10	11	12
1	2	37	6	34	7	36	5	46	18	47	13	47
2	1	46	3	33	8	43	14	45	15	46	14	48
3	20	45	4	42	15	44	13	44	16	45	11	45
4	19	43	11	41	16	41	12	43	13	44	12	46
5	18	44	12	50	13	42	11	42	14	43	19	43
6	17	41	19	49	14	49	20	41	11	42	20	44
7	16	42	20	48	11	50	19	49	12	41	17	41
8	15	49	17	47	12	47	18	50	19	50	18	42
9	14	50	18	46	19	48	17	47	20	49	25	59
10	13	47	15	45	20	45	16	48	27	58	26	60
11	12	48	16	44	17	46	15	55	28	57	23	57
12	11	53	13	43	18	53	24	56	25	56	24	58
13	30	54	14	52	27	54	23	53	26	55	21	55
14	29	51	21	51	28	51	22	54	23	54	22	56
15	26	52	22	58	25	52	21	55	24	53	25	53
16	25	59	29	57	26	59	30	56	21	52	26	54
17	24	60	29	56	23	51	27	53	22	51	23	51
18	21	57	28	52	24	60	26	54	29	56	24	51
19	30	56	27	59	21	59	25	51	29	55	31	10
20	29	53	26	60	28	58	28	52	38	4	32	9
21	28	54	25	57	25	57	27	9	37	6	39	8
22	27	1	24	58	26	6	36	8	36	3	38	7
23	36	2	23	5	33	5	35	5	35	4	35	6
24	35	9	32	6	34	4	34	6	34	1	36	5
25	34	10	31	3	31	3	33	3	33	2	33	4
26	33	7	40	4	32	2	32	4	32	9	34	3
27	32	8	39	1	39	9	31	1	31	10	31	2
28	31	5	38	2	40	8	40	2	40	7	32	1
29	40		37	9	37	7	39	9	39	8	49	20
30	39		36	10	38	6	38	10	48	15	50	19
31	38		35		35		37	17		16		18

31~40 時計座　41~50 カメレオン座　51~60 イルカ座

銀

2015

平成27年生 ★ 満9歳

日＼月	1	2	3	4	5	6	7	8	9	10	11	12
1	17	42	19	49	14	49	20	41	11	42	20	44
2	16	41	20	48	11	50	19	50	12	41	17	41
3	15	50	17	47	12	47	18	49	19	50	18	42
4	14	50	18	46	19	48	17	48	20	49	25	59
5	13	47	15	45	20	45	16	47	27	58	26	60
6	12	48	16	44	17	46	15	56	28	57	23	57
7	11	55	13	43	18	53	24	55	25	56	24	58
8	30	56	14	52	25	54	23	53	26	55	21	55
9	29	53	21	51	26	51	22	54	23	54	22	56
10	28	54	22	60	23	52	21	51	24	53	29	53
11	27	51	29	59	24	59	30	52	21	52	30	54
12	26	60	30	58	21	60	29	59	22	51	27	51
13	25	57	27	57	22	57	28	60	29	60	28	52
14	24	58	28	56	21	58	27	57	30	59	35	9
15	23	55	25	53	22	55	26	58	37	8	36	10
16	30	56	26	52	29	56	25	9	38	7	39	7
17	29	3	24	51	30	6	32	10	35	6	40	8
18	38	4	23	5	37	5	31	7	36	1	37	6
19	35	9	32	6	38	4	40	8	34	10	38	5
20	34	10	31	3	35	3	33	5	33	9	35	4
21	33	7	40	4	32	2	32	6	32	9	36	3
22	32	8	39	1	39	1	31	3	31	10	33	2
23	31	5	38	2	40	10	40	2	40	7	32	1
24	40	6	37	9	37	9	39	9	39	8	49	20
25	39	3	36	10	38	8	38	10	48	15	50	19
26	38	4	35	7	35	7	37	17	47	16	47	18
27	37	11	34	8	36	14	46	18	46	13	48	17
28	46	12	33	15	43	13	45	15	45	14	45	16
29	45		42	16	44	12	44	16	44	11	46	15
30	44		41	13	41	11	43	13	43	12	43	14
31	43		50		42		42	14		19		13

金

2016

平成28年生 ★ 満8歳

日＼月	1	2	3	4	5	6	7	8	9	10	11	12
1	12	47	13	43	18	53	24	55	25	56	24	58
2	11	56	14	52	25	54	23	54	26	55	21	55
3	30	55	21	51	26	51	22	53	23	54	22	56
4	29	53	22	60	23	52	21	52	24	53	29	53
5	28	54	29	59	24	59	30	51	21	52	30	54
6	27	51	30	58	21	60	30	60	22	51	27	51
7	26	52	27	57	22	57	28	60	29	60	28	52
8	25	59	28	56	29	58	27	57	30	59	35	9
9	24	60	25	55	30	55	26	58	37	8	36	10
10	23	57	26	54	27	56	25	5	38	7	33	7
11	22	58	23	53	28	3	34	6	35	6	34	8
12	21	3	24	2	35	4	33	3	36	5	31	5
13	40	4	31	1	38	1	32	4	33	4	32	6
14	39	1	32	8	35	2	31	1	34	3	39	3
15	38	2	39	7	36	9	40	6	31	2	36	4
16	35	9	39	6	33	1	39	3	32	1	33	1
17	34	10	38	2	34	10	36	4	39	10	34	2
18	33	7	37	9	31	9	35	1	39	5	41	20
19	40	6	36	10	32	8	34	2	48	14	42	19
20	39	3	35	7	35	7	37	19	47	13	49	18
21	38	4	34	8	36	16	46	20	46	13	50	17
22	37	11	33	15	43	15	45	15	45	14	45	16
23	46	12	42	16	44	14	44	16	44	11	46	15
24	45	19	41	13	41	13	43	13	43	12	43	14
25	44	20	50	14	42	12	42	14	42	19	44	13
26	43	17	49	11	49	19	41	11	41	20	41	12
27	42	18	48	12	50	18	50	12	50	17	42	11
28	41	15	47	19	47	17	49	19	49	18	59	30
29	50	16	46	20	48	16	48	20	58	25	60	29
30	49		45	17	45	15	47	27	57	26	57	28
31	48		44		46		56	28		23		27

命数が…… 1~10 羅針盤座　11~20 インディアン座　21~30 鳳凰座

銀 2017 平成29年生 ★ 満7歳

日＼月	1	2	3	4	5	6	7	8	9	10	11	12
1	26	51	30	58	21	60	29	60	22	51	27	51
2	25	60	27	57	22	57	28	59	29	60	28	52
3	24	59	28	56	29	58	27	58	30	59	35	9
4	23	57	25	55	30	55	26	57	37	8	36	10
5	22	58	26	54	27	56	25	6	38	7	33	7
6	21	5	23	53	28	3	33	5	35	6	34	8
7	40	6	24	2	35	4	33	3	36	5	31	5
8	39	3	31	1	36	1	32	4	33	4	32	6
9	38	4	32	10	33	2	31	1	34	3	39	3
10	37	1	39	9	34	9	40	2	31	2	40	4
11	36	2	40	8	31	10	39	9	32	1	37	1
12	35	7	37	7	32	7	38	10	39	10	38	2
13	34	8	38	6	31	8	37	7	40	9	45	19
14	33	5	35	3	32	5	36	8	47	18	46	20
15	40	6	36	2	39	6	35	19	48	17	49	17
16	39	13	34	1	40	16	44	20	45	16	50	18
17	48	14	33	15	47	15	41	17	46	15	47	15
18	45	11	42	16	48	14	50	18	44	20	48	15
19	44	20	41	13	45	13	49	15	43	19	45	14
20	43	17	50	14	42	12	42	16	42	18	46	13
21	42	18	49	11	49	11	41	13	41	20	43	12
22	41	15	48	12	50	20	50	12	50	17	42	11
23	50	16	47	19	47	19	49	19	49	18	59	30
24	49	13	46	20	48	18	48	20	58	25	60	29
25	48	14	45	17	45	17	47	27	57	26	57	28
26	47	21	44	18	46	24	56	28	56	23	58	27
27	56	22	43	25	53	23	55	25	55	24	55	26
28	55	29	52	26	54	22	54	26	54	21	56	25
29	54		51	23	51	21	53	23	53	22	53	24
30	53		60	24	52	30	52	24	52	29	54	23
31	52		59		59		51	21		30		22

金 2018 平成30年生 ★ 満6歳

日＼月	1	2	3	4	5	6	7	8	9	10	11	12
1	21	6	23	53	28	3	34	5	35	6	34	8
2	40	5	24	2	35	4	33	4	36	5	31	5
3	39	4	31	1	36	1	32	3	33	4	32	6
4	38	4	32	10	33	2	31	2	34	3	39	3
5	37	1	33	9	34	9	40	1	31	2	40	4
6	36	2	40	8	31	10	39	10	32	1	37	1
7	35	9	37	7	32	7	38	10	39	10	38	2
8	34	10	38	6	39	8	37	7	40	9	45	19
9	33	7	35	5	40	5	36	8	47	18	46	20
10	32	8	36	4	37	6	35	15	48	17	43	17
11	31	15	33	3	38	13	44	16	45	16	44	18
12	50	14	34	12	45	14	43	13	46	15	41	15
13	49	11	41	11	48	11	42	14	43	14	42	16
14	48	12	42	20	45	12	41	11	44	13	49	13
15	45	19	49	17	46	19	50	16	41	12	46	14
16	44	20	50	16	43	20	49	13	42	11	43	11
17	43	17	48	15	44	20	46	14	49	20	44	12
18	50	18	47	19	41	19	45	11	50	15	51	30
19	49	13	46	20	42	18	44	12	58	24	52	29
20	48	14	45	17	45	17	47	29	57	23	59	28
21	47	21	44	18	46	26	56	30	56	23	60	27
22	56	22	43	25	53	25	55	25	55	24	55	26
23	55	29	52	26	54	24	54	26	54	21	56	25
24	54	30	51	23	51	23	53	23	53	22	53	24
25	53	27	60	24	52	22	52	24	52	29	54	23
26	52	28	59	21	59	21	51	21	51	30	51	22
27	51	25	58	22	60	28	60	22	60	27	52	21
28	60	26	57	29	57	27	59	29	59	28	9	40
29	59		56	30	58	26	58	30	8	35	10	39
30	58		55	27	55	25	57	37	7	36	7	38
31	57		54		56		6	38		33		37

31~40 時計座　41~50 カメレオン座　51~60 イルカ座

銀

2019

平成31年生　令和元年生

★満5歳

日＼月	1	2	3	4	5	6	7	8	9	10	11	12
1	36	1	40	8	31	10	39	10	32	1	37	1
2	35	10	37	7	32	7	38	9	39	10	38	2
3	34	9	38	6	39	8	37	8	40	9	45	19
4	33	7	35	5	40	5	36	7	47	18	46	20
5	32	8	40	4	37	6	35	16	48	17	43	17
6	31	15	33	3	38	13	44	15	45	16	44	18
7	50	16	34	12	45	14	43	14	46	15	41	15
8	49	13	41	11	46	11	42	14	43	14	42	16
9	48	14	42	20	43	12	41	11	44	13	49	13
10	47	11	49	19	44	19	50	12	41	12	50	14
11	46	12	50	18	41	20	49	19	42	11	47	11
12	45	17	47	17	42	17	48	20	49	20	48	12
13	44	18	48	16	49	18	47	17	50	19	55	29
14	43	15	45	15	42	15	46	18	57	28	56	30
15	42	16	46	12	49	16	45	25	58	27	53	27
16	49	23	43	11	50	23	54	30	55	26	60	28
17	58	24	43	30	57	25	51	27	56	25	57	25
18	57	21	52	26	58	24	60	28	53	30	58	25
19	54	30	51	23	55	23	59	25	53	29	55	24
20	53	27	60	24	56	22	52	26	52	28	56	23
21	52	28	59	21	59	21	51	23	51	30	53	22
22	51	25	58	22	60	30	60	24	60	27	54	21
23	60	26	57	29	57	29	59	29	59	28	9	40
24	59	23	56	30	58	28	58	30	8	35	10	39
25	58	24	55	27	55	27	57	37	7	36	7	38
26	57	31	54	28	56	36	6	38	6	33	8	37
27	6	32	53	35	3	33	5	35	5	34	5	36
28	5	39	2	36	4	32	4	36	4	31	6	35
29	4		1	33	1	31	3	33	3	32	3	34
30	3		10	34	2	40	2	34	2	39	4	33
31	2		9		9		1	31		40		32

金

2020

令和2年生

★満4歳

日＼月	1	2	3	4	5	6	7	8	9	10	11	12
1	31	16	34	12	45	14	43	14	46	15	41	15
2	50	15	41	11	46	11	42	13	43	14	42	16
3	49	14	42	20	43	12	41	12	44	13	49	13
4	48	14	49	19	44	19	50	11	41	12	50	14
5	47	11	50	18	41	20	49	20	42	11	47	11
6	46	12	47	17	42	17	47	19	49	20	48	12
7	45	19	48	16	49	18	47	17	50	19	55	29
8	44	20	45	15	50	15	46	18	57	28	56	30
9	43	17	46	14	47	16	45	25	58	27	53	27
10	42	18	43	13	48	23	54	26	55	26	54	28
11	41	25	44	22	55	24	53	23	56	25	51	25
12	60	24	51	21	56	21	52	24	53	24	52	26
13	59	21	52	30	55	22	51	21	54	23	59	23
14	58	22	59	27	56	29	60	22	51	22	60	24
15	57	29	60	26	53	30	59	23	52	21	53	21
16	54	30	58	25	54	30	58	24	59	30	54	22
17	53	27	57	29	51	29	55	21	60	29	1	39
18	52	28	56	30	52	28	54	22	8	34	2	39
19	59	23	55	27	59	27	53	39	7	33	9	38
20	58	24	54	28	56	36	6	40	6	32	10	37
21	57	31	53	35	3	35	5	37	5	34	7	36
22	6	32	2	36	4	34	4	36	4	31	6	35
23	5	39	1	33	1	33	3	33	3	32	3	34
24	4	40	10	34	2	32	2	34	2	39	4	33
25	3	37	9	31	9	31	1	31	1	40	1	32
26	2	38	8	32	10	38	10	32	10	37	2	31
27	1	35	7	39	7	37	9	39	9	38	19	50
28	10	36	6	40	8	36	8	40	18	45	20	49
29	9	33	5	37	5	35	7	47	17	46	17	48
30	8		4	38	6	44	16	48	16	43	18	47
31	7		3		13		15	45		44		46

命数が……　1~10 羅針盤座　11~20 インディアン座　21~30 鳳凰座

銀 2021 令和3年生★満3歳

日＼月	1	2	3	4	5	6	7	8	9	10	11	12
1	45	20	47	17	42	17	48	19	49	20	48	12
2	44	19	48	16	49	18	47	18	50	19	55	29
3	43	17	45	15	50	15	46	17	57	28	56	30
4	42	18	46	14	47	16	45	26	58	27	53	27
5	41	25	43	13	48	23	54	25	55	26	54	28
6	60	26	44	22	55	24	53	24	56	25	51	25
7	59	23	51	21	56	21	52	24	53	24	52	26
8	58	24	52	30	53	22	51	21	54	23	59	23
9	57	21	59	29	54	29	60	22	51	22	60	24
10	56	22	60	28	51	30	59	29	52	21	57	21
11	55	27	57	27	52	27	58	30	59	30	58	22
12	54	28	58	26	59	28	57	27	60	29	5	39
13	53	25	55	25	52	25	56	28	7	38	6	40
14	52	26	56	22	59	26	55	35	8	37	3	37
15	59	33	53	21	60	33	4	40	5	36	10	38
16	8	34	53	40	7	35	3	37	6	35	7	35
17	7	31	2	36	8	34	10	38	3	34	8	36
18	4	40	1	33	5	33	9	35	3	39	5	34
19	3	37	10	34	6	32	8	36	2	38	6	33
20	2	38	9	31	9	31	1	33	1	37	3	32
21	1	35	8	32	10	40	10	34	10	37	4	31
22	10	36	7	39	7	39	9	39	9	38	19	50
23	9	33	6	40	8	38	8	40	18	45	20	49
24	8	34	5	37	5	37	7	47	17	46	17	48
25	7	41	4	38	6	44	16	48	16	43	18	47
26	16	42	3	45	13	43	15	45	15	44	15	46
27	15	49	12	46	14	42	14	46	14	41	16	45
28	14	50	11	43	11	41	13	43	13	42	13	44
29	13		20	44	12	50	12	44	12	49	14	43
30	12		19	41	19	49	11	41	11	50	11	42
31	11		18		20		20	42		47		41

金 2022 令和4年生★満2歳

日＼月	1	2	3	4	5	6	7	8	9	10	11	12
1	60	25	44	22	55	24	53	24	56	25	51	25
2	59	24	51	21	56	21	52	23	53	24	52	26
3	58	23	52	30	53	22	51	22	54	23	59	23
4	57	21	59	29	54	29	60	21	51	22	60	24
5	56	22	60	28	51	30	59	30	52	21	57	21
6	55	29	57	27	52	27	58	29	59	30	58	22
7	54	30	58	26	59	28	57	27	60	29	5	39
8	53	27	55	25	60	25	56	28	7	38	6	40
9	52	28	56	24	57	26	55	35	8	37	3	37
10	51	35	53	23	58	33	4	36	5	36	4	38
11	10	36	54	32	5	34	3	33	6	35	1	35
12	9	31	1	31	6	31	2	34	3	34	2	36
13	8	32	2	40	5	32	1	31	4	33	9	33
14	7	39	9	39	6	39	10	32	1	32	10	34
15	4	40	10	36	3	40	9	33	2	31	3	31
16	3	37	8	35	4	37	8	34	9	40	4	32
17	2	38	7	34	1	39	5	31	10	39	11	49
18	9	35	6	40	2	38	4	32	17	44	12	49
19	8	34	5	37	9	37	3	49	17	43	19	48
20	7	41	4	38	6	46	16	50	16	42	20	47
21	16	42	3	45	13	45	15	47	15	44	17	46
22	15	49	12	46	14	44	14	46	14	41	16	45
23	14	50	11	43	11	43	13	43	13	42	13	44
24	13	47	20	44	12	42	12	44	12	49	14	43
25	12	48	19	41	19	41	11	41	11	50	11	42
26	11	45	18	42	20	48	20	42	20	47	12	41
27	20	46	17	49	17	47	19	49	19	48	29	60
28	19	43	16	50	18	46	18	50	28	55	30	59
29	18		15	47	15	45	17	57	27	56	27	58
30	17		14	48	16	54	26	58	26	53	28	57
31	26		13		23		25	55		54		56

31～40 時計座　41～50 カメレオン座　51～60 イルカ座

銀

2023

令和5年生★満1歳

日＼月	1	2	3	4	5	6	7	8	9	10	11	12
1	55	30	57	27	52	27	58	29	59	30	58	22
2	54	29	58	26	59	28	57	28	60	29	5	39
3	53	28	55	25	60	25	56	27	7	38	6	40
4	52	28	56	24	57	26	55	36	8	37	3	37
5	51	35	53	23	58	33	4	35	5	36	4	38
6	10	36	54	32	5	34	3	34	6	35	1	35
7	9	33	1	31	6	31	2	33	3	34	2	36
8	8	34	2	40	3	32	1	31	4	33	9	33
9	7	31	9	39	4	39	10	32	1	32	10	34
10	6	32	10	38	1	40	9	39	2	31	7	31
11	5	39	7	37	2	37	8	40	9	40	8	32
12	4	38	8	36	9	38	7	37	10	39	15	49
13	3	35	5	35	10	35	6	38	17	48	16	50
14	2	36	6	34	9	36	5	45	18	47	13	47
15	9	43	3	31	10	43	14	46	15	46	14	48
16	18	44	4	50	17	44	13	47	16	45	17	45
17	17	41	12	49	18	44	20	48	13	44	18	46
18	14	42	11	43	15	43	19	45	14	49	15	44
19	13	47	20	44	16	42	18	46	12	48	16	43
20	12	48	19	41	13	41	11	43	11	47	13	42
21	11	45	18	42	20	50	20	44	20	47	14	41
22	20	46	17	49	17	49	19	41	19	48	21	60
23	19	43	16	50	18	48	18	50	28	55	30	59
24	18	44	15	47	15	47	17	57	27	56	27	58
25	17	51	14	48	16	56	26	58	26	53	28	57
26	26	52	13	55	23	53	25	55	25	54	25	56
27	25	59	22	56	24	52	24	56	24	51	26	55
28	24	60	21	53	21	51	23	53	23	52	23	54
29	23		30	54	22	60	22	54	22	59	24	53
30	22		29	51	29	59	21	51	21	60	21	52
31	21		28		30		30	52		57		51

金

2024

令和6年生★満0歳

日＼月	1	2	3	4	5	6	7	8	9	10	11	12
1	10	35	1	31	6	31	2	33	3	34	2	36
2	9	34	2	40	3	32	1	32	4	33	9	33
3	8	33	9	39	4	39	10	31	1	32	10	34
4	7	31	10	38	1	40	9	40	2	31	7	31
5	6	32	7	37	2	37	8	39	9	40	8	32
6	5	39	8	36	9	38	7	38	10	39	15	49
7	4	40	5	35	10	35	6	38	17	48	16	50
8	3	37	6	34	7	36	5	45	18	47	13	47
9	2	38	3	33	8	43	14	46	15	46	14	48
10	1	45	4	42	15	44	13	43	16	45	11	45
11	20	46	11	41	16	41	12	44	13	44	12	46
12	19	41	12	50	13	42	11	41	14	43	19	43
13	18	42	19	49	16	49	20	42	11	42	20	44
14	17	49	20	46	13	50	19	49	12	41	17	41
15	16	50	17	45	14	47	18	44	19	50	14	42
16	13	47	17	44	11	49	15	41	20	49	21	59
17	12	48	16	50	12	48	14	42	27	58	22	60
18	11	45	15	47	19	47	13	59	27	53	29	58
19	18	44	14	48	20	56	26	60	26	52	30	57
20	17	51	13	55	23	55	25	57	25	51	27	56
21	26	52	22	56	24	54	24	58	24	51	28	55
22	25	59	21	53	21	53	23	53	23	52	23	54
23	24	60	30	54	22	52	22	54	22	59	24	53
24	23	57	29	51	29	51	21	51	21	60	21	52
25	22	58	28	52	30	58	30	52	30	57	22	51
26	21	55	27	59	27	57	29	59	29	58	39	10
27	30	56	26	60	28	56	28	60	38	5	40	9
28	29	53	25	57	25	55	27	7	37	6	37	8
29	28	54	24	58	26	4	36	8	36	3	38	7
30	27		23	5	33	3	35	5	35	4	35	6
31	36		32		34		34	6		1		5

裏の命数表

「五星三心占い」では、「裏の時期」（P.15で詳しく解説）に、
自分の「裏の欲望（才能）」が出てくると考えています。
次のページで「裏の命数」を割り出しましょう。
あなたの裏側は、裏の命数の「基本性格」（P.175~）を読むことで、
詳しく知ることができます。

あなたの裏側は？

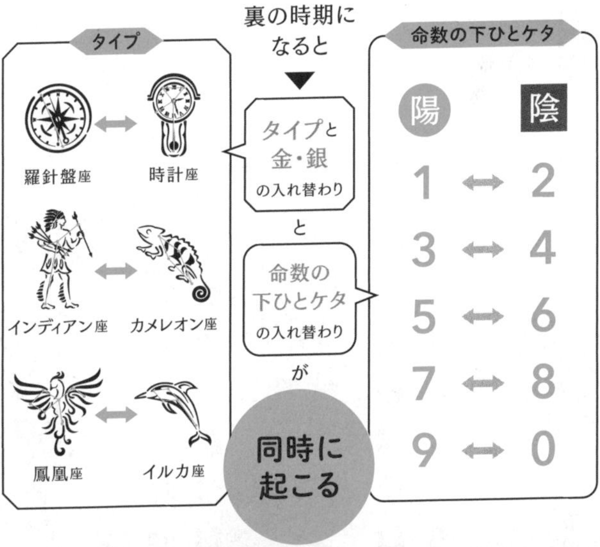

詳しい調べ方は、次のページをチェック！

裏の命数表

【裏の命数】とは……裏の時期に出てくるあなたの性質をつかさどる命数です。

裏の命数の導き方

▶STEP 1

金 → 銀 になる

銀 → 金 になる

▶STEP 2

「裏の命数」は、「自分の命数」の矢印の先にある数字です

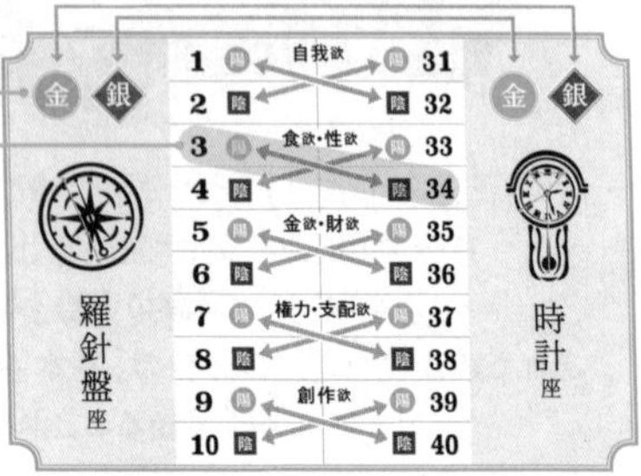

例

あなたの命数		裏の命数
金の羅針盤座 **3**	→	銀の時計座 **34**
銀のカメレオン座 **42**	→	金のインディアン座 **11**
金のイルカ座 **59**	→	銀の鳳凰座 **30**

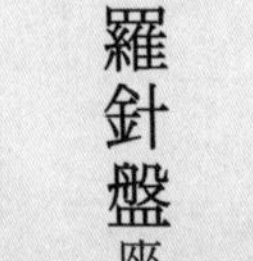

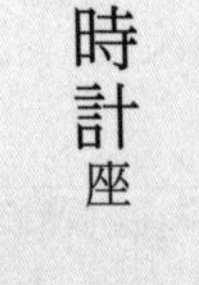

羅針盤座 金 銀				時計座 金 銀
1	陽	自我欲	陽	**31**
2	陰		陰	**32**
3	陽	食欲・性欲	陽	**33**
4	陰		陰	**34**
5	陽	金欲・財欲	陽	**35**
6	陰		陰	**36**
7	陽	権力・支配欲	陽	**37**
8	陰		陰	**38**
9	陽	創作欲	陽	**39**
10	陰		陰	**40**

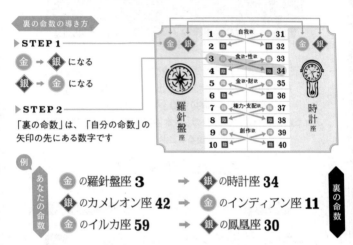

金 銀

インディアン座

金 銀

カメレオン座

11	陽	自我欲	陽	41
12	陰		陰	42
13	陽	食欲・性欲	陽	43
14	陰		陰	44
15	陽	金欲・財欲	陽	45
16	陰		陰	46
17	陽	権力・支配欲	陽	47
18	陰		陰	48
19	陽	創作欲	陽	49
20	陰		陰	50

金 銀

鳳凰座

金 銀

イルカ座

21	陽	自我欲	陽	51
22	陰		陰	52
23	陽	食欲・性欲	陽	53
24	陰		陰	54
25	陽	金欲・財欲	陽	55
26	陰		陰	56
27	陽	権力・支配欲	陽	57
28	陰		陰	58
29	陽	創作欲	陽	59
30	陰		陰	60

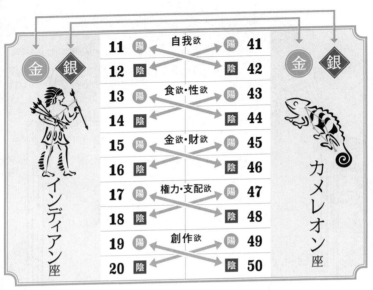

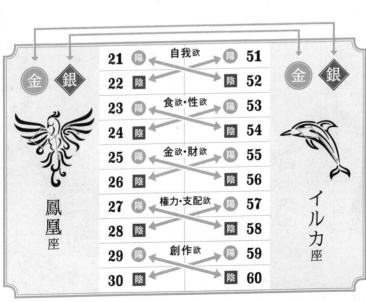

GOLD
PHOENIX

第1部

金の鳳凰座 2024年の運気

2024年をよりよく過ごすために
折に触れて読み返してみてください。

金の鳳凰座の
基本性格

忍耐強さと意志の強さを もつ情熱的な人

もっている星

★忍耐強い星　★情熱的な星　★凝り性の星
★知的な星　★頑固者の星　★不器用な星
★団体行動は苦手な星　★ワンテンポ遅い星

総合運

燃える孤高の鳥の名を冠した「鳳凰座」は、忍耐強い情熱家。ハートに一度火がつくと、その炎は簡単には消えません。**意志が強く、自分で決めたことは燃えつきるまで貫き通すパワーをもち合わせています。凝り性なため、職人的な技術を習得できるタイプ**です。ファッションも独特のセンスを貫きますが、本人は「似合っている」と決めつけて変えないため、独特な生き方をしているように見られてしまうでしょう。

一方で、頑固さゆえに融通がきかなかったり、柔軟な対応力に欠けたりすることで苦労します。また、**団体行動や集団のなかにいるよりもひとりの時間を大事にするため、自然とおしゃべりは苦手に。**知的で物事をじっくり考えることができる半面、考えすぎて機会を逸してしまうこともあります。土台が頑固なため、勘違いや見当違いも多いでしょう。

加えて、過去の出来事にとらわれすぎて、新しいことに挑戦したり変化を受け入れたりするのが苦手な一面もあります。食わず嫌いや決めつけが多いため、それが人生のチャンスを逃す原因になることも……。自分の好きなことを極める努力を忍耐強く続けて、時代が自分のセンスに合うまで待つことが必要になりそうです。人間関係を含め、趣味も生き方も、ときにはニュートラルにすることが大切だと忘れないように。悪習慣にハマると抜けられなくなってしまうことも多いので、耳の痛い忠告をしてくれる人には感謝を忘れず、ときには受け入れることも大事でしょう。

恋愛&結婚運

好みのタイプがハッキリしていて、同じような相手を好きになることが多いでしょう。**一目惚れから恋の火がつくと思いが止まらなくなりますが、いざ行動するとなると遅く、じっくりと進みます。**進展がなくても成就することを待ち続け、勘違いからはじまった恋であっても相手を思い続けてしまうでしょう。恋をスムーズに進展させるには、まず好きな人の前で素直によろこんだりテンションを少し高めたりすることが大切です。相手は、合コンやマッチングアプリではなく、行きつけのお店やカルチャースクールなどで定期的に会える人から探すほうがいいでしょう。

結婚相手には**安定した人、両親や祖父母を大切にする人を望む傾向**があります。過去の恋人の影響を強く受けすぎていたり、理想の結婚観が強かったりしてチャンスを逃しがちなので、難しく考えず、「簡単に結婚できる」と思うといいでしょう。真面目で心の広い人と結ばれると幸せになれます。

仕事運

忍耐力が求められ、体を使う仕事に向いています。職人的な仕事、時間や手間のかかる研究職なども最適です。どんな仕事でも**「自分にはこれだ!」と思って情熱を燃やすことができれば、時間がかかっても必ず結果を出せる**でしょう。チームワークでは苦労しますが、一生懸命に取り組めば周囲の目も変わります。

金運&買い物運

金銭面では、**投資や資産運用で成功することも多い**ので、若いうちに資産形成のことをしっかりと学んでおくといいでしょう。頑固で決めたことは貫く自分の性格を上手に使えば、定期的な貯金のサイクルもつくれます。流動性の激しい博打的な投資や、ギャンブルには手を出さないように。

2023年 下半期の運気

開運の年

総合運

新たなスタートを切るのに最適な時期。遠慮せず思い切った行動を

フットワークを軽くすることで、さらに大きな幸運をつかめたり、人生を変える出会いや経験ができる重要な時期。**気になったことはためらわず即行動**に移してみると、運が味方してくれていることを実感できそうです。

下半期は、新しいことへの挑戦や、思い切った環境の変化にもいいとき。上半期に運気のよさを感じられなかったり、これまでの頑張りや努力が認められていない感じがするなら、転職や引っ越し、イメチェン、学び直しをしてみるといいでしょう。**9～10月と12月は、新たなスタートを切るのに最高のタイミング**です。とくに、勝算があると思えることなら動き出してみましょう。ただし11月は、1年の疲れが出てしまうため、無理せずのんびり過ごすように。

12月には、**「これまで頑張ってきて本当によかった」と思える出来事**がありそうです。遠慮せずしっかり自分をアピールしておきましょう。

恋愛&結婚運

出会いが多く注目されやすい時期。恋のチャンスをつかみにいこう

下半期の恋愛運は、出会いが多く、気になる人も現れそう。上半期に恋のチャンスがなかった人は、思い切ってイメチェンしたり、習い事をはじめて生活リズムを変えてみるといいでしょう。**引っ越しや転職、結婚相談所への登録など、これまで避けていたこともドンドン試して**みましょう。

自然と注目を集める時期ですが、モテを意識した服装や髪型にしてみた

開運のつぶやき　己の感覚を磨き、その感覚を信じることが大切

り、相手のいい部分を見つけてほめるようにすると、さらに簡単に恋のチャンスをつかめそうです。とくに12月はモテる運気なので、好きな人には素直になるように。**告白されたときは、「運気もいいから」と思って即OK**してみると、想像以上にいい交際ができそうです。

結婚運は、本気で望んでいるなら、12月に結婚できる運気です。過去の恋を気にしたり自分の好みを求めすぎなければ、思った以上に順調に話が進むでしょう。ただ、勇気が出せず踏みとどまってしまう場合もあるので、**幸せになるためには度胸が必要**なことを忘れないように。

仕事運
これまでの結果が表れるとき。周囲への感謝も忘れないで

仕事運が最高になる下半期。これまでどれほど真剣に向き合ってきたのか、**いまの仕事に向いているのかどうかがハッキリする**でしょう。上半期の段階でつらい状況になったと嘆いている人は、これまで本気で仕事に取り組んでいなかったか、そもそも不向きな仕事を続けていた可能性があります。下半期は、自分に合うことや好きなことを仕事にするといいでしょう。

転職や独立、起業に向けて動き出すにもいいタイミングですが、腰が重いタイプなので、12月までの結果を見てから2024年に考えてもいいでしょう。すでに**新たな仕事に興味がある場合は、9～10月、12月に動き出して**みましょう。

12月はこれまで頑張ってきた成果が大きく表れるため、**予想外のチャンスに恵まれたり、実力以上の結果が出る**こともあるでしょう。周囲の頑張りのおかげであなたも評価してもらえる場合もありそうです。周りの人への感謝とねぎらいを忘れないようにしましょう。

金運&買い物運

10月、12月に大きな買い物を。お金の勉強をはじめるのもオススメ

2023年の上半期ですでに人生で一番大きな買い物をしたと言える人は、それでかまいませんが、まだそんな買い物をしたり大金を動かしていない人は、10月、12月に、長く使えるものや資格取得にお金を使うといいでしょう。**家やマンション、土地、車、腕時計など、できれば将来資産価値が上がりそうなもの**がオススメです。投資信託や株などをはじめてみるにもいい時期なので、気になっているものがあれば思い切って投資してみてもいいでしょう。

技術の習得に出費すると、のちの収入につながるようにもなりそうです。**投資や簿記を学んだり、ファイナンシャルプランナーに相談してみる**などお金の勉強もしておくようにしましょう。

上半期がパッとしなかったと感じている人は、**思い切って引っ越しをして**環境を変えてみると、金運の流れもよくなりそうです。

美容&健康運

多少お金をかけてでも新たな美容法をドンドン試そう

健康運も絶好調の時期なので、基本的には問題ないでしょう。ただ、「開運の年」は単純に運気がいいのではなく、**これまでの積み重ねが表に出てくるとき。**不摂生や悪習慣を積み重ねてきた人は、この下半期で一気に体調を崩してしまったり、大きな病気が見つかる場合もありそうです。

11月に異変に気づく可能性もありますが、すでにどこかに痛みや違和感がある人は早めに病院に行くようにしましょう。「金の鳳凰座」の頑固で我慢強いところがアダになることがあるので、不安を感じたら検査を受けること。

美意識を高めるなら、いつもと同じことではなく**多少お金をかけて新たなことを試す**といい時期。少し高価格のサロンに行ってみると、これまでとは違う魅力を発見できそうです。美容エステで肌の調子を整えてもらったり、ネイルやデトックスなど、いろいろ試して心も体も癒やしましょう。

GOLD PHOENIX

金の鳳凰座

2024年
ブレーキの年
の運気

1年を通して心がけておくべき
「2024年の開運3か条」と、
2024年の運気を総合運、
恋愛運、金運などに分けて
お伝えします。

ラッキーカラー

イエロー
グレー

ラッキーフード

そば
キウイ

ラッキースポット

博物館
プラネタリウム

2035年までの運気グラフ

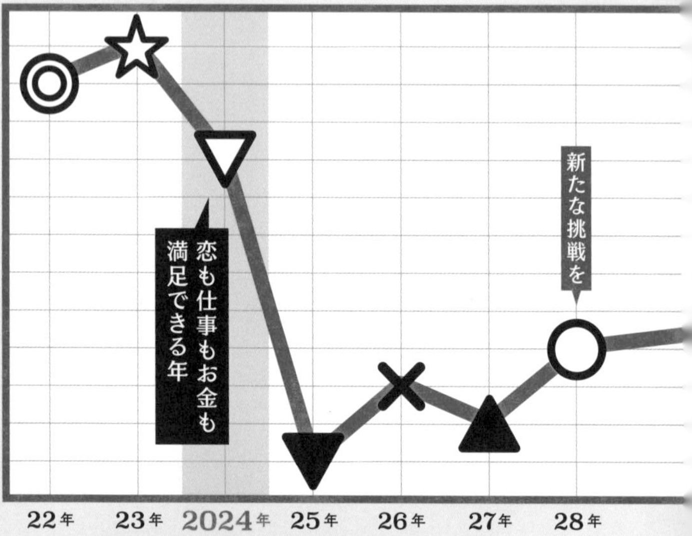

金の鳳凰座は
▽ブレーキの年

年の運気記号の説明

☆開運の年

過去の努力や積み重ねが評価される最高の年。積極的な行動が大事。新たなスタートを切ると幸運が続きます。

◎幸運の年

前半は、忙しくも充実した時間が増え、経験を活かすことで幸運をつかめる年。後半は新たな挑戦が必要です。

◇解放の年

プレッシャーや嫌なこと、相性の悪い人やものから解放されて気が楽になり、才能や魅力が輝きはじめる年。

○チャレンジの年(1年目)

「新しい」と感じることに挑戦して、体験や経験を増やすことが大事な年。過去の出来事に縛られないこと。

まずは大きな視点で、今年の「立ち位置」を確認しましょう。
長期的な見通しをもって、毎月毎日の行動を決めていくことが大切です。

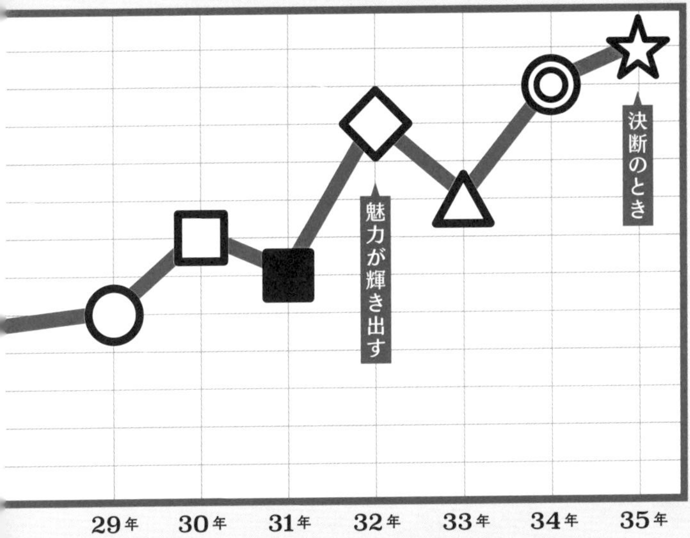

○チャレンジの年（2年目）

さらに人脈を増やし、行動範囲を広げるといい年。ここでの失敗は単なる経験。まだまだ取り返せます。

□健康管理の年

前半は、覚悟を決めて行動し、今後の目標を定める必要がある年。後半は、健康に注意が必要です。

△準備の年

遊ぶことで運気の流れがよくなる年。些細なミスが増えるので、何事も準備を怠らないことが大事。

▽ブレーキの年

「前半は攻め、後半は守り」と運気が変わる年。前半は行動力と決断力が大事。後半は貯金と現状維持を。

■リフレッシュの年

求められることが増え、慌ただしくなる年。体を休ませたり、ゆっくりしたりする時間をつくることが大切。

▲整理の年

前半は、人間関係や不要なものの整理が必要。後半は、チャレンジして人脈を広げることが大事です。

×裏運気の年

自分の思いとは真逆に出る年。予想外なことや学ぶべきことが多く、成長できるきっかけをつかめます。

▼乱気の年

決断には不向きな年。流されながら、求められることに応えることが大事。体調を崩しやすいため要注意。

2024年の運気

ブレーキの年

2024年の開運3か条

- 4月中旬までは即行動する
- 下半期は現状維持と健康管理を
- 自分にご褒美をあげる

総合運

「ブレーキの年」は、**上半期と下半期で運気の流れが大きく変わる年。**上半期は、これまで頑張ってきたことや忍耐強く続けていたことに大きな結果が出る**「努力が評価される運気」**。収入がアップしたり恋人ができたり、結婚が決まるなど、うれしい出来事がたくさんありそうです。

2024年は、遠慮や考えすぎは禁物。**自分の幸せに向かって素直に行動する**ことが大切になります。いい流れがきても「これはどういうことかな」と考えたり、わかるまで待ってしまうと流れに乗り遅れることがあるので、「頑張ってきてよかった」と自分で自分をほめて、幸せをたくさんつかんでください。

下半期は、ゆっくりとですが、守る準備がはじまる運気。2025年の「乱気の年」の影響が少しずつ出てくる場合もあります。無駄な買い物を避け**お金を貯金に回したり、健康的な生活リズムを意識し、食事のバランスや睡眠時間を見直して**おきましょう。

下半期からの攻めの姿勢はもう危険。上半期に動いて!

大きな決断をしたり、引っ越しや転職などで環境の変化を求めるなら上

開運のつぶやき　背中を見て学ぶ人に幸運はやってくる

半期のうちがいいので、早めに動きましょう。2023年の「開運の年」に運気のよさや幸せを感じられなかった人は、進む道を間違えていたり、不向きなのに無理してその場所にいることを運気が教えてくれています。**本来の自分に合った仕事や居場所を探すためにも上半期に動いて**みましょう。

何事もじっくり考える「金の鳳凰座」は、すでに自分に何が向いていて、何が不得意なのか、わかっていると思います。ただ、一度決めたことを最後までやり通しすぎるところが原因で、苦労から抜けられない場合も。**現状に満足できないなら思い切って環境を変えてみる**といいでしょう。

下半期になってから急に、転職や引っ越し、大きな買い物をするなど攻めの姿勢で臨むと、2025年の「乱気の年」に無駄な苦労や面倒なことが増えてしまうので、無理に新しいことには挑戦しないほうがいいでしょう。

「ブレーキの年」は、真面目に努力して、忍耐強く辛抱していた人には、前年以上にうれしいことが続く最高の年です。「こんなに幸せが続いていいの？」と妙に警戒したり、ようすをうかがっていては時間がもったいないので、**これまで頑張ってきたぶんの幸せをいただけるタイミング**だと思って、素直によろこんで受け取りましょう。

3月が重要な1か月。大きな変化や決断のタイミング

上半期のいい流れは、2月の「幸運の月」、3月の「開運の月」、4月の「ブレーキの月」の中旬まで続きます。この時期は最高の流れとなり、計算通りに物事が進むでしょう。

2月は、これまでの苦労が報われたり、積み重ねてきたことが答えとしてハッキリと出る月です。この月に厳しい結果が出たり残念な思いをする場合は、「3月に道を変えましょう」というシグナルなので、転職、引っ越し、イメチェン、模様替え、生活習慣を変えるなど、ありとあらゆることを変えて、**3月に新たなスタートを切るといい**でしょう。

ただ、すでに2023年から新たなことに挑戦していて、覚悟を決めて突き進んでいる場合は、そのままでもかまわないでしょう。3月はあなたの人生にとって重要な1か月となり、のちの運命が変わることにもなる重要なタイ

ミングです。自分の人生を真剣に考えて資格取得に動きはじめたり、興味をもったことを勉強しはじめるなど、将来に向けた決断をするといいでしょう。

家やマンションの購入を考えている人も、3月の契約がオススメです。一度住みはじめると長くなるタイプですが、長年仕事でも苦労が続いていたり、**恋人がなかなかできない、結婚ができないと嘆くなら、3月に引っ越しを決める**ように。遅くても4月上旬には新たな生活をはじめておくようにしましょう。

一方で注意すべきは、5月の「乱気の月」と6月の「裏運気の月」。調子に乗りすぎて反感を買ったり、**悪目立ちしやすい時期なので、控えめでいることが大切。**この時期のうまい話やお得な情報は、のちの苦労の原因になったり、これまで積み重ねてきたことを壊しかねないので、軽はずみな判断には注意が必要です。また、臨機応変に対応できないところを突っ込まれたり、急に華やかになろうとイメチェンして失敗するようなこともあるので、気をつけましょう。

1年の最後にご褒美が。頑張ってきた人は諦めないで

下半期の8月からは、仕事でもいいポジションに就けたり、物事も順調に進みますが、そのぶん徐々に飽きてしまうことや、周囲におだてられて調子に乗りすぎてしまうことがあるので気をつけましょう。そもそも注目されたり目立ったりするのは苦手な人が多いタイプですが、運気のよさから**目立つポジションを任されたり、いい結果が出て注目を浴びる**ことがあります。それは仕方のないことです。ただ、あなたのこれまでの苦労や努力を知らない人が、一方的に妬んだりひがんだりすることがあるので、エラそうな態度や言葉遣いが出ないよう十分注意しておきましょう。

8～9月は、新たな環境や変化を望みたくなることがありますが、変化には少しタイミングが遅いので、**よほどの事情がない限りは、現状を維持しておく**といいでしょう。

11月は、体調面に注意が必要です。「金の鳳凰座」は体力があり夜も強いので、ここ数年は多少の無茶をしても睡眠不足でも頑張れたはず。し

開運のつぶやき　受けた「恩」と「愛」と「運」を、自分だけのものにしないように

かし11月には、急に体調を崩したり、一気に疲れが出てしまいそうです。少しでも調子の悪さを感じたら早めに休み、**体のどこかに謎の痛みがある場合は、しっかり検査を受けるように**しましょう。

12月は、最後まで諦めなかった人にご褒美のような幸せがやってくる月です。結婚することになったり、仕事でも急に出世するなどして、自分でも驚くようなポジションを任されることも。下半期に入って、守りの運気に変わってはきますが、**2024年の最後にラッキーがある**ので、年末まで粘り続けてみるといいでしょう。ただ、ここでは大きな買い物やローンを組むなど、大金を動かすのは避けたほうがよさそうです。**できるだけ貯金をして、2025年以降のためのお金を準備して**おきましょう。

ひとつマイナス面を見たら、10個プラス面を探す癖を

上半期に行動して、下半期は現状を守るようにすれば大きな問題のない年です。ただ、じっくり物事を考えてからでないと動かない「金の鳳凰座」だけに、2023年の「開運の年」も動かずにじっと状況を見てしまった人は、運気のよさを感じるどころか、逆に「よくなかった」と思い込んでしまうかもしれません。「鳳凰座」は過去に引きずられやすいため、自分の頑張りや苦労を思い出しては、「幸せは苦労に比例する」という独自のルールのもと、「これだけ苦労したのだから、もっと幸せでなければ納得できない」などと目の前の幸せに満足しないどころか、不満に変えてしまうことがあります。それではせっかくの運気のよさを活かせません。2024年は**「4月中旬までは運気のいい時期」と信じ、プラス面をできるだけたくさん探しましょう。**マイナス面ばかり探しても幸せにはならないので、ひとつでもマイナス面を見てしまったら、10個はプラス面を探す癖をつけましょう。

また、運気のよさに乗って実力以上に評価されてしまい、発言が大きくなったり、周囲を嫌な気分にさせるような言い方をすることも。苦労を乗り越え、試行錯誤し、何事もじっくり考え忍耐強く得た幸せだとしても、周囲の人のおかげだということを決して忘れないように。「実るほど頭を垂れる稲穂かな」の精神で**頭を下げて感謝を伝えることが重要**です。

また「金の鳳凰座」は、言葉で伝えるのが下手な面があり、自分の思いとは違う感じで相手に伝わってしまい、気まずい空気になることが多いタイプ。2024年の発言次第では足を引っ張る人も現れるので、**自分が言われて嫌な気分になる発言はしない**ように気をつけましょう。

とくに下半期は、徐々に流れが変わりはじめます。この変化に「金の鳳凰座」は気がつかず、そのままの勢いで年末まで突っ走ってしまうことが。そうなると、2025年の「乱気の年」で不要な苦労を背負うハメになったり、お金が足りなくて困ってしまうことも。一度サイクルができあがるとなかなか変えることができないタイプでもあるため、**下半期は「現状を守る」ことをもっと意識して過ごす**ようにしてください。

人気者になれる年。仲よくなるにはあなたから話しかけて

「ブレーキの年」は、急ブレーキがかかって流れが止まるのではなく、2020年から乗り続けていた高速道路から、2024年の上半期でゆっくり一般道に入る感じ。そのまま高速で走り続けても、ガス欠になったり事故の原因になるだけ。ブレーキを踏んで徐々にスピードを落とし、**流れの変化に合わせること**が大切です。攻めの姿勢から守りの姿勢に変わることで、「金の鳳凰座」が本来得意な、目立たずじっくり考え、ゆっくり進む感じに戻れるので、過ごしやすくなる人も多いはず。振り返ったときに、「ブレーキの年は最高だった」と言う人がいるくらいです。長年恋人ができなかった人は交際がはじまったり、結婚を望んでいた人が叶ったり、起業を夢見ていた人が独立できたりと、いいことがいっぱい訪れる年です。**少し欲張りなくらいに欲しいものをとりにいく気持ちと行動力をもつように**してください。

また、あなたが思っている以上に、「金の鳳凰座」は「話しかけにくい」「近寄りがたい」「仲よくなれないのでは」と思われてしまうタイプのため、少しでも**あなたから話しかけ、仲よくなろうとしてみてください。**少人数や単独を好むタイプなので、少し面倒かもしれませんが、今年はあなたと仲よくなりたいと思っている人がたくさんいます。「人気者になっている」と多少勘違いしてもいいくらいです。外出が面倒ならホームパーティーを開

開運のつぶやき　白馬の王子さまに出会った人などいない。そんな運気もない

いてみると、あなたのよさが伝わって、早くいい関係になれるでしょう。

謎のドMルールで自分を縛らず、もっと素直に幸せを願おう

2024年は「金の鳳凰座」の頑固な性格もうまく活かせますが、**「自分は幸せにはならない」などと謎のルール**を勝手につくってしまうところが、やや問題です。体を鍛えるだけ鍛えて「大会には出ません」、ピアノの練習を日々積み重ねて上手に弾けるようになっても「発表会は出ません」など、「なんのために頑張ってきたの?」「ドMなの?」と周囲に思われるような行動に走ってしまうと、運はあなたの「意識」に味方するので、苦労がさらにやってきたり、「鍛えることを楽しむように」と大変な状況になってしまいます。自分の幸せをもっと素直に願い、**今年は幸せになっていい運気だと思って、自分に対する妙なルールをやめる**ようにすることが重要です。

なによりも、いまの自分はどこまで通用するのか、**どんな実力があるのかを知るためにも、全力を出し切ってみる**といいでしょう。その結果に満足できない場合もありますが、あなたのなかでは非常にスッキリして、次の目標に向かって進むこともできるでしょう。

味方も協力者も集まる年です。**人を信じることを恐れず、人のよろこぶことを考えて行動**してみましょう。とくに2023年から仲のよい人とはさらに仲よくなれたり、長い付き合いになる人がわかるようにもなるでしょう。

2024年「ブレーキの年」の行動ポイント

- 上半期は未来の自分に合った居場所を探すために動く
- 自分から人に話しかけ、仲よくなろうとする
- 実力を知るために全力を出し切ってみる
- 周囲のおかげであることを忘れず、感謝を伝える
- できるだけ貯金し、2025年以降の準備をしておく

恋愛運

本気で交際を考えているなら、2024年は最高の恋愛ができる年。とくに**上半期は素敵な出会いがあり、いいタイミングで恋人ができる**流れもあるので、積極的になることが大切です。ただ、言葉遣いには十分注意してください。なんでもストレートに言ったり、自分が正しいからとハッキリと言いすぎず、言葉や表現を選ぶようにしましょう。

今年は、結婚相手を探すくらいの気持ちで**真剣交際をしたり、将来一緒にいる相手を探すにはいい運気**です。先の見えない相手や結婚相手にふさわしくない人との関係を深めるのは、のちの運命を大きく乱すので避けておきましょう。

交際には絶好の年。話の聞き役になりつつ気軽に誘おう

早ければ2月〜4月中旬に、交際がスタートしそうな運気です。2月は、2023年に出会った人や、ここ最近友人としても相性のよさを感じていたり少し好意を感じられる相手なら、一押ししてみるといいでしょう。あなたが一生懸命にしゃべるよりも、**相手の聞き役になってみるのがオススメ。**楽しく笑顔で聞き、相手の話が少しでもおもしろいなと思ったら、オーバーなくらいに笑ってみると相手の心をガッチリつかむことができるでしょう。

8〜9月も、恋に進展がある運気です。新しい出会いも増えるときですが、相手のようすをうかがいすぎて、チャンスを逃してしまうこともあるので気をつけて。心配なら周囲に評判を聞いてみたり、紹介されて出会った人ならそこまで疑う必要はないので、気楽に遊びに誘ってみるといいでしょう。遅くても、運気のいい**12月に交際をスタートさせるくらいのテンポで仲を深めていく**といいでしょう。

長らく恋人がいなかった人も、12月は、真剣に交際を考えてくれる人と結ばれやすい時期です。理想と違う人に告白されることもありますが、**生理的に無理な人でなければ交際をスタートさせてみる**といいでしょう。思った以上に幸せな交際となり、結婚まで一気に進む場合もあるでしょう。

ただ、2024年の1月は少し注意が必要です。チヤホヤされることや遊び

開運のつぶやき 「忙しい」と言うたびに運は逃げていく

に誘われる機会が増えそうですが、この月は「とりあえず」「そんなに好きと言ってくれるなら」などという気持ちで交際をはじめると、残念な結果に終わってしまうことがあるので用心しておきましょう。

5～6月も、遊び人や相性の悪い人とのつながりができてしまったり、もてあそばれてしまうことがあるので、**急に関係が深まった相手がいたら要注意。**この時期はじっくり考えて、ようすをうかがったほうがいいでしょう。

考えすぎず、つくしすぎず、プラス思考で勢いよく

「金の鳳凰座」は、親しくなる前は「難しい人」「手が届かない感じ」「どう接するといいのかわからない」と思われてしまうことが多いタイプ。あなたにとってはふつうのテンポでも、気持ちが伝わるのがゆっくりすぎて、「自分に興味がないのかな？」と、相手はしびれを切らしてしまうのです。そのため、これまではタイミングがつかめないこともあったと思いますが、今年の2～3月は運気がいいので、勢いで交際をはじめてもいいくらいだと思っておきましょう。しばらく恋人がいない人もこの時期に**思い切ったイメチェンをするのがオススメ。**髪を短くしたり、服装を同じシンプルでも年齢に合わせてパンツスタイルなどにすると、本来の魅力がさらに出てくるでしょう。

また「金の鳳凰座」は、恋で考えすぎてしまうところも。とくに勝手にマイナスな方向に思い込む癖があるので、**自分のことも相手のこともプラスに考えて、少し勘違いをするくらいのほうがうまくいく年**だと思いましょう。

交際がはじまると、つくしすぎてしまう傾向もありますが、のちのち続けられないほどつくさなくてもいいので、**自分の気持ちにもっと素直になるといい**でしょう。我慢したり、言いたいことをのみ込みすぎないようにして、もっと気楽に交際しましょう。

行動ポイント

- 将来を考えた真剣交際をする
- 気軽に誘って、付き合ってみる
- 髪を短く、パンツスタイルにイメチェン

結婚運

2024年は、結婚するには最高の年です。とくに**上半期は、婚姻届を出すにも婚約をするにもいいタイミング。**すでに2023年から、結婚や同棲の話が出ていてお互いに前向きなら、ドンドン話を進めるといいでしょう。できれば2～3月に婚姻届を出しに行くといいですが、2～3月に婚約して12月に結婚する流れでも問題ないので、相手に「プロポーズの予約」をしてみたり、両親への挨拶の日程をドンドン決めるなど、具体的なスケジュールを組んでしまうといいでしょう。

「金の鳳凰座」は、長く付き合ったままでいることが多く、「いつまで付き合ってるの？　結婚しないの？」などと周囲から言われることも。**長期間交際している場合は、今年が「結婚のラストチャンス」**になります。2024年に結婚しないとなると、2025年や2026年に別れが訪れたり、嫌な捨てられ方をする場合もあるので、覚悟を決めているなら今年中に白黒ハッキリさせましょう。

人生でもっとも恋愛のためにフットワークを軽くするとき

まだ恋人はいないけれど年内に結婚したいなら、2月にねらいを定めて、2023年に出会った人や仲よくなった人、連絡先を交換している人に連絡してみましょう。あなたは興味がなくても、相手から少し好意を感じるようなこともあると思うので、あらためて相手と会って話す機会をつくってみるといいでしょう。その人と**一緒だと時間が短く感じられたり、無理のない自分でいられるかをチェック**して、周囲からの評判もいい人なら、思い切ってあなたから交際を申し込んでみましょう。

思い当たる人がいない場合は、3月に「人生でもっともフットワークを軽くした」と言えるくらいに、**いろいろな場所に顔を出してみると運命的な出会いがありそう**です。ここで自分の好みだけを追い求めていると、素敵な人を見逃すので、一緒にいて楽な人を探してみましょう。早ければ、4月中旬までに交際をスタートさせられるでしょう。

ただ5～6月は、薄っぺらい人に引っかかりやすく、将来を考えられな

開運のつぶやき　他人から「協力したい」と思われる人に運も味方する

い人に惹かれてしまうことがあるので要注意。恋人のいる人も、この時期に余計な発言をして結婚話が止まってしまうようなことがあるので、ハメを外すのはほどほどにしておきましょう。

結婚を考えられない人との交際は時間を無駄にするだけ。**「恋愛＝遊び」だと思っている人は命を無駄にしているだけだと自覚して、将来の見える相手を真剣に探す**ようにしましょう。

大人の趣味仲間を増やし、気に入った人には家族の話を聞く

結婚を少し諦めてしまった人も12月は突然結婚できる運気になるので、最後まで絶対に諦めないでください。この1年で、異性の友人をつくってみたり、格闘技やスポーツ、ジャズBAR、ゴルフなど、大人な趣味をもつ仲間に会えそうなところに飛び込み続けてみてください。高確率で素敵な出会いがあり、相性の合う人とつながる運気です。

ただ、あなたが考えすぎてしまったり、不安や心配からモタモタするとチャンスを逃してしまうので、真剣に結婚を考えているならまずは行動して、ドンドン新しい人に出会うことが大切。そのうえで、いい人を見極めるには、**相手に家族の話をしてみるのがオススメ**です。相手の親への接し方や祖父母との関係を聞いてみると、「家族」に対する価値観が自分と近いかどうかがわかり、素敵な結婚相手になるかイメージができると思います。「どんな人かわからない」と不安になってようすをうかがっているより、**考え方や家族との接し方や距離感が自分と似ている人**なら、相性がいいと思って大丈夫でしょう。

行動ポイント

- 2023年から兆しがあるならドンドン進める
- 2～3月は前向きに精一杯行動する
- スポーツ、ジャズBAR、ゴルフに縁あり

上半期は、あなたの頑張りが認められ、満足できる結果も出る最高の運気。実力以上の成果を手にすることができ、強い味方も現れるので、**自分の能力を出し切るつもりで仕事に取り組んでみる**といいでしょう。

さらに、仕事に役立つ勉強や今後必要となりそうな資格の取得など、自身のスキルアップを目指してみるにもいいタイミング。**現状をさらによくする努力をはじめることで、のちの人生がよりよい方向に進む**ようになります。気になったことがあるなら、じっくり考える前にできるだけ早く行動に移しておくといいでしょう。

もともと忍耐力や継続力のある「金の鳳凰座」ですが、下半期は徐々に**持続力が欠けるようになり、仕事にも集中できなくなってくる時期に。**2023年や2024年の上半期でうれしい思いができたぶん、「これ以上はない」「達成した」と満足して、集中力の糸が切れてしまったり、遊びや誘惑に気持ちをもっていかれることがありそうです。運気の流れがいいことで、周囲から「調子に乗っている」「昔は頑張っていたのに」などと悪評を立てられてしまうこともあるので、メリハリをしっかりつけることを忘れずに。**周囲の人や仕事で関わった人には、感謝やお礼を忘れないように**しましょう。

評価はしっかり受け止めて、次のポジションへ進もう

とくに2月〜4月中旬は、どの仕事もおもしろく感じられるくらい、いい流れで働くことができるでしょう。これまでの努力が報われるような出来事があったり、大きなチャンスをつかんで満足できたりもするでしょう。ここで**周囲に上手にお願いができたり協力してもらえると、もっと大きな成功をつかめる**ので、これまで以上に人付き合いを大切にしておくといいでしょう。

8月から年末にかけては、これまでの頑張りを評価され、**出世や部署異動、役職がつくなど、ポジションの変化がはじまる運気。**周囲によろこんでもらえる昇格などもあるので、素直に受け止めるといいでしょう。ただし「金の鳳凰座」は、「荷が重い」「まだ早い」「現場がいい」などと、

開運のつぶやき　至らない点があるものと自覚しながら、互いに助け、支え合っているのが人生

平気で断ってしまうようなところがあるので、せっかくのいい運気の波を自分でとめてしまわないよう注意しておきましょう。

うれしい結果が出る年。自分をほめて、人にもやさしく

注意したいのは、1月と5月〜7月中旬の過ごし方です。1月は、よからぬ情報に振り回されて転職を考えてしまったり、仕事に不信感が出てきたり、誘惑に負けてミスが増えたりするので要注意。さらに5月〜7月中旬は傲慢になりやすく、つい仕事の手を抜いてしまったり、マイナス面を考えすぎてしまいそう。そんなときは、**休日や仕事帰りに自分へのご褒美を用意し、遊ぶときはしっかり遊び、生活にメリハリをつける**といいでしょう。臨機応変な対応ができないところなど、弱点や欠点を突っ込まれて気にすることもありますが、自分の得意なところにもっと注目し、頼りにしてくれる人や親切な人を大切にしましょう。

12月は、それまでなかなか評価されなかった人や、2022年の「幸運の年」からの運気のよさを感じられなかった人でも、うれしい結果や報告がありそうです。遠回りしてでもしっかり土台を固め、じっくり時間をかけて積み重ねたうえで結果を出す「金の鳳凰座」だからこそ、最後の最後にうれしい結果を手にし、周囲からも感謝されるでしょう。ただし、「ここまで辛抱してきてよかった」と自分で自分をほめるのはいいですが、**あなたのやり方や考え方だけが正しいと思い込んだり、周りに押しつけないように**しましょう。

2025年は「乱気の年」になり、予想外の出来事が多くなるので、**2023年にはじまった仕事やこれまでに任された仕事をしっかり守ることが大切**になります。そのために何をすべきか、12月からよく考えて行動しましょう。

行動ポイント

- 仕事でさらなるスキルアップを目指す
- 人付き合いを大切にし、お願い上手になる
- これまでに任された仕事をしっかり守る

開運のつぶやき 「頑張ってね」ではなく、「無理なく」と言えるといい

一度サイクルができると、繰り返しが苦にならないのが「金の鳳凰座」。コツコツ貯める癖がつけば、思った以上にお金をもてるタイプですが、貯めるだけではお金の価値を活かし切れていないので、上半期はこれまで頑張った**自分へのご褒美に、思い切った買い物をするといい**でしょう。家やマンション、土地の購入を夢見ていたなら、検討してみてもよさそうです。

ほかにも、資産価値があるものの購入や契約にはいい時期なので、できれば2月〜4月中旬に決断を。ただ、この時期に**嫌な予感がするものは無理に決めないほうがいいので、縁がなかった**と思っておきましょう。

下半期は貯めることを優先するといい時期。NISAやiDeCoなどをはじめて、数年後や老後に使えるお金を増やしましょう。貯金がこれまでできなかった人も、**8〜9月から少額でも積立預金やNISAでの積み立てをはじめて**みると、思った以上にお金を貯められるようになるでしょう。

収入アップ、チケット当選など、ラッキーが舞い込む年

とくに欲しいものや買いたいものがない場合は、**資格取得や勉強のためにお金を使うといいタイミング**です。今後役立つと思える資格や免許があるなら、2〜3月から動き出してみるのがオススメ。専門学校や通信教育など、学ぶ手段はいろいろとあるので調べてみましょう。趣味の延長で検定などを受けてみるのも、のちのち話題にすることができ、役立つこともありそうです。

また、音楽を習ってみると楽しい時間を増やせそうです。海に興味があるなら、**スキューバダイビングや船舶の免許などをとってみる**と、人生が楽しくなるでしょう。

収入面では、2023年に収入がアップした人も、2024年の上半期は、臨時ボーナスやさらなる収入アップが期待できる運気。「そんな会社ではない」という人にもうれしい出来事がありそうなので、楽しみにしていいでしょう。上司や先輩にご馳走してもらったり、くじや懸賞が当たるなど、**小さなラッキーもある時期**です。レアなライブのチケットが当たるなどのうれしいこ

開運のつぶやき　ときには「無駄」と思う情報も見てみると、いいヒントが隠れているもの

とも続きそうです。

また、なんとなく価値が上がると思っていたものを売りに出してみると、思わぬ高値になることもある年です。身の回りに「もしかして価値が上がっているかも」と思えるものがあるなら、売ってみるのもひとつの手。すでに**家やマンションをもっている場合は、査定してもらってもいいかも。**

2025年の運気に備えて、下半期から貯金をはじめよう

注意すべきは、5月の「乱気の月」と6月の「裏運気の月」です。気持ちが緩んで、財布のヒモも緩くなってしまいそう。勢いで無駄な買い物をしたり、遊びにお金を使いすぎることもあるので、**予算を決めてから遊ぶ**ようにしましょう。

また、この時期は信頼していた人に裏切られるような出来事も起きやすいので、お金の貸し借りは少額でもしないように。**頼まれた相手が親友や身内でも、貸すのはやめておきましょう。**どうしても貸す必要が出てきた場合は、最終的にあげることになっても問題ない額までにしておきましょう。

2025年以降は、突然お金が必要になるような運気に変わります。使っている機械が故障して修理費がかさんだり、体調を崩して収入が減ったり、家族のトラブルなどが出てくる可能性があるので、そのための**蓄えを2024年の下半期からしっかりしておくことが大切**です。あとで振り返って、「いいタイミングで貯金してよかったな」と思える流れになるでしょう。

年末に近づくほど、2025年の「乱気の年」の影響が出てきます。必要なものを必要なぶんだけ購入するよう、気を引き締めておきましょう。

行動ポイント

- 上半期に、自分へのご褒美を買う
- 役立つ資格の取得や趣味にお金を使う
- 価値が高まっていそうなものを売ってみる

4月中旬までは、多少の無理もきくくらい調子のよさを感じられそう。この間に体力づくりや、**健康的な生活習慣づくりをすることが大切です。** 深夜にスマホやネット動画をダラダラ見たり、ゲームで目を疲れさせたりせず、1時間でも早く寝るようにしましょう。寝酒がいいからとお酒に頼ると量がドンドン増えてしまい、体調を崩す原因になるので、軽い運動をして体を疲れさせてから寝るようにするといいでしょう。5～6月は、疲れを感じたり、体調を崩しやすい時期です。とくに内臓に痛みを感じる場合は、**11月までに人間ドックに行き精密検査を受けること**をオススメします。ここで何か見つかったときは放置せず、早めに治療に専念すること。血液検査で問題があった場合は、血圧安定のためにも、生活習慣から改善していきましょう。

　運動するなら、**サーフィンやスキューバダイビング、釣りなどをはじめてみる**とよさそうです。休みの日に海や川の音を聞きながらボーッとする時間をもつと、いい気分転換にもなるでしょう。

　美意識を高めるには、2～3月に自分磨きにお金と時間をかけてみるといいでしょう。「金の鳳凰座」は美人が多いですが、根が男っぽくサバサバしすぎていて、自分磨きに力を注がない人も多いタイプ。**今年は、魅力をアップさせるべく本気で努力すると見違える**ようになるでしょう。思い切ったイメチェンもよく、髪型をショートやベリーショートなどスッキリした感じにするのもオススメ。メイクレッスンを受けると新たな発見があり、自分の顔に自信がもてるようにもなるでしょう。

　ダイエットにもいい運気ですが、今年からスタミナをつける運動をすると、体も引き締まります。急に走ると足を痛めやすいので、**ウォーキングや軽いランニングからはじめてみる**といいでしょう。マラソンにハマってしまうこともあるかも。

行 動 ポ イ ン ト

- 軽く運動してから寝る癖をつける
- 海や川の音を聞いてボーッとする
- 自分磨きに本気を出す

　開運のつぶやき　感謝のない人になってはいけない。感謝を忘れなければ人生は必ずよくなる

夫婦関係は良好な年。「家庭をしっかり守る」というあなたの気持ちが伝わり、感謝してもらえるでしょう。とくに上半期は、**忙しいながらも楽しく過ごせます。** 2人でおいしいそばを食べに行ったり、歴史ある街並みを歩いてみるといいでしょう。夫婦で趣味が違うほうが気楽なタイプですが、マリンスポーツを一緒に楽しむのもよさそうです。下半期には、あなたの**ストレートな言い方が相手を不愉快にさせやすいので**、「丸い卵も切りようで四角」のことわざを忘れずに。ハッキリ言うよさもありますが、言葉やタイミングをよく考えましょう。言いすぎたらあとでメールを送るなど、誤解をなくす工夫も大切です。

親との関係も問題のない年です。家族を大事にするあなたの気持ちが伝わり、親も満足してくれそう。よい評価を受けたら報告するとよろこんでくれるでしょう。**親の得意料理や隠し味を年内に教わると、いい思い出になりそうです。** また、家族旅行もオススメ。老舗旅館や子どものころに連れて行ってもらった場所を訪れると、話が弾みそうです。もし、親と疎遠になっているなら、理由はどうあれ感謝は伝えておくといいでしょう。

子どもとの関係も順調ですが、あなたには融通のきかないところがあるので、少し柔軟に考えてみるといいでしょう。また、**計画が大事だということを教える**といいので、3年、5年、10年後にどうなっていると楽しいかを一緒に想像し合い、その目標や計画を立ててみましょう。

2024年は、「自分が正しい」と思い込むとハッキリ言いすぎてしまうので、**身内だからと言葉を雑にしない**ように。また、昔の嫌な思い出を根にもたず、許せなくても許したことにすると気持ちも楽になるでしょう。**家族を大事にする「金の鳳凰座」の気持ちが伝わるいい年**です。食事会などで集まる機会を増やし、前向きな話や、家族のよろこぶことをドンドンしていきましょう。

―――― 行動ポイント ――――

- 夫婦でマリンスポーツを楽しむ
- 家族旅行に行き、老舗旅館に泊まる
- ハッキリ言いすぎないよう気をつける

開運のつぶやき｜努力したぶんは必ず己の力になっている。それをどう活かすかが次の努力

年代別アドバイス

10代のあなたへ　自分の限界を決めないで。地道な努力も楽しむように

10年後の明るい未来や成功している自分の姿を想像して、人生の目標を定めましょう。勝手に諦めたり、自分の限界を決めないように。2024年の上半期は、興味をもったことに素直に挑戦してみましょう。下半期はサボり癖がつきやすいので、地道な努力を楽しむことが大切です。恋愛は、春までに自分磨きをしておくと注目を集められそう。自分の魅力を信じ、少し目立とうとするくらいの姿勢でいるといいでしょう。

20代のあなたへ　少しの勇気を出して飛び込めば人生を大きく変えられる

2024年の上半期は、新たな人脈を広げるなどして、変化を楽しむといいでしょう。少しの勇気が人生を大きく変えていくので、新しい趣味をはじめてみるのもオススメです。結婚の話が出たときは、「まだ若すぎる」などと思わず、ここで決断を。次のチャンスは10年くらい先になってしまう可能性があるため、結婚願望があるなら思い切って飛び込んでみましょう。下半期は、無駄な夜更かしは控え、運動で体力づくりをしておきましょう。

30代のあなたへ　年末まで諦めなければ大きな幸せをつかめる運気

うれしいときはしっかりよろこび、周囲に感謝することで味方が集まってくる年。「もう30代だから……」と勝手に諦めないで、「まだ30代!」と思って、いまからできることをもっと探してみましょう。とくに今年の12月までは、諦めなければ夢が叶ったり、大きな幸せをつかむことができる運気です。自分が幸せになっている姿を想像して、この1年を楽しく過ごしてみましょう。

人生のステージによって、運気のとらえ方も変わってきます。
年代別に異なる起こりやすいこと、気をつけることを頭に入れておきましょう。

40代のあなたへ
勇気を出して 新たな人脈づくりをしてみよう

ひとりの時間が増えて、なんでも自分だけで行うほうが楽だと思っている人も、2024年は新たな人脈づくりや周囲との協力を意識して過ごしてみましょう。ひとりで行うより大きなことを達成できたり、もっとよろこべる流れになりそうです。いまだから会える人や仲よくなれる人もたくさんいるので、交流を面倒だと思わず、勇気を出して遊びに誘ってみるように。自分の知らない世界を教えてもらうと、今後の人生が楽しくなりそうです。下半期は、体調管理をしっかりしておきましょう。

50代のあなたへ
一生の趣味が見つかる運気。 新しいことをはじめよう

独自のルールやサイクルがしっかりあるタイプですが、「もう若くないから」と新しいことを避けてばかりいるのはNG。若い人と話してみたり視野を広げるよう意識してみると、予想外に夢中になれることに出会えるでしょう。2024年は、一生の趣味や老後まで楽しめるものが見つかる運気です。「いまさら何かに時間をかけても……」などと思わず、習い事をはじめてみたり、一人旅に出かけるなど気になることに挑戦するといいでしょう。

60代以上のあなたへ
行動することが大切な年。 下半期は体調の変化に注意して

2024年の上半期は、長く続けられそうな趣味をはじめたり、ウォーキングや筋トレなど少しでも体を動かす習慣を身につけるといいでしょう。周囲からオススメされていたことに挑戦してみると、楽しい時間を過ごせて、行動することの大切さをあらためて実感できそうです。下半期は、健康面で注意が必要になるため、人間ドックを受けるなどしっかり病院で検査を。とくに腸と血液は調べてもらうといいでしょう。

GOLD PHOENIX

金の鳳凰座

毎月毎日の
運気カレンダー

2023年9月～
2024年12月

占いを道具として使うには、

毎月の運気グラフ（P.94）で

月ごとの運気の流れを確認し、

運気カレンダー（P.96～）で

日々の計画を立てることが重要です。

毎月の運気グラフ

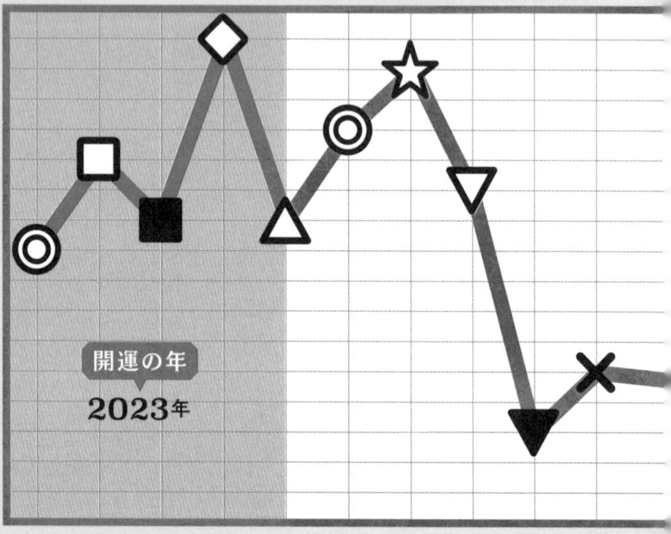

9月 幸運の月
10月 健康管理の月
11月 リフレッシュの月
12月 解放の月
1月 準備の月
2月 幸運の月
3月 開運の月
4月 ブレーキの月
5月 乱気の月
6月 裏運気の月

月の運気の概要

△ 好奇心がわいたら素直に行動。遅刻や失言には注意すること

◎ いい話には飛び乗ろう。「開き直り」が幸運のカギ

☆ 決断を下すには最高の運気。思い切って行動しよう

▽ 中旬までは積極性が大事。下旬は言葉選びに気をつけること

▼ ワガママや自己中心的な考えはNG。周囲への思いやりを大切に

× 判断ミスに気づいたらすぐに認めて軌道修正を

※このページの記号の説明は、「月の運気」を示しています。P.72「年の運気記号の説明」とは、若干異なります

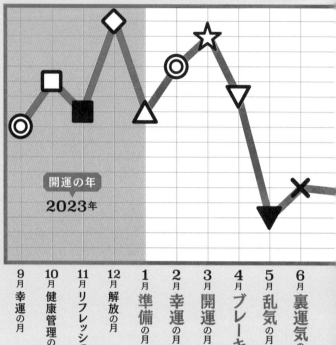

1年を通して、毎月の運気がどう変わるかを確認しておきましょう。
事前に知っておくことで、運気に沿った準備や心構えができます。

※「毎月の運気グラフ」は、その年の運気の影響を受けるため同じ記号でもグラフ上の高さは変わります

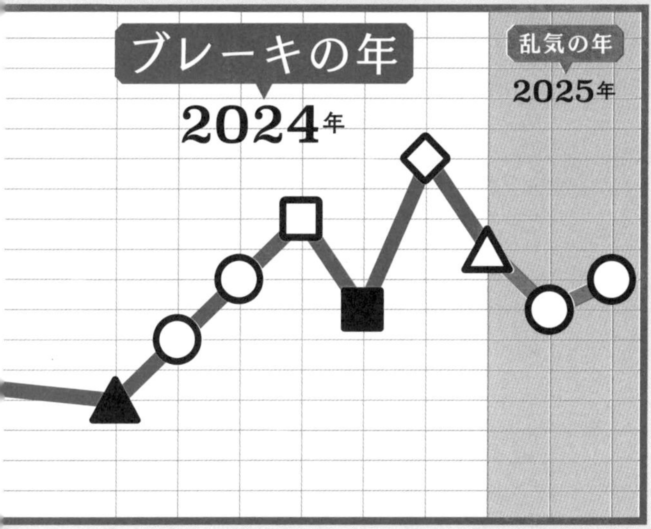

- 7月 整理の月 ▲
- 8月 チャレンジの月 ○
- 9月 チャレンジの月 ○
- 10月 健康管理の月 □
- 11月 リフレッシュの月 ■
- 12月 解放の月 ◇
- 1月 準備の月 △
- 2月 チャレンジの月 ○
- 3月 チャレンジの月 ○

▲ 「時間泥棒」になっている趣味や遊びからは離れる

○ 今月から本気で行動すれば流れを大きく変えられる

○ 自分の知識や経験を後輩や部下に伝えるといい月

□ 仕切り直せる最後のチャンス。しっかり考えて決断を

■ 「完全オフの日」をまず決めてゆっくり過ごそう

◇ 自分の思いを言葉にして周囲にしっかり伝えることが大事

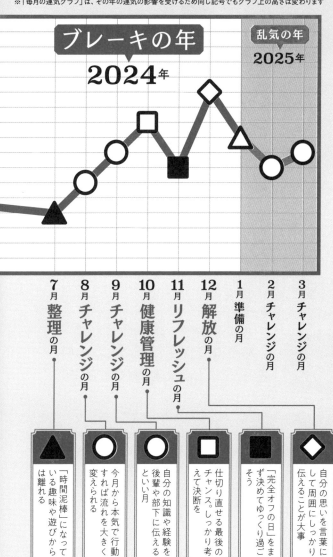

9月

◎ 幸運の月

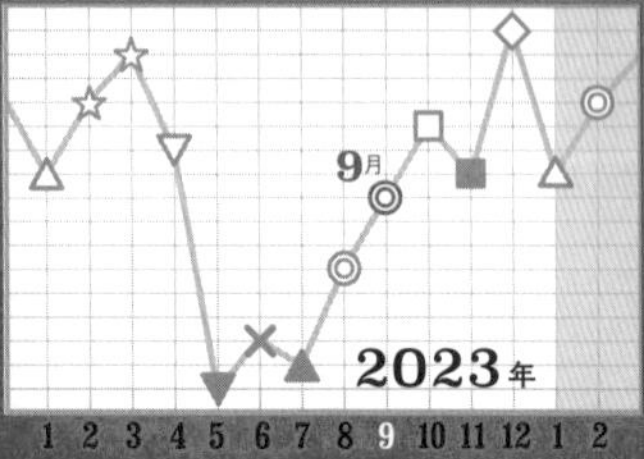

今月の開運3か条

- 新しいことに挑戦する
- 新たな人との交流を楽しむ
- 新商品を購入する

総合運

「人との交流」がカギとなる月。苦手なことにも挑戦してみて

忙しくも充実する時期。出会いや交流も増える運気なので、ひとりが好きでも、今月はいろいろな人に会ってみるようにしましょう。長い付き合いになる人や、いい味方を見つけることができそう。また、苦手だと思い込んでいることに挑戦してみると、予想以上に楽しい体験や経験ができることも。新たな趣味を発見できる可能性もあるので、フットワークを軽くしたり勇気を出して行動するといいでしょう。引っ越しやイメチェンなどの決断にもいい運気です。

開運のつぶやき　何がチャンスなのか見極められないと、チャンスがきても逃すだけ

恋愛&結婚運

いい出会いが増えるので勢いで交際をはじめてみても

出会いが増えて、恋のチャンスも多くなる時期。自分の好みを限定しすぎていると、運気の流れを逃すので、生理的に無理な相手でなければ、食事に誘って話してみましょう。思ったよりもいい印象を抱いたり、恋に発展する可能性もあります。考えすぎると時間がかかってしまうので、勢いで交際をはじめてもいいかも。結婚運は、先月あたりから恋人といい関係になっているなら、思い切って先の話をしたり、具体的な日どりを話してみるといいでしょう。

仕事運

面倒な飲み会でこそいい話が聞ける

実力以上の結果を出せて周囲から信頼されたり、新しい仕事やこれまでとは違う役割を任されることもあるでしょう。仕事以外の付き合いも大事になってきます。面倒だと思って避けていないで、飲み会や食事会に参加してみると、いい話を聞けることがあるでしょう。独立や転職を考えている場合は、情報をしっかり集めて動きはじめるといい時期。部下や後輩の指導をていねいに行い、ペースの遅い人には「昔の自分」だと思ってやさしく接しましょう。

金運&買い物運

お金の勉強をはじめると吉

お金を使うことばかり考えていては、いつまでも本当の金運は手に入らないでしょう。お金の勉強をして、「お金の価値」をしっかり学び、わからないことは詳しい人に教えてもらうことが大切です。リスクばかりを考える前に、株や投資信託などは、少額でもはじめてみるといいでしょう。新商品の購入や買い替えにもいいタイミング。家やマンションの購入、引っ越しを考えているなら、動き出すのにいい時期です。

美容&健康運

睡眠不足の慢性化に注意

元気がわく時期。パワフルに行動できるのはいいですが、夜更かしが続いて寝不足にならないよう気をつけましょう。睡眠不足が慢性化しないよう、仕事終わりに軽く運動をして適度に疲れるのもいいでしょう。今月は、美意識を高めるにもいいタイミング。ジム通いや、習い事をはじめてみましょう。ネイルをしてみたり、新しい美容院に行って、イメチェンするのもオススメです。ホットヨガや岩盤浴を訪れるのもいいでしょう。

9月 ◎幸運の月

1（金）	□	欠点を補えるくらい、得意なことをさらに伸ばすことが大事です。自分の得意なことがわからないときは、周囲にそれとなく聞いてみるといいでしょう。自分では「当たり前」と思うことこそが、あなたの強みです。
2（土）	■	栄養ドリンクやサプリメントを信用するよりも、日々の運動や健康的な食事を意識するほうがいいでしょう。今日は、少し体を動かしたり、ストレッチをする時間をつくってみましょう。
3（日）	◇	素敵な出会いがある日。飲み会や集まりには積極的に参加するといいでしょう。急な誘いも億劫だと思わずに乗ってみると、恋に進展する相手に出会えるかも。気になる相手がいるなら、自分からデートに誘うといいでしょう。
4（月）	△	自分では失敗だと思っていないことを周囲から指摘されてしまいそう。「このくらいは大丈夫かな」と勝手な判断をしないようにしましょう。恥ずかしい勘違いを指摘されることもあるかも。
5（火）	◎	調子のよさを実感できる日。これまでの努力や積み重ねが役立つ瞬間があったり、勘が当たることもあるでしょう。あなたに協力してくれる仲間も集まってくるので、素直に信用してみて。相手のいい部分を伝えてみるといいでしょう。
6（水）	☆	真剣に仕事に向き合うことで、今後の仕事運や金運が変わる日。一生懸命取り組むと、仕事のおもしろさや、やりがいを見つけられそう。仕事に役立つ本を読んだり、スキルアップや資格取得に向けた勉強をはじめるにもいい日です。
7（木）	▽	日中は、やるべきことに全力で取り組むと、満足できる結果を得られるでしょう。逆に、後回しにしてダラダラ過ごすと後悔するハメに。夕方は疲れてしまいそうですが、約束事は守るようにしましょう。
8（金）	▼	ダラダラと時間を潰すだけになっているアプリやゲームは、今日を機会に消去しましょう。無駄に動画を見るのもやめましょう。あいた時間に本を読んだり、仕事に役立つ勉強をしてみて。
9（土）	×	他人のトラブルや、面倒なことに巻き込まれやすい日。「困ったときはお互いさま」と思って助けると、のちに助けてもらえそう。腹が立つことがあっても、心のなかで10秒数えて、我慢するようにしましょう。
10（日）	▲	身の回りや目につくところは、きれいにしておくことが大切。誘惑になるものは片付けるようにしましょう。スマホの不要なアプリや写真も、消去するといいでしょう。
11（月）	○	新たな出会いがあったり、これまでにない体験ができる日。臆病にならないで、一歩踏み出してみましょう。新しいことをはじめるのが苦手なタイプですが、少しの勇気が興味深い経験を引き寄せます。
12（火）	○	知らないことを素直に「知らないので教えてください」と聞くのはいいですが、自分である程度調べることも大切です。「どういうことかな?」と考える時間をなくさないようにしましょう。
13（水）	□	「こうだ!」と決めつけて、大切なことを見失わないように。思ったよりも頑固なところがあるため、柔軟な発想を心がけましょう。夜は疲れやすいので、暴飲暴食や夜更かしは避けましょう。
14（木）	■	日ごろの夜更かしや、今週の疲れが出そうな日。目の下にクマができたり、体がだるくなってしまうかも。休み時間に仮眠をとったり、体をほぐす運動をするといいでしょう。仕事帰りにマッサージやスパに行くのもオススメです。
15（金）	◇	実力以上の結果を出せたり、周囲に助けられていい仕事ができる日。感謝の気持ちを忘れないようにしましょう。仕事終わりは、知り合いや友人の集まりに参加してみると素敵な出会いがありそう。思わぬ人から告白されるケースも。

開運のつぶやき　幸福かどうかは己の心が決めること。心の成長を怠けると幸福を得られない

16（土）	△	時間を勘違いして約束に遅刻したり、忘れ物をして焦ることなどがあるドジな日。ゆとりをもって行動し、しっかり確認することを忘れずに。慌てるとケガの原因にもなるので、落ち着いて動きましょう。
17（日）	◎	行きつけの美容院でイメチェンをお願いしてみると、思ったよりも評判がよくなりそう。気になっている人とデートができたり、片思いの相手との進展もありそうです。急に相手から連絡がきたときは、前向きな返事をするといいでしょう。
18（月）	☆	買い物をするにはいい日。ふだん入らないお店やはじめて行く場所で、お得なものを見つけられそう。引っ越しや契約をするにも適した日。保険の見直しやエステ、歯の治療や矯正などを決めるのもいいでしょう。
19（火）	▽	日中は思った以上に順調に進むので、積極的に行動して、できることはやっておきましょう。夕方以降は予定が乱れたり、自分以外の仕事を手伝う流れになりそうなので、用事は早めに片付けておくこと。
20（水）	▼	自分の思いがうまく伝わらなかったり、誤解されて気まずい空気になってしまいそうな日。世の中せっかちな人も多いので、結論は先に伝えましょう。「誤解されている」と思うときは、メールを送っておくと誤解が解けるでしょう。
21（木）	×	余計なことを考えすぎて心配な気持ちに支配されてしまいそう。「気の迷いは誰にでもあるもの」と思って、いまある幸せを手放さないこと。現状に満足するようにしましょう。
22（金）	▲	身の回りを見渡して、何年も、何か月も置きっぱなしで動かしていないものがあるなら、思い切って処分しましょう。使わない色のボールペンや謎の調味料なども捨ててしまいましょう。
23（土）	○	話題のライブやイベントに行くといい日。美術館や動物園に行くのもオススメです。難しければ、映画を観るといいでしょう。周囲に薦められたもののなかから気になる作品を選ぶと、予想以上に楽しめそうです。
24（日）	○	出会ったときに連絡先を交換したまま交流のない人がいるなら、思い切って食事に誘ってみるといいでしょう。相手に驚かれることもありますが、おもしろい話が聞けたり、恋に発展する場合も。
25（月）	□	目の前のことに集中すると、周囲の言葉や助言が耳に入らなくなるタイプだと自覚しておきましょう。相手は「無視された」と思っていることがあるので、気がついたら謝って、きちんと話を聞くようにしましょう。
26（火）	■	気弱になったり、やる気がわかなくなる日。疲労が原因の場合があるので、こまめに休むこと。ランチにはスタミナのつきそうなものを選んでみるといいでしょう。
27（水）	◇	今日は気持ちが楽になって笑顔で仕事ができるので、周囲に味方が集まるでしょう。味方になってくれた人には感謝の心を表すことで、さらにいい関係を築けます。いままでお礼の気持ちを伝えていなかったら、試してみて。
28（木）	△	あなたのペースで仕事や生活をするのはいいですが、周囲からはモタモタしていると思われているかも。少しでもスピードアップを意識してみることが大切です。ただ、今日は失敗もしやすいので気をつけましょう。
29（金）	◎	自分の力が発揮できて、周囲の人や仲間からも信頼される日。いまの自分ができることに全力で取り組むようにしましょう。夜は、買い物をするのにいい運気です。流行の服を買ってみるといいでしょう。
30（土）	☆	買い物をするには最高な日。家電やスマホ、財布などの買い替えを考えているなら、思い切って最新のものを選んでみましょう。引っ越しを決断するにもいいタイミングです。

☆開運の日　◎幸運の日　◇解放の日　○チャレンジの日　□健康管理の日　△準備の日
▽ブレーキの日　■リフレッシュの日　▲整理の日　×裏運気の日　▼乱気の日　＝運気の影響がない日

10月

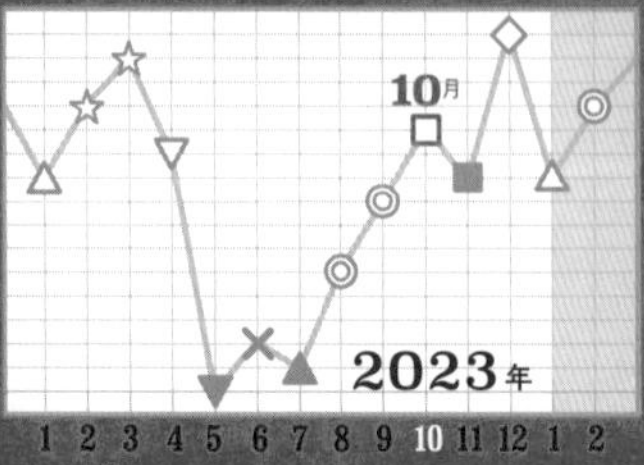

□健康管理の月

今月の開運3か条

- 仕事に役立つ勉強をする
- すぐに行動する
- 朝起きたらストレッチをする

総合運

考え方や言葉遣いを変えることで今後の人生も変えられる時期

今後の人生を大きく変えることができる大事な時期。とくに、中旬までに考え方や言葉遣いを変えることで、なりたい自分に近づけるでしょう。生活リズムを変えてみたり、思い切って引っ越しを決断するなど、環境を変化させてみるのもいいでしょう。習い事をはじめることや、気になる本を読んでみるのもオススメです。新たな挑戦に臆病にならずに、まずは行動すること。下旬は疲れたり、体調を崩しやすくなるので、睡眠時間を多めにとりましょう。

開運のつぶやき　才能とは生まれもった能力ではなく、継続力のこと

自分に素直になって
中旬までに思い切った行動を

中旬までに気になる相手をデートや食事に誘って、きっかけをつくってみましょう。好意があることをそれとなく伝えたり、思い切って告白するのもいいでしょう。ハッキリしない関係をズルズル続けても時間の無駄なので、自分の気持ちに素直になること。新しい出会い運も中旬まではいいので、出会いの場には顔を出し、笑顔や明るさをアピールしておきましょう。結婚運は、日どりを具体的に決めたり、「プロポーズの予約」をするにはいい時期です。

本気で向き合うと
結果や評価につながる月

真剣に取り組むことで、道を切り開ける時期。仕事があることに感謝して、やるべきことを本気でやってみると、結果や評価につながり、仕事が楽しくなるでしょう。大事な仕事を任されたときは、よろこんで引き受けること。すでにほかの仕事が気になっている場合は、転職や独立に向けて動き出してもいいタイミングです。また、勤務時間以外に、資格取得やスキルアップを目指して勉強をはじめると、のちの仕事や収入アップにつながるでしょう。

すべての浪費を
やめること

お金の使い方を真剣に考える必要がある時期。使わないサブスクの解約や、不要な固定費の削減など、「浪費になっているものはすべてやめる」くらいの決断が大事。家賃を下げるために引っ越しをしてもいいでしょう。家やマンションの購入に向けて動き出すにもいい運気なので、相場を調べておくのもオススメです。出費は、仕事に役立つものや、勉強になるものを優先しましょう。投資は、比較的安定しているものを選ぶとうまくいきそう。

定期的な運動を
はじめよう

中旬までは、生活リズムを整えて、食事のバランスに気をつけておきましょう。余裕があれば定期的に運動をしたり、ストレッチやヨガなどをはじめるのもオススメです。激しすぎず、長く続けられるスポーツをするのがいいでしょう。下旬になると、体調を崩したり、疲れを感じやすくなる場合がありそう。湯船にしっかり浸かり、夜更かしは避けて、睡眠時間を長くとるように心がけましょう。

開運のつぶやき 嫌な思いをしたからといって、あなたまで誰かの嫌な人になってはいけない

10月

□健康管理の月

1（日）	▽	好きな人に好意を伝えることや、遊びに誘うことが大きなきっかけになりそうな日。遠慮したり、臆病になっているとせっかくのチャンスを逃します。気になる人がいない場合は、出会いの場や、知り合いの集まりに参加するといいでしょう。
2（月）	▼	余計なことを考えすぎて動けなくなったり、スピードが遅くなってしまいそう。「話聞いてます?」と言われてしまうことも。考え込まないように気をつけて、周囲の声にもっと敏感になっておきましょう。
3（火）	×	愚痴や不満を言いたくなる出来事が起きそうな日。他人に求めるより、先に自らやるようにすると、余計なイライラはなくなるでしょう。文句を言う前に、自分の考えを改めてみましょう。
4（水）	▲	自分のやり方を通そうとするよりも、マニュアルをしっかり守ったほうがいい日。臨機応変な対応も大切ですが、今日下した判断は、大きなミスにつながる可能性があるので気をつけましょう。
5（木）	○	新しいことに目を向けたほうがいい日。いつもと違うことに挑戦すると、いい勉強になりそうです。本屋さんをのぞいて、気になる本を手に取ってみるのもいいでしょう。周囲からオススメされた本を読んでみましょう。
6（金）	○	気になることが増える日。好き嫌いで簡単に判断しないで、未経験のことに手を出してみるといいでしょう。視野を広げられたり、いい体験につながることがありそうです。
7（土）	□	ダイエットや肉体改造の計画を立てるのに適した日。基礎体力の低下を感じているなら、スクワットや腹筋を少しでもしたり、ウォーキングをはじめてみるといいでしょう。
8（日）	■	今日はしっかり体を休ませましょう。無理をすると次の日に響いたり、体調を崩してしまうことも。旬の野菜やフルーツを食べると、体もよろこびそうです。
9（月）	◇	好きな人に会えたり、勢いで交際をスタートできそうな日。積極的に行動してみるのがオススメです。また、いい関係になる人と出会えたり、新たな友人をつくることもできそう。人との縁を大切にしましょう。
10（火）	△	ドジなケガをしやすい日。歩きスマホはとくに危険です。電車を乗りすごしたり、時間を間違えて焦ってしまうこともあるので気をつけましょう。
11（水）	◎	あなたの能力が求められる日。これまでのさまざまな経験が、周囲の役に立ったり、いい結果につながりそうです。過去に学んだことや、趣味の話などを活かせる場面もあるでしょう。
12（木）	☆	数字やお金にもっとこだわって仕事をするといい日。経費や儲けなどがどのくらいになるのか、経営者目線で考えてみて。今日、本気で仕事に取り組むと、のちの収入アップにつながりそうです。
13（金）	▽	日中は思った以上にいい流れが訪れ、うれしい出来事もありそう。感謝の気持ちを忘れないように。夕方以降は予定を詰め込まずに、ゆとりをもって過ごしてください。急な誘いで予定が変わるかも。
14（土）	▼	出費が増えそうな日。必要なものにお金を出すのはいいですが、浪費には注意しましょう。欲望に流されて不要なものを買いすぎたり、食べきれないほど注文してしまうことがありそうです。
15（日）	×	意外な人から好意を寄せられたり、デートに誘われることがありそう。今日は、予想外を楽しむといいですが、身近な人や家族から耳の痛い忠告を受けることも。不機嫌にならないように気をつけましょう。

開運のつぶやき　我慢をしているのではなく、忍耐力を鍛えているだけ

16（月）	▲	なんとなくそのままにしていて、片付けていない場所を掃除するようにしましょう。とくに洗面台や台所の汚れているところを、時間をつくってきれいにするとよさそうです。
17（火）	○	新しい出会いがありそう。これまでにない刺激を受けられそうなので、多方面にアンテナを張ってみるといいでしょう。一瞬、面倒に感じても、気になっていた場所には出かけてみるのがオススメ。
18（水）	○	不慣れなことや面倒なことに、少しでも挑戦をしておくといい日。とくに、人間関係が面倒だと思うなら、自ら笑顔で挨拶をしたり話しかけてみるといいでしょう。相手をほめてみると、いいきっかけをつかめそうです。
19（木）	□	時代の流れや、周囲の環境の変化に敏感になっておくことが大事な日。「自分の生き方」にこだわりすぎると、時代においていかれることがありそう。人の話は最後まで聞くようにしましょう。
20（金）	■	やや疲れを感じやすくなりそう。集中力が途切れやすいので気をつけましょう。無駄に夜更かしをしないで、睡眠時間を長くとれるように工夫するといいでしょう。
21（土）	◇	あなたの魅力が輝く日。デートをするには最高のタイミングです。いざ行動してみると、運のよさに気づくこともありそう。新しい出会いも期待できるので、笑顔と勇気を忘れずに過ごしましょう。買い物をするにもいい日です。
22（日）	△	遊ぶことでストレスを発散できる日。気になる場所やテーマパーク、イベントやライブなどに行くといいでしょう。友人や気になる人を誘ってみると、思った以上に盛り上がりそうです。
23（月）	◎	これまで頑張ってきたことが評価される日。地道にコツコツ頑張ってきた人は、自分の得意なことで注目されるなど、うれしくなる出来事がありそうです。今後、自分が何を頑張っていけばいいのか、ハッキリすることも。
24（火）	☆	仕事運のいい日。真剣に取り組むことでいい結果や評価につながりそう。少しくらい無理をしてでも、目の前の仕事に集中してみるといいでしょう。大きな仕事の契約がとれたり、実力が認められることもありそうです。
25（水）	▽	日中はいい判断ができるでしょう。大事な作業や用事は、早めに取りかかっておくようにしましょう。夜は、友人や知人に予定や感情を乱されて、無駄な時間を過ごすことになるかもしれません。
26（木）	▼	思い通りに進まないことが多い日。無駄な時間が増えたり、意見や考え方の食い違いも起こりそう。意地を張るより、相手に合わせてみるといいでしょう。ただ、つい納得のいかない顔をしてしまいそうなので気をつけて。
27（金）	×	予定が急に変わることや、思い通りに進まないことがある日。落ち込んだり、クヨクヨする時間は無駄なので、時間があいたら、ふだんは気にしないような物事に目を向けてみるといいでしょう。
28（土）	▲	しばらく掃除していなかった場所をきれいにしたり、使わないものは処分するといいでしょう。ネットオークションに出品して売ってみると、思ったより早く売れたり、いい値段で買ってもらえることがありそうです。
29（日）	○	異性や初対面の人と急に遊ぶことになりそうな日。積極的に行動することが大事なので、遠慮したり消極的にならないようにしましょう。今日出会った人が、のちの恋人になる可能性もあるでしょう。
30（月）	○	出社時間を変えてみるなど、生活リズムに変化をもたせるといい日。ドリンクを買うのをやめて、水筒を持っていくなど、お金の使い方も変えていくことが大切です。
31（火）	□	今月を振り返って、自分が求められていることや、やるべきことを明確にするといいでしょう。周囲から感謝されることに力を入れてみると、人生は自然と楽しくなっていくでしょう。

☆開運の日　◎幸運の日　◇解放の日　○チャレンジの日　□健康管理の日　△準備の日
▽ブレーキの日　■リフレッシュの日　▲整理の日　×裏運気の日　▼乱気の日　＝運気の影響がない日

11月

■リフレッシュの月

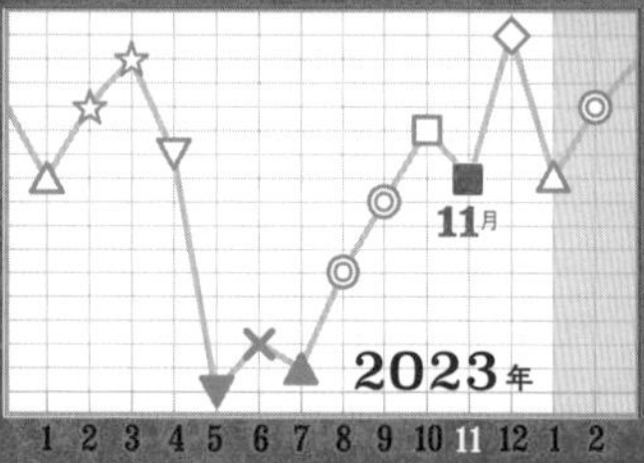

今月の開運3か条

- 休む計画を先に立てる
- 睡眠時間を8時間以上にする
- 温泉やスパに行く

総合運

下旬に重要な出会いや決断が。勇気も必要に

想像以上に忙しく、慌ただしくなる時期。遊びも仕事も、なんでもOKしているとヘトヘトになってしまうので、予定を詰め込みすぎないように気をつけましょう。スケジュールにはゆとりをもち、のんびりする日を先に決めておくといいでしょう。時間をつくって、温泉旅行やリラックスできる場所に行くのもオススメです。下旬には、今後を大きく変えるような出会いや、決断を求められる場面がありそうです。勇気を出す必要も出てくるでしょう。

開運のつぶやき　正しくなくてもいい。そこに、愛とやさしさがあればいい

恋愛&結婚運

のんびりデートを楽しんで。告白は下旬がオススメ

疲れた顔や寝不足の状態でデートに行っても、盛り上がらずに終わってしまうでしょう。今月は、映画を観たり、家でのんびり過ごすなど、体力的に無理のないデートがオススメ。些細なことでイライラしやすいため、短時間で解散したほうがよさそうです。新しい出会い運は、下旬に大事な出会いがあるので、それまでは自分磨きをしておきましょう。気になる人に好意を伝えたり、デートの約束をするのも下旬がいいでしょう。結婚運は、来月からが勝負です。

仕事運

有休を使って休むことも大事。力の出しどころがカギに

油断していると、ドンドン仕事を押しつけられることや、求められることが増えてしまいそう。頼られるのはいいですが、実力以上の仕事を受けてしまったり、連日残業するハメになることも。ヘトヘトになってしまう場合もあるので、無理はしないように。今月は、有休を使ってでも少し休んだほうがいいでしょう。月末から来月にかけて本領を発揮できるタイミングがくるので、それまでは企画やアイデアを温めておきましょう。力を出すタイミングを間違えないこと。

金運&買い物運

暴飲暴食や散財に注意

慌ただしくなるため、お金を使うヒマがなくなりそう。それで自然とお金が貯まるタイプと、疲れたからと、タクシーやマッサージを利用しすぎて出費が増えるタイプとに分かれるでしょう。ストレス発散で暴飲暴食や、栄養ドリンクの飲みすぎにも要注意。心身を癒やしたり、疲れをとるためにお金を使うのはいいですが、散財してのちのストレスの原因をつくらないように。投資は、下旬から本気で取り組むと、思った以上の結果が出るでしょう。

美容&健康運

ノリで夜更かししないこと

忙しさから体調を崩しそうな時期。油断していると風邪をひいてしまうこともあるので、連日の夜更かしは避け、睡眠時間を増やすようにしましょう。ノリで徹夜をして、一気に体調を崩すケースもあるので要注意。美意識も低下しやすいので、食べすぎたり、栄養バランスの悪い食事をしないように気をつけましょう。下旬からは恋愛運がよくなるため、美容院やエステに行って自分磨きをしておくことも忘れずに。

開運のつぶやき　開き直ってみると、運も開けたりするもの

11月

■リフレッシュの月

1（水）	■	周囲の言葉に振り回されて、心身ともに疲れてしまいそう。ただ、自分がその言葉にとらわれているだけの場合も。いったん時間をおくと気持ちに余裕ができるので、今日は疲れをとることに集中しましょう。
2（木）	◇	予想以上に忙しくなったり、時間に追われてしまいそうな日。求められることが増えるので、自分の仕事は早めに片付けてゆとりをもっておくといいでしょう。気になっている人にはメッセージを送っておくと、のちに効果が表れそう。
3（金）	△	遊びから学べることがあったり、遊び心が運気をよくする日。誘いを受けたら即OKし、ふだんとは違うノリを楽しんでみて。ちょっとしたミスやトラブルもいい経験だと思って、おもしろおかしく話のネタにしてしまいましょう。
4（土）	○	友人に会うことで余計なことを思い出してしまいそう。一方で「そんなことあった?」と笑い話になって、やる気が出たり、行動するきっかけになる場合もあるでしょう。しばらく会っていない人に連絡をしてみましょう。
5（日）	○	買い物や契約事など、大切なことを決めるにはいい日。ただし、高価なものや長期的に使うものの購入は避けておきましょう。今日は、おいしいものを食べに出かけたり、イベントやライブに行ってみるのがオススメです。
6（月）	▽	日中は、じっくり考えて行動したことが、いい結果につながりそうです。夕方以降は、よく考えないままに動いたり欲望に走ったりすると、後悔するハメになりそう。しっかり考えて冷静に判断しましょう。
7（火）	▼	あなたのやる気を削ぐ人が現れて、物事が思い通りに進まなくなりそう。仕事でも、集中力が途切れてミスをしやすいので気をつけて。何事もていねいに行うように心がけましょう。
8（水）	×	自分ではどうすることもできないことに、イライラしないように。上手に流されるほうが、余計なパワーを使わなくていいこともあるでしょう。意地を張らないことも大切です。
9（木）	▲	不要なものを持ち歩かないほうがいいでしょう。カバンや財布のなかに、無駄なものを入れっぱなしにしないこと。今日は、身軽に動ける服装や靴を選んでおきましょう。
10（金）	＝	興味のあるものに挑戦するのはいいですが、無謀なことはしないように気をつけましょう。突然分厚い本を買っても挫折するだけなので、まずは読みやすそうな本を選ぶようにしましょう。
11（土）	＝	はじめて行く場所でおもしろい発見がありそうな日。友人や恋人に合わせて行動してみると、いい勉強になるでしょう。決めつけすぎたり、意固地になって、大切なことを見逃さないように。
12（日）	□	予定を臨機応変に変えたほうがいい日。無理に計画通りに進めようとせずに、状況に応じて変えていきましょう。柔軟な発想を心がけると、いい発見ができたり学べることがあるでしょう。
13（月）	■	睡眠不足や疲れを感じてしまいそう。思っているよりも疲れやすく、集中力も欠けているので、無理せず、ほどよいペースで仕事をするといいでしょう。小さなケガもしやすい運気。引き出しやドアに手をはさまないように気をつけて。
14（火）	◇	苦手な人と距離をあけられて気楽に仕事ができたり、得意なことで周囲の人によろこんでもらえそうな日。求められたことに素直に応えてみると、いい気分になれそうです。
15（水）	△	自分ではしっかりやっているつもりでも、どこか抜けていて、周りに迷惑をかけてしまいそう。人の話は最後まできちんと聞き、大事なことはメモをとるようにしましょう。

開運のつぶやき　結局幸せは、行動した人にだけやってくる

16（木）	○	過去をいつまでも引きずる癖が出てしまいそうな日。たくさん失敗をして、失敗から学んで成長することが成功への近道です。後悔は時間の無駄になるだけなので、過ぎたことは気にしないようにしましょう。
17（金）	○	仕事に集中すると、いい結果を残せて評価もされます。大事な仕事や、やりたかったことを任せてもらえる流れもあるので、全力で取り組みましょう。目上の人から、おいしいものをご馳走してもらえるかも。
18（土）	▽	午前中に買い物や用事を終わらせておくといいでしょう。必要なものをチェックして、早めに買いに行っておきましょう。夜は疲れやすいので、無駄に夜更かししないこと。
19（日）	▼	今日は、急に予定が変わったり、人に振り回されやすいので覚悟しておきましょう。流れに身を任せて、無理に逆らわないように。段差で転んでしまうようなこともあるので、足元には気をつけましょう。
20（月）	×	疲れからイライラしたり、判断ミスをしやすい日。寝不足や疲労を感じるときこそ、確認をしっかりするように心がけましょう。ほかの人の意見を取り入れたり、アドバイスなどは素直に聞き入れて。
21（火）	▲	何事もシンプルに考えることが大事な日。余計な心配をしたり、不安になって情報を入れすぎたりしないように。重荷になるだけの物事とは、距離をおいて過ごすといいでしょう。
22（水）	＝	新しいことに挑戦するといい日。軽い運動や基礎体力づくりをはじめてみましょう。毎日続けられるくらいの回数でかまわないので、腹筋やスクワット、腕立て伏せを今日からスタートしてみるのもオススメ。
23（木）	＝	今日はおいしいお店や、エンタメを楽しめる場所に足を運ぶといいでしょう。気になる人とのデートで訪れると関係が進展しそうです。突然でもいいので、誘ってみましょう。
24（金）	□	自分でも悪習慣だと思っていることはやめるといい日。SNSやゲーム、動画など、ダラダラと時間を費やしてしまうスマホアプリは消去してしまいましょう。そのぶんあいた時間は、今後に役立ちそうな勉強をしたり、本を読むのがオススメ。
25（土）	■	些細なことでイライラしたときは、疲れがたまっている証拠。無理をしないで、休んだり気分転換する時間をつくるといいでしょう。軽い運動をして汗を流すと、気分もスッキリできそうです。
26（日）	◇	急に遊びに誘われることがありそう。その人と恋に発展する可能性もあるでしょう。髪を切りに行くにもいい日です。少し短くしたり、明るい感じにイメチェンするといいでしょう。
27（月）	△	小さなミスをしやすい日。財布を忘れたり、スマホを置き忘れたりしそうですが、きちんと確認すればミスは防げます。夜は、親友との偶然の再会や、不思議な縁のある人と会えることもあるでしょう。
28（火）	○	悪い癖が出てしまいそうな日。やる気が出ないときは、自分の「心の声」に素直になるといいでしょう。好きな食べ物を選んだり、好きなドリンクを飲んでみると、気持ちが落ち着き、やる気もわいてきそうです。
29（水）	○	大きなチャンスをつかめる日。今日会う人には、いつも以上にしっかり挨拶やお礼をするようにしましょう。仕事も恋愛も、相手の気持ちや立場を考えて言葉を選ぶことが大切です。雑な扱いをしたり、語気を強めたりしないように。
30（木）	▽	適当なことを言ってしまったり、行動が雑になったりしそうな日。自分で思っている以上に、ていねいな振る舞いができなくなるので気をつけましょう。挨拶やお礼もキッチリすることが大切です。

☆開運の日　◎幸運の日　◇解放の日　○チャレンジの日　□健康管理の日　△準備の日
▽ブレーキの日　■リフレッシュの日　▲整理の日　×裏運気の日　▼乱気の日　＝運気の影響がない日

12月

◇解放の月

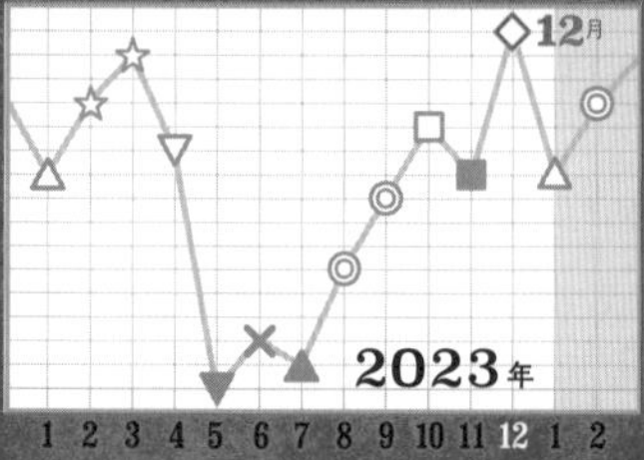

今月の開運3か条

- 次の目標を決めて動き出す
- 長期的に保有できるものを買う
- 勉強をはじめる

総合運

「最高の運気」に乗れる月。気づいたことから変えていこう

1年の最後に、最高の運気をつかむとき。ただし、じっと待っていても何も変わらないので、人脈を増やしたり、自分の好きなことや得意なことをさらに極めるといいでしょう。今月スタートさせたことは簡単に諦めてはいけません。最低でも6年は続けることが大切なので、長く続けられそうなことをはじめてみましょう。引っ越しやイメチェンをしたり、生活習慣を整えるなど、やれることはたくさんあるので、気づいたことから行動していきましょう。

開運のつぶやき　我慢しないで、もっと素直になってみると前に進める

恋愛&結婚運

タイプを限定せず 自分から押し切るつもりで

運命の人に出会える可能性が高く、交際に発展する確率も高い時期。「このタイプが好み」などと限定していると、いつまでも自分に見合う人を見つけられません。タイプでなくても、気になる人には好意を伝えてみるといいでしょう。ここで動かない相手とは縁がないと思って諦めること。自分に好意を寄せてくれる人と交際したほうが幸せになれるでしょう。結婚運は、婚姻届を出すには最高の運気。勢いやノリでもいいので、押し切ってみましょう。

仕事運

今月から勉強をはじめると 人生が大きく変わるかも

実力を発揮できたり、これまでの努力が実って、いい結果が出る時期。忙しくなりますが、粘り強く取り組めばいい方向に流れが変わり、周囲の協力も得られるでしょう。出世や昇格をする場合もありますが、自分でも驚くようなポジションを任されたときは、「認められた」と前向きに受け止めて。今月から、仕事に役立つ勉強をはじめたり、スキルアップや資格取得のために動き出すと人生が大きく変わるので、次のステージへの準備をしていきましょう。

金運&買い物運

家や土地の 購入にいい月

長期的に保有することになるものを手に入れるといい時期です。家やマンション、土地の購入を考えている場合は、思い切って契約したり、引っ越しをするといいでしょう。本気でお金の勉強をスタートするにもいいタイミング。まずは本に書いてあることを素直に実践してみると、思った以上に収入や財産を増やすことができそうです。投資をはじめるにもオススメの時期。

美容&健康運

人間ドックを 受けに行こう

基本的に問題が出る時期ではありませんが、不摂生が続いていたり、体調の異変に気づきながら何年も放置してきた人は、病気が発覚することも。結果的には「このタイミングでわかってよかった」と思える流れになりそうなので、なるべく早く人間ドックや精密検査を受けるようにしましょう。歯の矯正など、時間とお金がかかることをスタートするにもいい時期。スタイル維持や健康のために、エステやスポーツジムに通いはじめるのもオススメです。

12月 ◇解放の月

1（金）	▼	ミスをして焦ってしまいそう。意固地になって自分の非を認めずにいると、人間関係にヒビが入ることもあるかも。素直にすぐ謝れば、周囲に助けてもらえそうです。
2（土）	×	のんびりする予定だったのに急に遊びに誘われるなど、予想外の出来事が多い日。予定が変更になることでおもしろい発見をする場合もあるので、「予想外」を楽しむようにしましょう。
3（日）	▲	部屋の片付けをしたり、身の回りにある不要なものを処分するといい日。長年使っていて古くなったものや、昔の恋人との思い出の品などは、ドンドン捨てましょう。過去への執着が、前に進めない原因になっているかも。
4（月）	◎	思い切って新しいことに挑戦したり、生活リズムを変えてみるといい日。自分で決めたルールをしっかり守るタイプなので、未来に向けたルールをつくるといいでしょう。仕事に役立つ勉強をしたり、本を読みはじめるのもオススメ。
5（火）	◎	新しい出会いがある日。苦手な人やソリの合わない人に会ったとしても、相手の長所や素敵な面を見つけて認められると、人生が明るく変化します。あなたが初対面なら相手も同じ。「どう接すればいいか」を考えて行動しましょう。
6（水）	□	自分だけでなく、もっと全体のことや先のことまで考えて判断するといい日。今日の疲れは残りやすいので、無駄な夜更かしは避けるようにしましょう。
7（木）	■	思ったよりも疲れが抜けない日。寝不足を感じるときは、風邪をひかないように気をつけましょう。鍋料理など、体が温まるものを食べるといいでしょう。
8（金）	◇	片思いの相手や気になる人がいるなら、休み時間にメッセージを送ってみましょう。週末にデートできたり、一気に交際する流れをつくれそう。新しい出会い運もいいので、今日はじめて会う人とは連絡先を交換しておきましょう。
9（土）	△	確認ミスや、時間の間違いがないよう気をつけましょう。今日は、準備と確認をしっかりしておけば、楽しい1日を過ごせます。どんなときも笑顔と愛嬌を心がけることも大切です。
10（日）	☆	不思議といい縁がつながる日。外出先で久しぶりの友人に偶然再会することや、SNSでつながることもありそうです。急に思い出した人に連絡してみるのもオススメ。
11（月）	☆	大事な仕事を任せてもらえたり、目標以上の結果を残すことができそうな日。本気で仕事に取り組めば、才能を開花させられるでしょう。今日の頑張り次第で、今後の仕事運が大きく変わってきそうです。
12（火）	▽	思い通りに物事が進むことだけが幸せではないので、現状の幸せを見失わないようにしましょう。仲間や協力してくれる人への感謝も忘れずに。夜は、誘惑に負けやすいので気をつけましょう。
13（水）	▼	勢いがよかったぶん、疲れがたまったり、少しだけ流れが止まる日。今日は焦らずに、好きな音楽でも聴きながら、自分のできることをゆっくりじっくり、ていねいにやってみるといいでしょう。
14（木）	×	自分が思っているのとは違うところをほめられそうな日。見ているところや評価するところは、人によって違うものだとわかって、いい勉強になりそう。あなたが人をほめるときにも、今日の経験が役立つでしょう。
15（金）	▲	大事なものを失くしたり、探しもので無駄な時間を過ごすことになるかも。使わないものは持ち歩かないようにしましょう。カバンのなかや、机の引き出しのなかにある不要なものも処分するように。

開運のつぶやき　相手の気持ちに応えられるようになると、運をつかめるようになる

16（土）	◎	はじめて行く場所でいい縁がつながったり、おもしろい体験ができそうな日。ひとりで家でのんびりしていないで、時間をつくって外出するといいでしょう。友人や知人を誘って食事に出かけるのもオススメ。
17（日）	◎	新しい出会いがあるなど、心躍る経験ができる日。気になるイベントやライブに行ってみたり、知り合いや友人の集まりに参加するといいでしょう。心惹かれる人に出会えることも。髪を切るにも最適な日です。
18（月）	□	「自分の強みは何か」を考えて、仕事に取り組んだり、勉強をするといいでしょう。弱点や欠点を克服する努力も大切ですが、今日は得意なことをさらに極めるほうがいい運気です。
19（火）	■	少し疲れを感じそう。こまめに休んで、気分転換するように努めましょう。集中できないときは、時間を区切って短時間だけでも頑張ってみると、徐々に軌道に乗っていくでしょう。
20（水）	◇	運を味方にできる日。仕事でも恋でもいい方向に進むでしょう。何事も強気で勝負して、粘ることも忘れないように。意見も通りやすいので、自分の思いをしっかり伝えることが大切です。
21（木）	△	慣れた仕事ほど思いがけないミスをしそうな日。どんな仕事であっても準備と確認を怠らないで、ていねいに最後まで集中して取り組みましょう。
22（金）	☆	いろいろな経験を役立たせることができる日。過去の苦労や失敗、当時は無駄だと思ったことにも感謝できそう。「なんだかんだで自分を鍛えてくれたり、図太くさせてくれた」と思えることもあるでしょう。
23（土）	☆	買い物や大きな決断をするには最高な日。欲しかったものや高価なもの、長く使う家電、家具を思い切って購入してみるといいでしょう。投資をはじめてみるのもオススメです。
24（日）	▽	クリスマスイブを楽しむなら、ランチデートをするのがいいでしょう。明るい未来の話もできそうです。夜になると、スムーズに進まなくなってイライラしたり、疲れてしまうかも。
25（月）	▼	今日は自分中心に考えるよりも、周囲や相手のために動くといい日。自分の仕事を進めるのもいいですが、周りの人のサポートをしたり、人に教える時間も大事にしましょう。
26（火）	×	やるべきことに集中できなくなって、ミスも増えてしまいそうな日。雑な行動や感情的な判断はしないようにしましょう。ワガママな発言をすると面倒なことになるので、控えておくこと。
27（水）	▲	過ぎてしまったことはキッパリ忘れて、気持ちを切り替えることが大切です。いつまでもグチグチ考えていては、時間の無駄になるだけ。嫌な思い出があるものは処分し、スマホの写真も削除するといいでしょう。
28（木）	◎	いつもと違うことに興味がわきそうな日。いろいろ調べてみると、さらに気になってくることも。あなたの人生が変わるようなことを見つけられる可能性もあるので、詳しい人に話を聞いてみるといいでしょう。
29（金）	◎	勇気を出してはじめてのお店に飛び込むと、素敵な経験ができたり、おもしろい話が聞けそうです。忘年会の幹事をしたことがない人は、少人数でもいいので主催してみましょう。
30（土）	□	買い替えを考えているものがあるなら、下調べをして買い物に出かけてみましょう。今日買ったものは長く使うことになるので、少しいいものを購入しておくといいでしょう。鍋やフライパンなど、キッチン用品の買い替えもオススメです。
31（日）	■	1年の疲れが出てしまいそうな日。暴飲暴食は避け、消化がよさそうなものを選んで食べるようにしましょう。お正月の準備を頑張りすぎて、体調を崩さないように気をつけて。

☆開運の日　◎幸運の日　◇解放の日　○チャレンジの日　□健康管理の日　△準備の日
▽ブレーキの日　■リフレッシュの日　▲整理の日　×裏運気の日　▼乱気の日　＝運気の影響がない日

1月

△準備の月

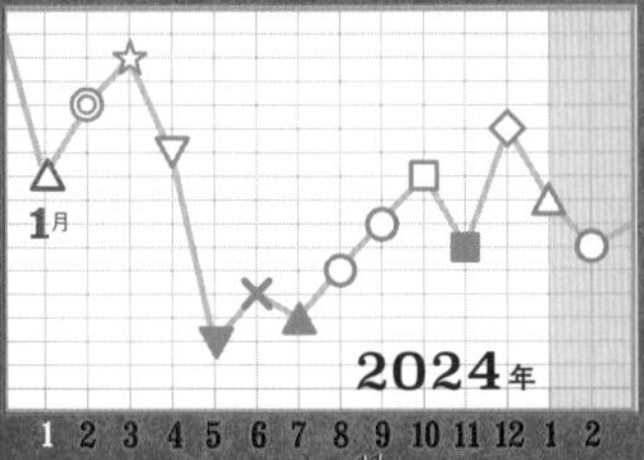

今月の開運3か条

- 遊び心を大切にする
- 約束や時間はしっかり守る
- 予算を決めて遊ぶ

総合運

好奇心がわいたら素直に行動。遅刻や失言には注意すること

小さなミスに気をつければ、楽しく過ごせて、いい思い出もできる運気。決めつけが激しく頑固なタイプですが、今月は遊び心を大切にして、好奇心がわいたら素直に行動に移してみましょう。いい体験ができたり、おもしろい出会いもありそうです。ただ、寝坊や遅刻、忘れ物が多くなる時期でもあるので、確認は怠らないように。慌てず、ゆとりをもって行動しましょう。失言もしやすくなるので、ていねいな言葉を使うよう心がけて。

開運のつぶやき　人生に悩んだら自分が「おもしろい」と思ったほうを選択すれば後悔しない

恋愛&結婚運

初対面の人より知り合いとの縁が深まりそう

先月からいい関係になった人や、マメに連絡をとったり会ったりしている人と、一気に進展しやすい時期。ノリを大事にして、気軽に遊びに誘ったり、急な誘いに乗ってみるといいでしょう。ただ、今月出会った人と軽はずみな行動に走ると、もてあそばれる場合も。関係を深めるならすでに知り合っている人とのほうがよさそうです。結婚運は、今月は先のことを考えるよりいまを楽しみ、相手を楽しませてみると、のちに結婚へと話が進みやすくなるでしょう。

仕事運

ほめられることがあるけど小さなミスもしやすい月

先月あたりから仕事に手応えを感じている人ほど、今月もいい結果が出たり、ほめられるような流れになりそう。そのペースで仕事に取り組むといいですが、小さなミスをしやすい運気なので気をつけること。確認作業はしっかり行いましょう。珍しく口が滑って余計な一言が出たり、雑な言い方をして気まずい空気になることもあるので、調子に乗りすぎないように。職場の人とは、新年会などで積極的に交流してみるといいでしょう。

金運&買い物運

財布のヒモは固く締めて

お金遣いに注意が必要な月。衝動買いが増えたり、値段をしっかり確認せずに買い物をすることがありそうです。付き合いでの出費が重なってしまう場合も。楽しい時間を過ごすのはいいですが、使う金額は事前に決めておきましょう。口のうまい店員さんに乗せられて買いすぎたり、不要なローンを組んでしまう場合もあるので気をつけて。投資は少額であればよさそうです。大金を動かすのは来月以降にしましょう。

美容&健康運

楽しみながら運動を

今月は少し油断しやすい時期。食べすぎたり、連日飲み会に参加したりして、体重が増えてしまうことがあるので注意しましょう。運動やストレッチもついサボってしまいがちに。カラオケやダンスなど、楽しみながら続けられそうなことをやってみるのがいいでしょう。うっかりしてケガもしやすいので、急いでいるときほど段差や足元に気をつけましょう。引き出しやドアに指をはさんでしまうようなドジにも要注意。

1月

△準備の月

1（月）	◇	年始早々うれしいことや、ラッキーな出来事がある日。新年の挨拶かと思ったら、告白されたりデートに誘われたりなんてことも。気になる人がいるなら自ら誘ってみるといいでしょう。友人からの誘いもありそうです。
2（火）	△	出かけるときは持ち物をしっかり確認しましょう。財布を忘れて外出したり、大事なものを置き忘れてしまうことがありそうです。時間にもルーズになりやすいので早めに行動するように。
3（水）	◎	ふと思い出した友人や知人に連絡してみるといい日。新年の挨拶をしながら、勢いでみんなを誘ってみるといいでしょう。それぞれの新たな一面を知ることができて、充実した1日になりそうです。
4（木）	☆	買い物をするにはいい日。明るい服やちょっと目立つ服を選んでみましょう。少し遠出をしてでも気になった場所に足を運んでみると、いい経験ができそう。
5（金）	▽	日中は思い通りに物事が進み、満足できることが多そう。夕方以降は体調を崩したり、疲れが残りやすくなるかも。自宅で読書をしながら好きな音楽を聴くなど、のんびり過ごすといいでしょう。
6（土）	▼	予定通りに物事が進みにくい日。あいた時間はのんびりしたり、映画やドラマを観てゆっくりするのがよさそう。15分くらい昼寝をして、疲れをとるのもオススメです。
7（日）	×	勝手な思い込みが原因でミスをしやすい日。時間を勘違いして慌ててしまうような失敗もありそうです。早めの行動を心がけ、何事も余裕をもつようにしましょう。
8（月）	▲	カバンや財布のなかをきれいにしたり、引き出しの整理整頓をしておきましょう。冷蔵庫もチェックして、使っていない調味料など、いらないものがあれば処分すること。
9（火）	○	苦手に感じていた職場の人や知り合いと話してみると、思ったより悪い人ではないと気づけそう。自分の価値観にとらわれず、何事も試しに受け入れてみることで、いい発見があるでしょう。
10（水）	○	人からお願いをされやすくなる日。気軽にOKしてしまうと面倒なことになる場合があるため、相手の話はしっかり最後まで聞きましょう。ゆっくりでもいいので、冷静に判断するように。
11（木）	□	自分の都合だけを考えた言動は、不運の原因になります。相手の立場や状況を考えることを意識しましょう。夜は疲れやすいので、お酒は控えめに。食事も胃腸にやさしいものを選びましょう。
12（金）	■	起きたときから疲労や寝不足を感じそうな日。ダラダラするとさらに疲れてしまうので、気合を入れて行動しましょう。身の回りを片付けてみると、ゆっくりですがやる気も出てくるはずです。
13（土）	◇	注目されることや求められることが増える日。すぐに断らないで、できるだけ引き受けてみるといいでしょう。あなたの能力や才能を思った以上に活かすことができそうです。
14（日）	△	遊びに行くといい日ですが、ドジな失敗をしやすいので注意しましょう。お店に着いてから定休日だと気づいたり、予約がないと入れないようなことも起きそうです。
15（月）	◎	これまでの経験をうまく活かすことができたり、人脈が役立つことがありそう。困ったときは、頼れる人に連絡してみましょう。気になる人や友人に連絡して、週末に遊ぶ約束をしてみるのもよさそうです。

開運のつぶやき　時間がかかっても、できないことをひとつずつできるようにすることが大切

16（火）	☆	楽しく仕事ができる日。真面目に取り組むのもいいですが、周囲がよろこんでくれることは何なのかを考えて、実行に移すことも大切です。自分の仕事が役立っている場面を想像しながら働いてみるといいでしょう。
17（水）	▽	日中は積極的に行動することが大切な日。困っている人を見かけたら声をかけましょう。午後は予想外の出来事があったり、身近な人に振り回されてしまうかも。冷静さを失うと後悔するでしょう。
18（木）	▼	自分のことばかり考えて、ワガママな判断をしないように。今日は誘惑にも負けやすくなるので、ラクな方向に流されないよう気をつけましょう。
19（金）	×	苦手な仕事を押しつけられたり、よかれと思ってしたことが原因で面倒なことに巻き込まれたりしそう。「失敗した」と気づいても、もう引き返せないので、最後までしっかりやり遂げましょう。
20（土）	▲	身の回りの掃除をするのがオススメの日。「そろそろ買い替えどきかな」と思っているものがあるなら、先に処分して、来月買い替えるといいでしょう。
21（日）	○	新しい経験を楽しむといい日。日常の生活パターンを少し変えたり、いつもと同じことをしないだけでもいい刺激になるでしょう。はじめて入るお店で楽しい発見もありそうです。
22（月）	○	未体験のことに積極的になってみるといい日。何事も試しに行動してみると、いい勉強になったり素敵な縁がつながったりするもの。少し勇気を出してみるといいでしょう。
23（火）	□	何事も思い込みで決めないで、慎重に確認することが大事。あやふやな情報に振り回されると、信用をなくしてしまうかも。夜は自分のケアに時間を割くようにしましょう。
24（水）	■	今年に入って暴飲暴食が続いている人は、食事のバランスを整えましょう。運動不足を自覚しているなら軽い運動をはじめてみて。ただし、頑張りすぎて筋肉痛になったり、ケガをすることがないよう気をつけること。
25（木）	◇	リラックスした状態で仕事に取り組むと、順調に進みそうです。現状を楽しむと、さらにいい運気の波に乗れるでしょう。恋愛でも、勇気を出すことで流れを大きく変えられそう。気になる人を気軽に遊びに誘ってみましょう。
26（金）	△	話をしっかり聞かないことが大きなミスにつながりそう。聞き逃したときはすぐに謝って、もう一度聞き直しましょう。なんとなくで動き出さないように。
27（土）	◎	恋愛運が好調な日。ただの友人や知り合いだと思っていた人から告白される可能性も。また、気になる人をデートに誘ってみるといい関係に進めそうです。少し強引にアピールすれば心をつかめるかも。
28（日）	☆	買い物をするといい日。セールや気になるお店に行くと、気に入るものを見つけられそうです。服を購入するときは、これまでと似たテイストのものをそろえるのではなく、流行りを取り入れた明るめの服を選んでみましょう。
29（月）	▽	考えや意見を話すなら、午前中がいいでしょう。真面目に話すと気持ちが伝わりそうです。夕方以降は、相手の出方をうかがうことが大事。夜はうっかりミスが多くなるので、お酒の飲みすぎには気をつけましょう。
30（火）	▼	失言をしたり、思い込みから大きなミスをしやすい日。集中力が欠けているようすや、やる気のない感じが周囲に伝わってしまい、注意されることもありそうです。問題点などを指摘してくれる人への感謝を忘れないようにしましょう。
31（水）	×	油断しやすい日。思いもよらぬところでミスをしてしまうかも。思い通りにならないことに腹を立てるよりも、原因を探って今後の糧にしましょう。気を引き締めて、やるべきことに集中することが大切です。

☆開運の日　◎幸運の日　◇解放の日　○チャレンジの日　□健康管理の日　△準備の日
▽ブレーキの日　■リフレッシュの日　▲整理の日　×裏運気の日　▼乱気の日　＝運気の影響がない日

2月

◎ 幸運の月

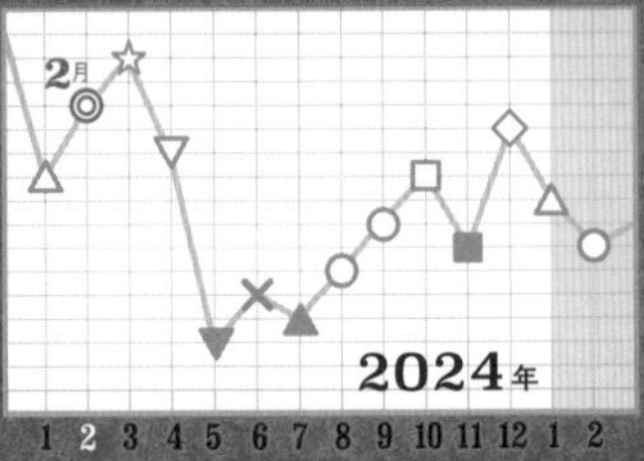

今月の開運3か条

- 得意なことは自信をもって取り組む
- 片思いの人に一押しする
- 家電を買い替える

総合運

いい話には飛び乗ろう。「開き直り」が幸運のカギ

得意なことで周囲をよろこばせたり、実力を評価され、期待以上の結果を出すことができる時期。これまでの努力や積み重ねを信じ、思い切って行動しましょう。ときには開き直ってみると、運を味方につけられそうです。付き合いの長い人が大きなチャンスをくれたり、力を貸してくれることもあるので、いい話がきたら遠慮しないように。ようすをうかがっていては運気の波に乗れません。今月は流れに逆らわず、ドンドン動きましょう。

開運のつぶやき 「またこの人に会いたい」と思わせられる人に運は集まる

恋愛&結婚運

思い続けていた気持ちを伝えるといい関係に進めそう

片思いが進展しやすく、急に距離が近づくこともある時期。長い間片思いをしているなら、気持ちを伝えたり遊びに誘ったりしてみると、いい関係に進めそうです。とくに一度付き合いそうになったことがある相手がいれば、今月は押し切ってみるといいでしょう。友人から告白されることもある運気です。新しい出会い運は微妙ですが、下旬なら素敵な人に会えそう。結婚運は、付き合いが長いカップルほど今月は進展しやすいので、真剣に話してみましょう。

仕事運

本気で取り組むことで仕事が楽しくなってくる

得意なことを任されたり、自信につながる仕事ができそうです。期待に応えられるだけでなく、それ以上の結果も出せるでしょう。遠慮せず思い切って行動することが大切。力を出し切るつもりで本気で取り組むと、仕事がおもしろくなってくるでしょう。不思議な縁もつながりやすい時期。一緒に楽しく働ける人に囲まれる機会も多くなりそうです。無理に新しい方法を試すよりも、自分のやり方やリズム、慣れた方法で仕事をするといいでしょう。

金運&買い物運

行きつけの店で買い物を

パソコンやスマホ、家電を買い替えるといい月。長く使っているものは、今月中に新調するといいでしょう。とくに10年以上使っている家電は、買い替えたほうが節電ができてお得な場合があるので、チェックしてみて。服や靴などを購入するのもオススメです。行きつけのお店に行くといいものを見つけられるでしょう。資産運用は、新しいものに手を出すより、すでにはじめているものをそのまま続けたり、金額を少しアップするとよさそうです。

美容&健康運

定期的に体を動かして

健康面は問題が少ない運気です。この時期に異変を感じたり、体調を崩したりする場合は、これまでの悪習慣が原因になっている可能性が高いでしょう。早めに病院に行くことで、大きな病気を避けられそうです。美容面では美意識を高めるためにも、昔やっていたスポーツやウォーキング、軽いランニングをはじめてみるといいでしょう。スクワットやふくらはぎを鍛える運動などを定期的に行っておくと、のちに「やっておいてよかった」と思えそうです。

開運のつぶやき　人生は、楽しんでいたらつねに勝ち

2月　◎幸運の月

1（木）	▲	判断ミスをしやすい日。調子に乗りすぎないよう気をつけていれば、問題は避けられるでしょう。忘れ物もしやすいので、何事に対しても細心の注意を払うこと。
2（金）	○	小さな変化を楽しむといい日。新商品のお菓子やドリンクを試してみるのもオススメです。想像と違った味を楽しめたり、話のネタになったりすることも。夜は、行きつけのお店で新メニューを注文してみるといいでしょう。
3（土）	○	よいサイクルをつくれる日。ダイエットや筋トレ、読書、資格取得のための勉強など、何か新しい習慣をスタートさせてみましょう。今日からはじめると長く続けられ、目標を達成できそうです。
4（日）	□	思い通りに進まないことを楽しむといい日。「人生は、想像と違うからこそおもしろく楽しいもの」だということを忘れないように。夜は疲れやすくなるので、早めに帰宅してのんびりする時間をつくるといいでしょう。
5（月）	■	朝から体が重く感じてしまいそうです。今日はこまめに休憩をとるようにしましょう。少し時間があったら仮眠をとるのもオススメです。つらいときは周囲を頼り、無理のないペースで取り組みましょう。
6（火）	◇	小さなラッキーが起きそう。うれしいときは、少しオーバーに見えてもいいので素直によろこぶようにすると、さらにうれしいことが起きるでしょう。ご馳走してもらったときも、しっかりよろこぶように。
7（水）	△	恋愛運がいい日。今日は、人の話を楽しく聞いてみて。相手が笑わせようとしてくれたら、素直に笑うといいでしょう。あなたの笑顔を好きになってくれる人も現れそうです。
8（木）	◎	実力を最大限に発揮できる日。思い切った行動が幸運をつかみます。「怖い」と感じたときほど大きなチャンスだと思って、勇気を出してみましょう。少しの勇気が人生を変えていくものです。
9（金）	☆	一生懸命仕事に取り組むことで、うれしい結果につながる日。どんな仕事でも、最善をつくしてみるといいでしょう。思っている以上にあなたが輝ける日なので、これまで積み重ねてきたことに自信をもって行動してみて。
10（土）	▽	気になる人をランチデートに誘ったり、しばらく会っていなかった友人と遊んでみると楽しいときを過ごせそうです。夜は、予定通りに進まず、時間に追われてしまうかも。
11（日）	▼	自分の考えが正しいと思っても、今日は簡単に口に出さないほうがよさそうです。相手の話を最後まで聞いて、何を考えているのか理解するよう努めましょう。わからないときは素直にたずねることも大切です。
12（月）	×	空回りしやすい日。考えを伝えても理解してもらえないことがありそうです。よかれと思った行動が裏目に出ることも。今日は一歩引いて、落ち着いて動くようにしましょう。
13（火）	▲	意固地になりすぎると、苦労や無駄な時間が増えてしまいそう。予定が崩れるおそれもあるので、心と頭を切り替えることが大事。気持ちが落ち着く香りをかぐのもいいでしょう。
14（水）	○	片思いの相手や、少しでも気になっている人には、チョコレートを渡しておきましょう。すぐに進展を求めるよりも、いいきっかけをつくることが大切です。友人だと思っていた人から好意を寄せられる場合もあるかも。
15（木）	○	自分とは違った発想をする人や、前向きな人と話してみるといい日。人生観が変わったり、視野が広がることがあるでしょう。いまの幸せに気づくこともできそうです。

開運のつぶやき　努力は評価に直結しないが、努力がなければ絶対に評価はされない

16（金）	□	努力とは、10年後の自分が笑顔になるための積み重ねです。未来の自分のために、いまから少しでもできることを考えてみるといいでしょう。まずはスクワットなど、体力づくりからはじめるとよさそうです。
17（土）	■	今週の疲れがどっと出てしまいそう。体力的な無理は避け、ひとりの時間を大切にするといいでしょう。今日は早めに帰宅して、家で好きな音楽などを聴いて、のんびりするのがオススメです。
18（日）	◇	急に、友人や異性の知り合いから連絡がありそうな日。会いに行ってみると告白されたり、相手からの好意を感じることがあるかも。悪い人ではないと思うなら、思い切って交際してみるといいでしょう。
19（月）	△	悪い癖が出そうな日。昔から注意されている癖が、ポロッと出てしまうことがあるので気をつけましょう。指摘されてもムッとせず、これを機に直すようにしてみて。
20（火）	◎	「いつもと同じ日常」だと思うのか、「二度と同じ日はこない」と思うのかで、人生は大きく変わるもの。同じ日は一度もないので、1日1日を大切に、真剣に過ごしましょう。
21（水）	☆	思い切った行動や、大きな決断をするのに最適な日。将来の目標を掲げて「自分が何をすべきか」を具体的に決めると、いい流れに乗れるでしょう。仕事も恋愛も、ときには強引に推し進めることが大切です。
22（木）	▽	日中は、周囲が協力してくれたり、いい流れで仕事を進められそう。自分のレベルが上がっていることにも気がつけるでしょう。夜は、急な誘いや断りにくい人からの連絡がありそうです。
23（金）	▼	誤解や勘違いをしやすい日。人の話には最後までしっかり耳を傾けることが大事です。とくに、一度思い込むと引かない癖があるので気をつけましょう。どんな状況でも、誠実な行動を忘れないように。
24（土）	×	一度ルールが決まるとなかなか変えられないタイプですが、今日は自分のルールを崩してみましょう。ふだんと違う選択をしたり、変化を楽しんでみるのがよさそうです。ただし、多少の面倒は覚悟しておくように。
25（日）	▲	掃除や洗濯など、何事も少し早めに済ませるよう心がけましょう。時間に余裕ができて、ラッキーな出来事につながりそうです。なんとなく置きっぱなしにしているものも片付けるといいでしょう。
26（月）	○	自分の得意なことをそのまま貫き通すよりも、周りや相手に合わせる努力を忘れないように。少しでも対応力を身につけられると、自分の能力をさらに活かせるようになるでしょう。
27（火）	○	いい出会いや情報に恵まれる日。決めつけや固定観念が強いと見逃してしまうので、もっと視野を広げ、柔軟な発想を心がけるようにしましょう。興味のない分野でも、話を聞くとおもしろく感じられそうです。
28（水）	□	何事も手順や順序が大事な日。慣れているからといって雑にしていると、かえって手間が増えてしまいそう。時間がかかっても、ていねいに取り組みましょう。
29（木）	■	油断すると風邪をひいたり、胃腸の調子が悪くなりそうです。今日は温かい飲み物や、体の温まるスープを飲むようにして、無理をしないように。日ごろから体に気を使っている人は問題が少ないでしょう。

3月

☆ 開運の月

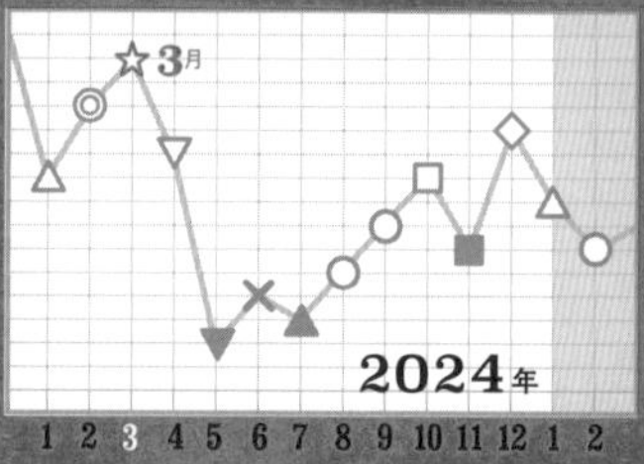

今月の開運3か条

- 勝算があると思うなら即行動する
- 新しい出会いを増やす
- 長期的に使うものを購入する

総合運

決断を下すには最高の運気。思い切って行動しよう

考える前に行動することで運を味方につけられる時期。じっくり考えてから行動するタイプですが、勝算があると感じていることや興味をもったことがあるなら、思い切って動きましょう。出会いがありそうな場所にも積極的に足を運ぶといいでしょう。あなたの魅力や実力を評価してくれる人に会えたり、大きなチャンスがめぐってくる可能性もあるので、遠慮しないように。覚悟を決めて大きな決断をするにも最高の運気です。

開運のつぶやき｜どんなときでも平常心を心がけると、幸運をつかめるようになる

恋愛&結婚運

相性のいい人と出会える月。今月結婚を決めると金運もアップ

仕事が忙しくなる時期ですが、恋を後回しにするとチャンスを逃すだけ。今月は相性のいい人と出会える可能性が高いので、出会いの場には短時間でも顔を出しておきましょう。片思いの相手がいる人は、強引にでも遊びに誘ったり、気持ちを伝えてみると進展しそうです。ただし、周囲からの評判が悪い相手には気をつけておきましょう。結婚運は、決断する最高の運気。ここで結婚が決まると金運もアップするでしょう。

仕事運

これまで辛抱してきた人も状況を変えることができる時期

やるべきことが増えて忙しくなりますが、重要な仕事を任されたり、実力以上の結果も出る月。いい判断もできそうです。実力を出し切るつもりで本気で仕事に取り組めば、今後の流れを大きく変えられるでしょう。すでに評価されている人はさらにいい流れになり、これまで辛抱していた人も、ここで状況を変えられそう。ただ、2023年から今月までの間に納得いく結果が出ていない場合は、不向きな仕事に就いている可能性があるので転職を考えたほうがいいでしょう。

金運&買い物運

長く使えるものを買おう

大きな買い物をするにはいい運気。家やマンション、土地、車の購入や、家具・家電の買い替え、リフォームなどの契約を決めるのもいいでしょう。引っ越しをするにも最高のタイミング。保険の見直しや、長い目で見て必要なものの購入も、今月しておくのがオススメです。「長く使えるかどうか」を基準に選ぶと後悔しない買い物になるでしょう。投資にも最高の時期。長期的に運用できるものや投資信託などをはじめてみるのもよさそうです。

美容&健康運

美容にお金をかけてみて

今月は、美容にも少しお金をかけてみるといいでしょう。エステなどに行ったり、多少値段が上がってもいいのでこれまでとは違うサロンで髪を切ってみるのもよさそうです。「贅沢だ」などと思って避けずに経験や体験をしてみると、心も体も満足できて頑張る力がわいてくるでしょう。健康面も問題は少ない時期。評判のいいサプリを飲むのもいいですが、今月からスポーツをはじめたり、パーソナルトレーナーをつけてしっかり鍛えるのがオススメです。

開運のつぶやき 幸せになるには、勇気と、度胸と、気合がいる

3月

☆開運の月

1（金）	◇	あなたの魅力が輝く日。好きな人との交際が叶う可能性も高いので、自分の気持ちを素直に伝えてみるといいでしょう。メッセージを送るときは、相手が返事をしやすい文章を意識してみて。
2（土）	△	遊び心が強くなる日。興味のある場所に行ったり、思い切ったチャレンジをしてみるといいでしょう。ただ、集中しすぎて忘れ物をすることや、予想以上に時間を使って、焦ることもあるので気をつけましょう。
3（日）	◎	よく行くお店や久しぶりに行くお店に入ってみたら、いい買い物ができそう。また、片思いの相手に連絡すると会話が盛り上がるかも。今日は、いろいろと試しに行動してみるといいでしょう。
4（月）	☆	真剣に仕事に取り組むことで大きな結果を出せたり、期待以上の成果を残せそうな日。協力してくれた仲間や、周囲の手助けに感謝を忘れないようにしましょう。
5（火）	▽	日中は、何事も素早く判断し、素早く行動することが大事。慣れたことをテキパキ進めることで評価されたり、ほめられたりしそうです。夜は予定を乱されやすいので、ゆとりをもっておきましょう。
6（水）	▼	目立たないポジションにいるほうがいい日。周囲に協力したり、相手が目立つように引き立て役になってみるのがオススメです。今日は、一歩引いておくくらいがちょうどいいでしょう。
7（木）	×	勝手な思い込みが思わぬ仕事のミスにつながり、無駄に時間を使うハメになりそうです。不要なトラブルを避けるためにも、相手の話は最後まで聞くように。「わかったつもり」には気をつけること。
8（金）	▲	「失敗したらどうしよう」と考えると、かえって無駄な失敗をしてしまいがち。「失敗から何が学べるんだろう」と前向きにとらえ、思い切って挑戦してみると、成長につながる経験ができるでしょう。
9（土）	○	初デートをしたり、はじめての人と遊びに出かけるにはいい日。話題のスポットやお店、流行りの映画を観に行ってみましょう。ふだんはあまり行かないジャンルのライブやイベントに参加してみるのもオススメです。
10（日）	○	買い物に出かけたり、気になる場所に遊びに行くのがオススメの日。家でのんびりするより、できるだけ外出してみましょう。会いたいと思う人にも連絡してみて。
11（月）	□	「なんとなく」ではなく、優先順位を決めて動きましょう。無計画な行動や、目的から外れたことはしないように。夜は疲れやすいので飲酒は避けましょう。
12（火）	■	疲れをためやすい日。頑張るのはいいですが、こまめに休むことも忘れずに。休憩時間はゆっくり過ごしておかないと、あとで集中力が途切れてしまうかも。食事も体が温まりそうなメニューを選びましょう。
13（水）	◇	自分の気持ちを素直に伝えてみるといい日。我慢しないで言いたいことを言えると、意見が通って流れが大きく変わることもありそうです。ただし、言葉は選ぶようにしましょう。
14（木）	△	忘れ物をしやすい日。余計なことを考えているとミスをするので、目の前の作業に集中し、確認も忘れないようにしましょう。ドジなケガにも気をつけて。
15（金）	☆	これまでの努力や経験をうまく活かせる日。周囲の役に立てそうなことがあるなら、積極的に協力してみると感謝してもらえそう。多少お節介だと思われても、やったほうがいいと思ったことは、すぐ行動に移しましょう。

開運のつぶやき　うれしいときにしっかりよろこぶと、さらによろこべることがやってくる

16（土）	☆	自分の気持ちに素直になって行動してみるといい日。自然といい方向に進んでいくので、それを楽しんでみて。遊びに誘われたら、即OKして会いに行ってみるといいでしょう。
17（日）	▽	大事な用事は、午前中に済ませてしまいましょう。気になる人をデートに誘う場合も早めに連絡し、ランチデートを提案してみて。夕方以降はバタバタしやすいので、遅くならないうちに帰宅したほうがよさそうです。
18（月）	▼	ピンチだと思うことがありそうです。準備不足と実力不足を認め、今後は同じことを繰り返さないよう気をつけましょう。「反省するから成長できる」ことを忘れないように。
19（火）	×	誘惑に負けやすく、無駄な時間を過ごしてしまいそうな日。何かと中途半端になってしまうかも。スマホやネットを見ていると、時間を失ったり心を乱されたりするので、今日は必要以上にチェックしないようにしましょう。
20（水）	▲	身の回りを掃除したり、しっかり整えるといい日。ふだん片付けないところほどきれいにしてみると、思わぬものが見つかることも。
21（木）	○	新しい目標を立てたり、新たな生活リズムをつくることで、前向きな気持ちになれる日。ふだんとは異なることを試すのもオススメです。髪型をちょっと変えたり、いつもと違うタイプの服に挑戦してみると、素敵な出会いがあるかも。
22（金）	○	前向きな言葉を発すると、自然とやる気になれる日。周りの人にかける言葉でも自分の気持ちが変わってくるので、マイナスな言葉は使わないように。
23（土）	□	10年後の幸せな自分の姿を想像し、その自分がいまのあなたに何を思い、何を言うのか考えてみましょう。夢や希望が叶って幸せになっているシーンをまずは思い浮かべてみてください。
24（日）	■	今日は日ごろの疲れをしっかりとることが大事。マッサージや温泉、スパに行ってのんびりするといいでしょう。すでに予定が入っている人は、予想外に疲れることがあるので用心しておいて。
25（月）	◇	積極的に行動することで、仕事も恋愛も思い通りに進む日。欲しいものを得るには、勇気と度胸が必要なことを忘れないようにしましょう。目の前がパッと晴れるような、うれしい出来事も起こりそうです。
26（火）	△	「ありがとうございました！」と最後までハッキリ言うようにしましょう。「ありがとう…ごにゃごにゃ……」では運を逃してしまいます。お礼はしっかり伝えて。
27（水）	☆	恋愛運がいい日なので、片思いの人に気持ちを伝えるとうれしい返事が聞けるかも。進展がなくても何かきっかけをつくれそうです。仕事でもいい縁がつながって、あなたの能力をうまく活かせるでしょう。
28（木）	☆	今後の方向性が決まる大切な日。自分の思いとは違う方向に進んだとしても、評価されたことを素直によろこびましょう。今日は、これまで以上に真剣に仕事に取り組んでみて。
29（金）	▽	日中はいい流れに乗れそうです。素敵な出会いにも恵まれて満足できるでしょう。ただし、夜もその調子でいると疲れがたまってしまうので、スマホの電源を落とし、自宅でゆっくり過ごすといいでしょう。
30（土）	▼	予定が急に変更になったり、あき時間が増えてしまいそう。イライラせずに、あいた時間に本を読んで素敵な話や言葉を探してみると、いい1日になるでしょう。
31（日）	×	自分が正しいと思うと苦しくなってしまいそうです。相手の考えや生き方も正しいと認めて、互いの「落としどころ」を見つけるようにしましょう。相手に対しては要望よりも、感謝の気持ちを伝えましょう。

☆開運の日　◎幸運の日　◇解放の日　○チャレンジの日　□健康管理の日　△準備の日
▽ブレーキの日　■リフレッシュの日　▲整理の日　×裏運気の日　▼乱気の日　＝運気の影響がない日

4月

▽ブレーキの月

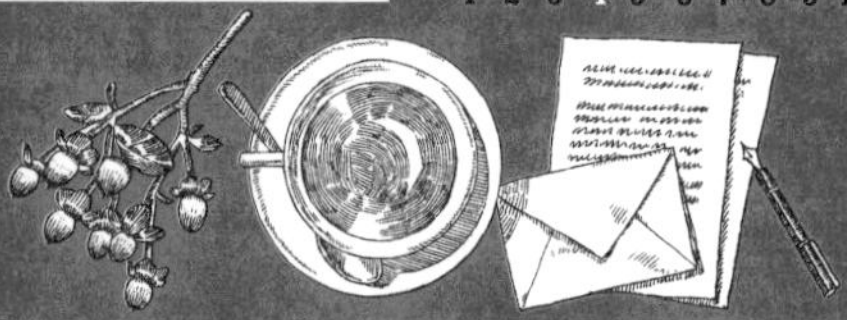

今月の開運3か条

- 直感を信じて行動する
- 好きな人に気持ちを伝える
- 「自分には発言力がある」と思って話す

総合運

中旬までは積極性が大事。下旬は言葉選びに気をつけること

絶好調だと感じるほど、いい勢いで過ごせる月。中旬までは、積極的に行動することで運を味方につけられ、自分でも驚くようなチャンスをつかめたり、これまで以上の結果を出すことができるでしょう。あなたの味方も集まってくるので、相手を信じ、ほめ、認めてみると、さらに協力してもらえそうです。一方、下旬になると流れが変わりはじめるため、ぐいぐい押すのは控えること。雑な言葉も使わないよう意識しましょう。

開運のつぶやき　どんな人からも、どんなことからも学べる。己に学ぼうとする気持ちがあれば

告白するのにいい月。チャンスを逃さないように

好きな人に気持ちを伝えることで、交際に発展させられる時期。ここを逃すと付き合える可能性が低くなってしまうので、わずかなチャンスも見逃さないようにしましょう。知り合いから告白されることもありそうです。好みではなくても、生理的に無理なタイプでなければ、付き合ってみるといいでしょう。新しい出会い運もあるので、いろいろな人に会っておくこと。結婚運は、中旬までに決めるのがいいでしょう。

これまでの経験を活かして全力で取り組むこと

多少難しいことにも思い切って挑戦することで、実力以上の結果を出せたり、大きなチャンスがめぐってきそうです。これまでの経験をすべて活かすつもりで、全力で取り組みましょう。意見が通り、自分の発言力にも気がつけるかも。リーダーや重要な役職を任されることもありそうです。ただ、下旬になると流れが変わり、思い通りにならない人に対してイライラした態度が出がちに。「自分と他人は、違うからこそいい」ということを忘れないで。

レアチケットが当たるかも

先月買いそびれたものや、買うかどうか悩んだものがあるなら、今月思い切って購入するといいでしょう。とくに高価なものや長く使うものは、中旬までに購入や契約をするのがオススメです。レアなチケットを手に入れられたり、抽選でプレゼントが当たるなど、うれしい出来事も起きるかも。投資をするにもいい時期ですが、短期間で儲けようとせず、長期で保有してゆっくり運用するほうがうまくいきやすいでしょう。下旬は無理に攻めないように。

異変を感じたら早めに病院へ

中旬まではとくに問題はありませんが、下旬になって体調に異変を感じるときは、早めに病院に行きましょう。腰や膝、婦人科系の病気が見つかる場合があるので、心当たりがあれば検査を受けること。今月は、消化のいい食べ物や食物繊維の多い食材をバランスよく食べたり、乳製品を摂取するよう心がけて。美意識を高めるにもいい時期なので、エステやスポーツジムに通いはじめるといいでしょう。

開運のつぶやき　思いやりのある人のもとに、思いやりのある人が集まる

4月

▽ブレーキの月

1（月）	▲	いつもの慣れた手順で進めるのはいいですが、無駄な労力をかけていたり、不要な動きをしているかも。一度、自分のやり方を見直してみましょう。いろいろな人に意見を聞いてみるのもよさそうです。
2（火）	○	新たな情報や、これまでと違う考え方を教えてもらえそうな日。新人やはじめて会った人と積極的に話してみるといいでしょう。あなたが初対面なら相手も初対面なので、どう接すると楽なのか、考えてみて。
3（水）	○	積極的に行動すると、いい経験ができそう。人から言われる前に自らすすんで動くようにしましょう。仕事帰りに、好奇心をくすぐられる映画を観に行くと、話のネタになりそうです。
4（木）	□	今年度の目標を掲げるといい日。1年後の明るい未来を想像してみるといいでしょう。今日は、ダイエットや筋トレをスタートするにもいいタイミング。資格取得の勉強をはじめてみるのもオススメです。
5（金）	■	プレッシャーから、緊張やストレスを感じてしまいそうな日。仕事を終えたら軽い運動やストレッチをしてみると、心も体もスッキリするでしょう。サウナや岩盤浴で心身の疲れをリセットするのもよさそうです。
6（土）	◇	気になる相手がいるなら、連絡してみましょう。勇気を出して誘ったことがきっかけとなり、交際に発展することが。友人の集まりにも参加してみると、素敵な出会いがあったり、いい経験ができたりするかも。
7（日）	△	遊ぶことで運気がよくなる日。気になる場所に出かけたり、イベントやライブ、舞台などを観に行ってみると、いい刺激を受けられそう。多少出費は増えますが、それ以上の体験ができるでしょう。
8（月）	☆	何事も粘り強さが必要な日。簡単に投げ出さず、クリアできるまで続けてみましょう。諦めない姿勢が、いい結果や仕事のコツをつかむことにつながりそうです。
9（火）	☆	仕事に関わるものや勉強になるものを買うと、金運がアップする日。今日手に入れたものはラッキーアイテムになるので、長く使えるものを選びましょう。将来のことを考えて、投資をはじめてみるのもいいでしょう。
10（水）	▽	満足できる結果が出たり、周囲の協力を得られる日。期待に応えられるよう全力で取り組みましょう。夜は、誘惑に負けてしまいそうです。くれぐれも調子に乗りすぎないように。
11（木）	▼	予想外にバタバタして時間が足りなくなってしまいそうです。自分の思い通りに進まないからといって、不機嫌にならないように。ゆとりをもって行動しましょう。
12（金）	×	自分中心に考えすぎてしまいそうな日。相手や全体のことを考えて、発言したり判断するようにしましょう。気をつけないと、自分の想像以上に「身勝手な判断をする人」だと思われてしまいそうです。
13（土）	▲	日常を見直すことが大切な日。区切りをつけたいことや切り替えたいことがあれば、思い切って動き出してみましょう。年齢に見合わないものを処分したり、趣味や交友関係を変えるにもいいタイミング。
14（日）	○	ふだんなら行かないような場所や、興味がわいたところに足を運んでみるといい日。誘いを待っていないで、友人や知人に自分から連絡して遊んでみることで、楽しい時間を過ごせそうです。
15（月）	○	不平不満が出るのは、自分の成長が足りない証拠。ネガティブな言葉を口にしないようにするために、いますべきことをよく考えてみましょう。起きたことはすべて「自分を成長させるための試練」だと思うといいでしょう。

開運のつぶやき　感謝をするから人生がうまく回りはじめる

16（火）	□	何事もじっくりゆっくり、自分のペースで進めるといい日。なんでも早ければいいわけではないということを周囲にわかってもらえる場面もありそうです。時間をかけることで、結果につながっていくでしょう。
17（水）	■	疲れから、不機嫌さが顔に出たり周りを振り回してしまいそう。思ったよりもストレスがたまっている可能性があるので、休憩時間には好きな音楽を聴いて、心を落ち着かせるといいでしょう。
18（木）	◇	あなたに注目が集まる日。周囲の期待に応えられたり、感謝されるような出来事もあるでしょう。ほかの人の魅力をほめて、背中を押す一言を伝えてみると、さらに味方が集まりそうです。
19（金）	△	うっかりミスや忘れ物が増えそう。面倒でもチェックリストをつくっておくといいでしょう。慌てるとケガをすることもあるので、落ち着いて行動するように。何事もしっかり確認しましょう。
20（土）	◎	親友や家族と縁がある日。久しぶりに食事に誘って、近況報告をしてみるといいでしょう。雑談のなかでいい話が聞けたり、思い出話から刺激を受けて、やる気がわくこともありそうです。
21（日）	☆	運命的な出会いがあるので、人とのつながりを大切にしましょう。買い物をしたり、髪を切るにもいい運気です。運を味方にできる日なので、積極的に行動するといいでしょう。
22（月）	▽	日中は、思った以上にいい流れに乗れそう。満足のいく結果も残せるでしょう。夕方あたりからは、自分の考えを押しつけすぎると、気まずい空気になってしまいます。自分だけが正しいと思い込まないよう注意しましょう。
23（火）	▼	自己流にこだわりすぎると、トラブルや面倒事を引き起こしそう。深呼吸をして考えを改めたり柔軟な発想を心がけることで、学ぶことの多さに気づけるはずです。自分とはタイプの違う人のアイデアも受け入れてみましょう。
24（水）	×	空回りしやすい日。あなたの過信がすべての原因なので、謙虚な心をもつことが大切です。何事からも学べるという姿勢を忘れないで。年下から教えてもらえることにも感謝しましょう。
25（木）	▲	うっかりが重なり、失くし物や忘れ物が多くなりそう。言葉足らずが原因で、相手の機嫌を損ねることもあるので気をつけて。身の回りをきれいに整えると、運気の流れがよくなるでしょう。
26（金）	○	小さなことでもかまわないので、新たな挑戦をしてみるといい日。入ったことのないお店を訪れてみたり、頼んだことのないメニューを選んでみると、おもしろい発見がありそうです。
27（土）	○	髪型を少し変えたり、いつもと違う雰囲気の服を購入するのがオススメ。大人っぽい感じのお店に行って、季節と年齢に見合った服を選んでみて。
28（日）	□	計画を立てて行動してみるといい日。自分の想像と違う方向に行くことを「おもしろい」と思えると、豊かな人生を過ごせるようになるでしょう。計画通りに進まないことまでまるっと楽しんでみて。
29（月）	■	無理は控えたほうがいい日。体力があるからと過信せず、疲れた体をいたわることも必要です。今日は予定を詰め込まないように。外出するなら、マッサージやエステなど、心身を癒やすために時間を使ってみるといいでしょう。
30（火）	◇	告白されることや、勢いで交際をスタートさせてしまうことがありそうな日。以前から知っている人が相手なら問題ありませんが、知り合って間もない人なら、周囲に意見を聞くようにしましょう。

☆開運の日　◎幸運の日　◇解放の日　○チャレンジの日　□健康管理の日　△準備の日
▽ブレーキの日　■リフレッシュの日　▲整理の日　×裏運気の日　▼乱気の日　＝運気の影響がない日

5月

▼乱気の月

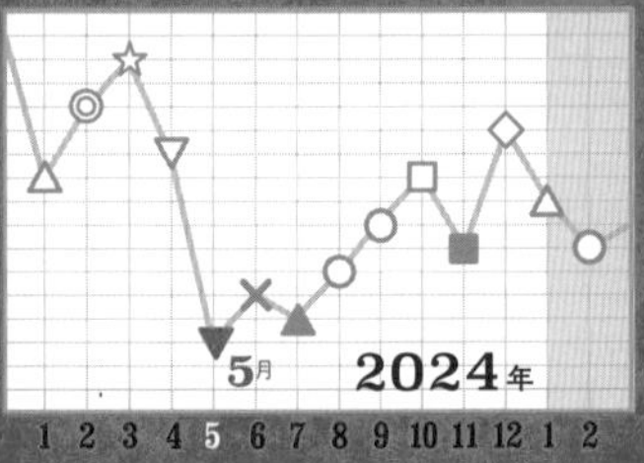

今月の開運3か条

- 自分の考えだけが正しいと思わない
- 相手を認めてほめる
- 無駄な夜更かしをしない

総合運

ワガママや自己中心的な考えはNG。周囲への思いやりを大切に

自分の思い通りになると思って突き進むと、周囲との関係が悪くなったり、これまで協力してくれた人とも距離ができてしまいそうです。今月は考えや言動が思った以上にワガママで自己中心的になり、周りへの思いやりが欠けてしまう場合が。自分だけが頑張ればいいと思っていると、のちに大きな苦労をしてしまうので、人にはやさしく親切に接しましょう。人によって、考え方や立場、状況が違うということも忘れないように。

開運のつぶやき　心配してもはじまらない。信じるからはじまることが多いもの

恋愛&結婚運

結婚するなら相手の意見に合わせるのが吉

自分だけが正しいと思い込んで、恋人に考えを押しつけないように。相手の気持ちが冷めたり、急に離れてしまう原因になりそうです。甘えすぎず、思いやりを忘れないようにしましょう。新しい出会いは期待が薄い時期。すでに知り合っている人なら問題ありませんが、今月初対面の人とはタイミングが悪く、うまくいかないケースが多そうです。結婚運は、相手の意見や考えに合わせたほうが、話が進みやすくなるでしょう。

仕事運

空回りしやすい月。冷静に自分を省みること

これまでと同じように取り組んでいても、周囲と波長が合わない感じがしたり、空回りしやすい時期。「自分は間違っていない」と意地を張らず、「どこか悪いところはないか?」と冷静になりましょう。誰もがみな、あなたほどの忍耐力をもっているわけではありません。とくに後輩や部下と仕事をするときは、少しペースを落としたり、みんなで頑張れる方法を考えてみましょう。仕事終わりに食事会や飲み会を主催するのもよさそうです。

金運&買い物運

サブスクの契約は避けて

勢いで買い物をすると、不要なものを購入したり後悔する場合があるので気をつけましょう。とくに、高額なものやローンの借入は、あとで苦しむ原因になるおそれがあるため、考え直すように。収入面で大きく崩れる心配はありませんが、無駄遣いが癖になりやすい時期です。なんでも簡単に購入せず、サブスクの契約など、固定費を増やすようなことにお金を使うのも避けておきましょう。

美容&健康運

歯石除去や虫歯チェックを

急激な体調の変化はなくても、疲れがゆっくりたまっていく時期。今月はしっかり体を休ませて、少しでも異変を感じるところがあれば検査を受けるように。しばらく歯医者にかかっていない人は、歯石の除去や、虫歯のチェックをしてもらいに行きましょう。運動をするなら激しいスポーツよりも、ウォーキングをしたり、歩く距離を少し増やすのがよさそうです。睡眠を多めにとることも大事なので、夜更かしは避け早めに寝ましょう。

開運のつぶやき　イライラ、ビクビク、クヨクヨは、不運を引き寄せる

5月

▼乱気の月

1（水）	△	寝坊や遅刻、確認ミスなど、自分でも驚くほど単純な失敗をしそうな日。重要な情報の取り扱いには十分注意するように。今日はなるべく早く帰宅し、明日に備えましょう。
2（木）	○	あなたの予定や気持ちを乱す人に会ってしまうかも。ハッキリ断ることや、距離をおくことを躊躇しないようにしましょう。たとえ家族でも、波長が合わない人はいるということを覚えておいて。
3（金）	○	うっかり余計なものを購入したり、契約したりすると後悔しそうな日。「安くなる」「割引」「いまだけお得」という売り文句は、損する可能性が高いので注意すること。今日は、お金をできるだけ使わずに楽しむ工夫をしましょう。
4（土）	▽	日中は、あなたの気持ちがきちんと伝わりそう。真剣に話をすることで、相手の心が動くでしょう。夕方になると、周囲に振り回されたり、予定通りに進まないことが増えてしまいそうです。
5（日）	▼	心配なことが起きたり、相手の都合に振り回されることが増えそうな日。どんな物事にもプラスとマイナスがあることを心に留めて、プラス思考で乗り切りましょう。
6（月）	×	あいまいな返事をすると、面倒なことになるかも。難しいと思ったときは、気まずい空気になるのを覚悟してでも、ハッキリ断りましょう。疲れやストレスもたまりやすいので、無理はほどほどに。
7（火）	▲	やる気を失ったり、集中力が続かなくなってしまう日。気になる場所をドンドン片付けるなど、思い切って掃除をしてみるといいでしょう。あなたの凝り固まった気持ちが切り替わり、やる気と集中力が復活するでしょう。
8（水）	＝	不慣れなことを任されそうな日。嫌々取り組んでも身にならないので、学べる点を考えながら仕事をするといいでしょう。何事からも学べることを忘れないように。
9（木）	＝	お世話になった人や年下の人にご馳走するといい日。会話では質問上手を目指して聞き役に回ると、充実した時間を共有できるでしょう。他人と触れ合うことで、人は強くなれるものです。
10（金）	■	完璧を目指すのもいいですが、雑なところがその人の個性になる場合もあります。すぐに周囲の人にイライラしたり、ダメだと思ったりしないで、個性や愛嬌だととらえるといいでしょう。
11（土）	■	体調を崩したり、疲れを感じやすい日。今日は無理せず、ひとりの時間を大切に。胃腸に負担をかけないよう、食事はあっさりしたものを選ぶようにしましょう。
12（日）	◇	過度な期待をするとガッカリしそうな日。とくに何も起きない平和な1日を送れるのは、幸せなことだと忘れないようにしましょう。素敵な言葉に出会えたり、おいしいものを発見することもありそうです。
13（月）	△	ミスが増えたり、集中力が続かずダラダラして疲れてしまいそう。転んでケガをする、操作ミスをしてやり直しになるなど、自分にガッカリする出来事もあるかも。気を引き締めて過ごしましょう。
14（火）	＝	昔の恋人や悪友など、会いたくない人から連絡がきたり、偶然会ってしまうことがありそう。押しが強い相手だとしても、嫌なときはハッキリ断りましょう。嫌いな人に注目するほど人生はヒマではありません。
15（水）	＝	数字やお金、時間にこだわって仕事をすると、いい結果につながる日。無駄な動きをしないよう計算して行動しましょう。仕事帰りに買い物をすると、いいものを手に入れられそうです。

開運のつぶやき　苦しくつらいときほど、「あと一歩で流れが変わる」ということを忘れずに

16（木）	▽	移動がスムーズだとうれしいですが、スムーズすぎる旅行は楽しみが減ってしまうもの。今日は夕方あたりから、無駄な遠回りをすることがありますが、「人生の旅」だと思って気持ちを切り替えてみるといいでしょう。
17（金）	▼	自分の気持ちや考えが周囲に理解されないと嘆く前に、自分も相手の気持ちや考えを理解できていないことに気づきましょう。人生は思い通りにならないことを楽しむ必要があると、心に留めておいて。
18（土）	×	今日と明日は、無理せず体を休ませ、ゆっくり過ごしましょう。すでに予定が入っている場合は、些細なことでムッとしないよう気をつけて。笑顔で過ごすようにしましょう。
19（日）	▲	恋人や身近な人と言い争いになりやすいので、言葉には十分注意すること。反論したいことがあるなら、日を改めましょう。また、部屋の片付け中に大事なものを壊すこともありそうなので気をつけて。
20（月）	＝	ちょっとしたことでもいいので、新しいことに挑戦してみましょう。「難しい」「無理」などと思わずに、まずは取り組んでみること。何事も簡単に諦めなければクリアできるものです。時間をかけることの大切さを忘れないようにしましょう。
21（火）	＝	「押し付けられている」ではなく、「求められている」と受け止めて、もっと仕事を好きになる努力をすることが大切です。雑用も、一生懸命に取り組めば大事な仕事になると覚えておいて。
22（水）	■	後回しになっていることや、やり残していることがあるなら、早めに手をつけましょう。読みかけの本をもう一度読みはじめたり、片付けが中途半端な場所をきれいに整えるのもいいでしょう。
23（木）	■	季節のものを意識して食べるといい日。旬の野菜やフルーツを調べてみましょう。仕事の合間や休憩時間には、ストレッチや軽い運動をして体をほぐしてみて。
24（金）	◇	目立ちたくないタイミングで目立ったり、注目を集めてしまいそうな日。今日は、しっかり仕事をしておくように。サボっているときに限って、上司が見ていることがありそうです。
25（土）	△	判断ミスをしやすい日。自分のことより、相手やほかの人のことを優先して決めるといいでしょう。甘い誘惑や儲け話には裏があるので気をつけて。
26（日）	＝	しばらく足を運んでいなかったお店に、ごはんを食べに行くといい日。思い出の場所を訪れるのもオススメなので、思い浮かぶところに行ってみましょう。多少突然でも、親友を誘ってみるのもいいでしょう。
27（月）	＝	ネットでの買い物に要注意。不要なものや送料が高くつくものを買ってしまいそうです。うっかりだまされてしまうことも。仕事でも、数字や時間をもっと意識してみましょう。
28（火）	▽	日中は、いいアイデアが浮かび、満足のいく結果も出せそう。夕方以降は、タイミングの悪さを感じたり周囲に振り回されたりと、隙ができやすくなるので気をつけましょう。
29（水）	▼	自分でもびっくりするようなミスをしやすい日。失敗したときは、ヘコむ前に原因を考えましょう。何事にも必ず理由があるということを忘れずにいれば、同じ過ちを繰り返さずに済みます。
30（木）	×	他人に過度な期待をしていると、ガッカリするハメになりそう。無駄にイライラせず、次に期待するといいでしょう。他人を尊敬し、感謝することができるよう、自分を成長させましょう。
31（金）	▲	人と距離をおいたほうがよさそうな日。職場の人や恋人と噛み合わなかったり、ムッとする出来事があるかも。ひとりでいる時間をつくり、身の回りをスッキリさせるといいでしょう。

6月

×裏運気の月

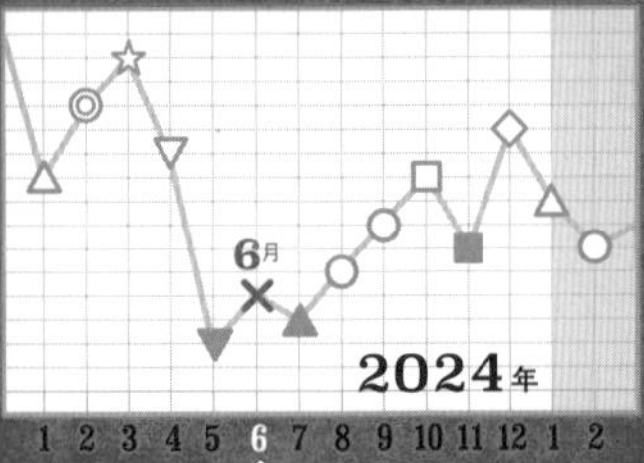

今月の開運3か条

- 意地を張らない
- 間違いは素直に認める
- チームワークを大切にする

総合運

判断ミスに気づいたら すぐに認めて軌道修正を

間違った選択をしやすい時期。誘惑に負けたり、ふだんなら入らないようなグループに参加し、面倒なことになってしまいそうです。直感が大きく外れるときでもあるので、間違えたと思ったらそのままにせず、すぐに引き下がって軌道修正を。トラブルが起きたときも、無駄な意地を張ったり耐えたりしないように。必要なときは間違いをしっかり訂正しましょう。今月は何事も裏目に出やすい時期だと思って、慎重に行動すること。

開運のつぶやき　嫌うからよさが見えないだけ。見えないから嫌うだけ

「合わせることが愛」と肝に銘じて恋人と接して

恋人のいる人は、相手に疑問を感じたり、噛み合わないところやノリの合わない部分に気づきそうです。じつは問題はあなたのほうにあるので、相手のせいにせず、「合わせることが愛」だと思って歩み寄りましょう。それができないときは、愛情が足りないか、相性が悪いのかもしれません。新しい出会い運は、期待が薄いので無理しないように。結婚運は、断られたときに別れる覚悟があるなら、ダメ元でプロポーズをしてもいいかも。

楽しく仕事ができるよう工夫することが大事

仕事に対してやる気がなくなっているのに、意地とプライドだけは高くなってしまいそうな時期。自分の負けや失敗、勘違いを素直に認められず、トラブルを引き起こしてしまうこともあるので、周囲に迷惑をかけないよう気をつけましょう。今月はチームワークを大切にしたり、周囲に合わせてみるなど、楽しく仕事をする工夫を怠らないことが大切です。面倒なことに巻き込まれる場面があっても、自分のことばかり考えるのはやめましょう。

意外なものが手に入るかも

予想外の出費が増えそうな月。ふだんなら購入しないようなものにも手を出してしまいがちなので、買う前に冷静に考えましょう。「裏運気の月」は意外なものを得られる時期でもあります。レアなライブのチケットが当たることもあるので、気になるものに応募してみましょう。ただし、大きな買い物は避けること。すぐに壊れたりのちに面倒なことになりそうです。投資などの資産運用も、損してもいいと思える程度の少額で行っておきましょう。

高額なエステは後悔しそう

美意識が低下するというより、変化しやすい月。急に派手になったり、目立つファッションに興味がわきそうです。あとで使わなくなる服やアクセサリーを買ってしまう場合も。「今月だけの特別」と思って楽しむなら問題ないですが、エステなどの高額な契約は後悔するため気をつけましょう。ふだん気にしていなかった部分を思い切ってきれいにするのはいいので、冷静に判断しましょう。健康運は、不調を感じたときは無理をせず早めに病院へ。

6月

×裏運気の月

1（土）	=	しばらく会っていなかった友人に連絡してみるといい日。近況報告をすると、前向きな話や有意義な情報交換ができそうです。あなたが教えられることがあれば、ドンドン伝えてみましょう。
2（日）	=	新たな出会いがありそうですが、ノリが合っても急に距離を縮めようとしないように。夏ごろからゆっくり仲よくなれそうです。今日は、新しい服を着て出かけるといいでしょう。
3（月）	■	現実をしっかり受け止め、今後についてよく考える必要がある日。頑固になりすぎないことや、自分の都合ばかり考えないことを意識しましょう。周囲の人や支えてくれた人のために頑張ってみて。
4（火）	■	一生懸命になるのはいいですが、限界を感じるまで頑張りすぎないこと。疲れないように、少しペースを落とすか、無理だと思ったら早めに助けを求めましょう。
5（水）	◇	どんな人にでもいいところはあるもの。意見の合わない相手のこともしっかり観察して、いいところを探してみましょう。周囲にいる親切な人や、やさしい人の存在に感謝することも忘れないように。
6（木）	△	集中力が途切れたり、誘惑に負けてしまうことがありそうな日。思い込みで大きなミスをする場合も。気を引き締めて1日を過ごし、確認作業も怠らないようにしましょう。
7（金）	=	昔からつながりのある人や、付き合いの長い人に助けられそうな日。困ったときや考えすぎてしまったときに連絡してみると、いいアドバイスが聞けたり、励ましてもらえるでしょう。
8（土）	=	外出するのはいいですが、予想外の出費には要注意。ふだんなら必要ないと思うようなことに、ついついお金を使ってしまうかも。うっかりだまされてしまう場合もあるので気をつけて。
9（日）	▽	日中は、友人を誘って食事に出かけると楽しく過ごせます。夕方以降は、他人と一緒にいると自分のペースを乱されてイライラしてしまいそう。好きな音楽でも聴きながら読書をするなど、のんびり過ごすといいでしょう。
10（月）	▼	頑張りを認めてもらえないどころか、努力を否定されてしまいそうな日。勝手に期待しているとガッカリすることになるかも。人からほめられなくても、努力は続けるようにしましょう。
11（火）	×	今日は「修業をする日」だと思って、何事も素直に受け止めることが大切です。イラっとしても顔には出さないように。苦しいことや面倒なことを避けていると、成長が止まってしまうでしょう。
12（水）	▲	ちょっとでもいいので朝から身の回りを整えるようにしましょう。職場に少し早く行ってデスクをきれいにしたり、仕事道具の手入れをすると、自然とやる気がアップしそうです。
13（木）	=	付き合いが長い相手のことほど、「理解したつもり」になってしまうもの。今日は他人に過度な期待をすると、ガッカリしそうです。自分の考えを押しつけず、一歩引いて相手の成長を見守りましょう。
14（金）	=	不慣れなことに直面しそうな日。苦手なことを避けてばかりいては、同じことの繰り返しになってしまいます。少しでも克服できるよう努力すると、周囲も頑張りを認めてくれて、人間関係がよくなってくるでしょう。
15（土）	■	今日と明日は体によさそうなことを試してみましょう。健康的な食事を意識したり、軽い運動をするのもオススメ。夜の飲酒や食べすぎは避け、ゆっくり湯船に浸かってから早めに寝ましょう。

開運のつぶやき　幸運をつかむ人は、失敗を前向きにとらえる癖を身につけている

16（日）	■	昨日、体のことを考えて行動できた人はスッキリ目覚められたり、いい1日を過ごせそう。疲れをためてしまっていたら、昼寝をする時間やのんびりする時間をつくっておきましょう。
17（月）	◇	不思議と目立ってしまう日。努力してきた人は能力を認められるでしょう。サボってしまった人は弱点を突っ込まれる場合があるので、気を引き締めておくように。
18（火）	△	うっかりミスや忘れ物をしやすい日。確認せずに「大丈夫」と思い込んでいると、あとで焦ることになりそうです。些細なことでもしっかり確認しましょう。
19（水）	＝	日中は、これまでの経験を活かせるので、問題が起きても上手に乗り越えられるでしょう。夕方あたりからは、出費が増えたり後輩や部下にご馳走する流れになりそうです。楽しい時間を大切にすると、いい人間関係を築けるでしょう。
20（木）	＝	アップダウンの激しい日になりそう。仕事が順調に進んでいると思ったら、人間関係のゴタゴタに巻き込まれてしまったり、恋愛で残念な思いをするようなことがあるかも。
21（金）	▽	日中はテンポよく仕事ができて、周囲とも協力し合えそう。ときには勢いで決めることも大切になるでしょう。夕方以降は、思わぬところでミスをして、自分の至らない点が見えてしまいそうです。
22（土）	▼	突然予定がキャンセルになるなど、物事が順調に進まない日。10分前行動を意識して早めに準備しておけば、問題は避けられそう。モタモタしていると渋滞にハマって、焦ってしまうようなことがあるかも。
23（日）	×	気が緩みやすい日。財布やスマホを置き忘れるといった、派手なドジをしてしまうかも。段差や階段で転んでケガをすることもあるので、足元にはくれぐれも気をつけましょう。
24（月）	▲	いまやるべきことに集中しましょう。余計なことばかり考えていると、信頼を失うようなミスをすることがありそうです。時間があるときは、身の回りの掃除や整理整頓をドンドン進めておきましょう。
25（火）	＝	過去に得た知識が役立ちそうな日。雑談が盛り上がって仕事がうまくいったり、いい人間関係をつくることができそう。口下手なら、周囲の人の個性や才能をメールなどでほめてみるのもいいでしょう。
26（水）	＝	新しい人と会話するときは、過去にほかの人と盛り上がった話をするのがオススメ。勝手に緊張したり、遠慮しないようにしましょう。人生は、「初対面」が多いほうが楽しいものです。
27（木）	□	ひとりの時間がどれほど心地よくても、それだけでは成長できません。他人と交わる空間に身をおき、コミュニケーション能力を鍛えましょう。友人や知人の趣味に付き合ってみるのもいいでしょう。
28（金）	■	今週の疲れが一気に出てしまいそうな日。今日は無理な残業などはしないで、早めに帰宅しましょう。強引な人から飲み会に誘われて断れない場合は、なるべく短時間で帰るようにしましょう。
29（土）	◇	気になる人をダメ元で食事に誘ってみると、OKしてもらえて関係に進展がありそう。相手を楽しませる気持ちを忘れないようにしましょう。デートのあとに送るお礼メッセージも、ていねいな文面を意識して。
30（日）	△	約束をすっかり忘れて寝坊したり、ダラダラして1日を無駄にしてしまいそうな日。休日でも、1日の計画をしっかり立てて行動しましょう。スマホをボーッといじって終わるようなことがないように。

☆開運の日　◎幸運の日　◇解放の日　○チャレンジの日　□健康管理の日　△準備の日
▽ブレーキの日　■リフレッシュの日　▲整理の日　×裏運気の日　▼乱気の日　＝運気の影響がない日

7月

▲整理の月

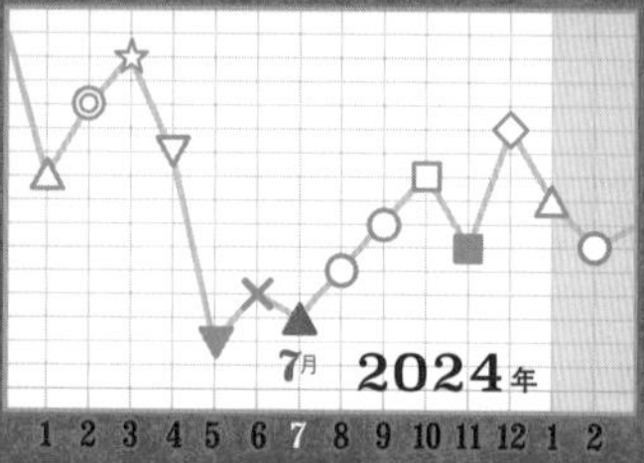

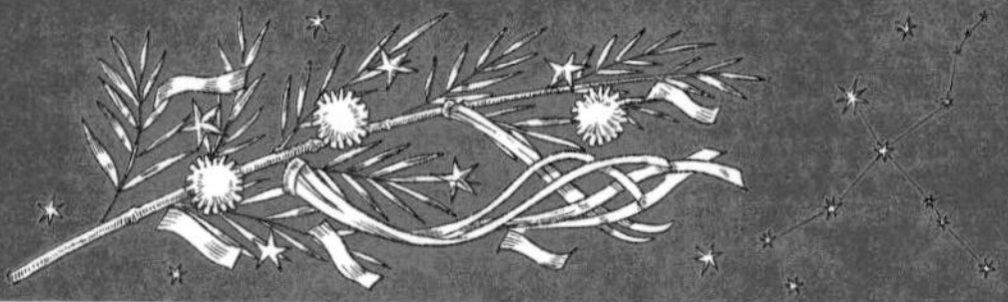

今月の開運3か条

- 弱点や欠点を認めて改善する
- 交流を楽しむ
- 無駄な出費はしない

総合運

「時間泥棒」になっている趣味や遊びからは離れる

中旬までは、ここ数か月の反省や後悔を引きずって、やる気の出ない日が続いてしまいそうです。下旬になれば気持ちをうまく切り替えられたり、自分の弱点や欠点を素直に受け止められるようになって、改善に前向きになれるでしょう。「時間泥棒」になっている趣味や遊びからの卒業や、人間関係の整理にもいい時期です。ただし、思い込みが激しいタイプなので、身近な人や影響力のある人に意見を聞いてから、冷静に判断するようにしましょう。

開運のつぶやき　わからなかったことがわかるから、人生はおもしろい

恋愛&結婚運

自分の悪い癖をすぐに直せばいい関係を維持できる

恋人と気が合わないと思いながら交際しているなら、今月別れを選ぶか、互いに改善すべき点をしっかり話し合ったほうがいいでしょう。あなたの頑固さに、意見するのを諦めて言ってくれない場合もありますが、早急に直す覚悟を決めれば、いい関係に戻れるでしょう。新しい出会い運は下旬から上がりそう。ただ、来月のほうがいいので、準備期間だと思っておいて。結婚運は、独身をやめる決意があるなら、下旬に婚姻届を出すといいでしょう。

仕事運

苦手なことを避けずに人との付き合いを積極的に

5、6月の仕事の結果や取り組む姿勢によって、思っている以上に評価が落ちていたり、あなたの働きに疑問を感じる人が出ている時期。今月は人間関係が整理され、下旬に向かうにつれ仕事はやりやすくなるでしょう。苦手なことを避けてばかりいると、いつまでも成長できず同じことを繰り返してしまいます。人との交流を少しでも楽しんだり、会話を盛り上げる努力をするなど、周囲に気を使ってみるようにしましょう。

金運&買い物運

お金の使い方を見直そう

長く使うものや高価なものの購入は、来月以降がオススメです。今月は、無駄な出費を削ることが重要なので、入っているサブスクや保険を見直してみましょう。ほかにもなんとなく出費していることがないかをチェックして、解約や改善をしておきましょう。いらないものはネットで売ってみたり、欲しい人に譲るとよさそう。投資は、無理にはじめないほうがいいので、来月のために少し貯金しておきましょう。

美容&健康運

外と室内の寒暖差に注意

暑くなりはじめる時期が苦手なタイプなので、注意が必要です。油断していると、外と室内の寒暖差で体調を崩してしまうことがあるでしょう。婦人科系が弱いと感じている人は、今月はとくに気をつけておくように。異変を感じるなら早めに病院で検査を受けましょう。また、雑な行動をして、段差でケガをする場合もありそうです。美容運は、スクワットなどで下半身を鍛えておくと、体力もついていいでしょう。

開運のつぶやき　悩んでも意味はない。何を変えて、どう行動するかを考えることが大切

7月 ▲整理の月

1（月）	＝	自分のことばかり考えるより、周りをサポートすることで実力が発揮できる日。職場の人や、付き合いが長い人の手助けをしてみるといいでしょう。のちに自分が困ったときに、助けてもらえることもありそうです。
2（火）	＝	不要な出費を削るにはいい日。サブスクを解約したり、お小遣いの使い道を計算してみましょう。無駄は必ずあるものなので、できるだけ減らしておくこと。アプリやゲームへの課金は、即やめましょう。
3（水）	▽	午前中はテンポよく進み、気分も晴れやかになりそう。大事な仕事は早めに手をつけておきましょう。午後からは、急な仕事や苦手なことを任される場面があるかも。仕事が立て込んでも慌てず、落ち着いた対応を心がけて。
4（木）	▼	自分が思っている以上に、伝えたいことがうまく伝わらない日。笑顔を心がけていないと、無愛想と思われてしまうことも。笑顔の練習をしてから出かけるといいでしょう。
5（金）	×	自分の考えだけが正しいと思っていると、苦しくなる日。相手にも相手の正義があるので、いろいろな考え方や生き方があることを認められるようになりましょう。世の中には、ソリの合わない人もいることを忘れないように。
6（土）	▲	掃除や片付けをするのがオススメの日。長く使っているものや、「そろそろ買い替えかな」と少しでも思うものがあるなら、今日処分して来月以降に新しいものを買うといいでしょう。
7（日）	＝	最新曲や流行の音楽を聴いてみるといい日。なんとなく避けていたジャンルの映画を観てもいい発見があるかも。ふだん遊びに誘わない人に連絡してみる、その勇気が運命を変えていきそうです。
8（月）	○	一度や二度うまくできなくても、気にしないように。そもそも何事も時間がかかるタイプだと思って、ゆっくり時間をかけて進めることを、もっと楽しんでみるといいでしょう。
9（火）	□	得意なことや慣れたことよりも、未経験のことや不慣れなことを楽しむのが大事な日です。今日の経験はこの先の糧になるので、新しいことに苦手意識をもたないようにしましょう。
10（水）	■	外の暑さよりも、室内の寒さで体調を崩したり、だるさを感じてしまいそう。温かいものや消化によさそうなものを選んで食べましょう。座りっぱなしの仕事をしている人は、合間に屈伸などの軽い運動をしておくといいでしょう。
11（木）	◇	コミュニケーションを大切にするといい日。悩みや不安をひとりで抱え込まず、信頼できる人に話してみるとスッキリしそう。職場に相談できる人がいないときは友人に連絡すると、心も頭のなかもうまく整理できるでしょう。
12（金）	△	寝坊したり、時間を間違えて焦ってしまいそうな日。思い込みでミスをしやすいので、些細なことでもしっかり確認するように。周囲からの指摘や注意にも、耳を傾けることが大事です。
13（土）	○	買い物をするといい日。日用品や消耗品を買いに行くと、気分転換になりそうです。入浴剤や柔軟剤、アロマなどでお気に入りの「香り」を探してみると、楽しい時間を過ごせるでしょう。
14（日）	○	体験や経験にお金を使うことが大切な日。ライブや芝居、映画などを観に行ってみましょう。何を見聞きしてもいいですが、そこから学ぶ気持ちを忘れないように。その作品は何を伝えたいのかを考えてみると、いいヒントを得られそうです。
15（月）	▽	日中はひとりの時間を過ごせたり、ストレスを発散できそう。のんびりするのはいいですが、夕方からは思い通りに進まず、予定が変更になるかも。家族や友人にも振り回されてしまいそうなので、覚悟しておきましょう。

開運のつぶやき　人との別れはつらいけど、「また縁があれば会える」と気楽に考えるといい

16（火）	▼	思わぬ落とし穴にハマってしまいそうな日。噛み合わない感じがするときは、一度立ち止まったり、周囲を確認しておきましょう。勘違いで突き進むと、やり直しが必要になることや、面倒なことになってしまうかも。
17（水）	×	よかれと思ってしたことが裏目に出たり、ミスが多いところを突っ込まれてしまいそう。今日は、新しいことや不慣れなことには手を出さず、自分の得意分野に集中するといいでしょう。
18（木）	▲	身の回りを片付けることが大事な日。置きっぱなしのものや、昔の趣味のもの、着ない服、履かない靴は処分しましょう。「捨てるのがもったいない」ではなく、「使わないものを置く場所代がもったいない」と思うように。
19（金）	○	本来の調子を取り戻せそう。気合を入れて取り組むと、うれしい結果が出るでしょう。付き合いが長い人を誘って食事に行くと、いい話が聞けることもありそうです。聞く耳をしっかりもっておきましょう。
20（土）	○	フットワークを軽くすることで、気持ちも変わり前進できる日。気になった場所には、少し遠くても足を運んでみるといいでしょう。家でじっとしていないで、もっと行動的になりましょう。
21（日）	□	友人や知り合いを集めてみるといい日。雑談のなかから大切な言葉が出てくるので、少し意識しながら会話しましょう。自分とは違う考え方や生き方にもっと興味を示してみると、いい勉強になるでしょう。
22（月）	■	寝不足を感じたり、体が重く思えそうな日。エアコンのききすぎた場所で過ごして、調子を崩してしまうこともあるでしょう。朝からストレッチなどをして少し体を動かしてみるのがオススメです。
23（火）	◇	人から頼りにされることがありそう。負担に思わず、「求められている」と前向きに受け止めましょう。目立つポジションを任されたときは、怖がったり考えすぎたりせず、張り切って引き受けてみて。
24（水）	△	慎重に行動したほうがいい日。慌てるとミスが増えてしまうので、「ていねい」を心がけておきましょう。とくに、言葉が雑になって、自分の意図とは違う意味で伝わってしまうことがあるため気をつけましょう。
25（木）	○	しばらく会っていなかった人から連絡がありそうな日。素敵な人を紹介してもらえる感じがしたら、後日会ってみるといいでしょう。タイミングが合えば、ディナーに誘ってみるのもオススメです。
26（金）	＝	真剣に仕事に向き合うといい日。自分の至らない点をしっかり認めて、改善する覚悟をしましょう。好きなことや得意なことをさらに伸ばす努力も忘れないように。
27（土）	▽	ランチデートをするには最適な日。少し贅沢なランチを食べに行ったり、カフェでのんびりしてみて。夕方くらいからは、家でゆっくりする時間をつくりましょう。早めに寝ることも大切です。
28（日）	▼	期待外れな出来事がある日。順調に進まない状況でも楽しめるよう、考え方や視点を変えてみるといいでしょう。苦手な人も、どこか自分と似ている人だと思って、しっかり観察してみましょう。
29（月）	×	自分中心に考えていると、想定外な出来事が多くなりそうです。他人のトラブルに巻き込まれて、自分のことに手が回らなくなる場合もあるので、用事は早めに片付けておきましょう。
30（火）	▲	諦めの悪いタイプですが、手放すことや離れることで、時間が生まれたり次にできることが見つかるもの。「こだわり」と「執着」は大きく違うので、つまらない執着からは離れましょう。
31（水）	○	周囲からの指摘やアドバイスは、しっかり受け止めましょう。自分以上に、相手はあなたの調子や才能を理解していることもあるものです。耳の痛い話ほど、しっかり聞くように。

☆開運の日　◎幸運の日　◇解放の日　○チャレンジの日　□健康管理の日　△準備の日
▽ブレーキの日　■リフレッシュの日　▲整理の日　×裏運気の日　▼乱気の日　＝運気の影響がない日

8月

○ チャレンジの月

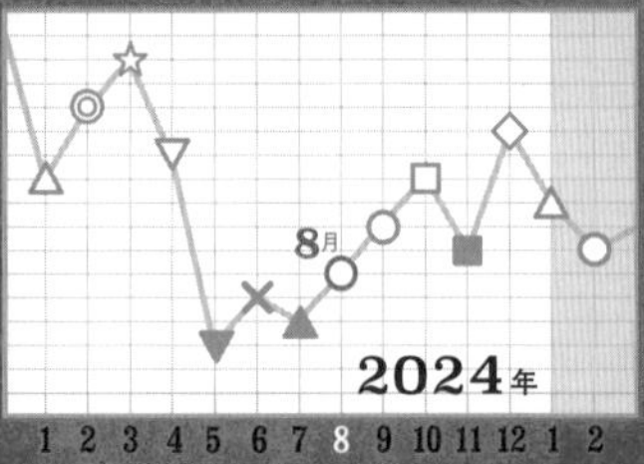

今月の開運3か条

- 年末までに達成できる目標を決める
- 新しい生活リズムをつくる
- 考える前に行動する

総合運

今月から本気で行動すれば流れを大きく変えられる

今月から年末までがラストスパートだと思って、何を守るべきか考えつつも積極的に行動してみましょう。自分の力を出し切れていないと思うなら、全力で取り組むように。流れを大きく変えられたり、幸せになるチャンスをつかむことができるでしょう。少しでも気になったことがあれば、今月から即行動に移すことが大切です。ようすをうかがったり、力加減をしている場合ではないので、この半年間は本気を出してみましょう。

開運のつぶやき 「自分は平凡な人間だ」と思うところから努力がはじまるもの

恋愛&結婚運

ときには妥協も必要。恋人に求める条件は3つまでに

新しい出会いが増え、恋のチャンスも多くなりそうです。ただし、理想を求めすぎるとせっかくの機会を逃してしまうので、世の中に完璧な人はいないことを忘れないように。ときには妥協も必要です。恋人に求める条件は3つくらいにしぼると、素敵な人を見極められるでしょう。2023年末あたりに仲よくなった人がいるなら、今月以降会えるか連絡してみて。結婚運は、高望みしなければうまく話を進められるでしょう。

仕事運

運のよさを活かすために自分の力を出し切ること

やる気をしっかりアピールすることで、新たな業務やレベルの高い仕事を任される時期。待ってばかりいては、せっかくの運を使わないも同然です。年末にかけて、これまでの経験をすべて出し切るつもりで仕事に取り組み、後輩や部下に教えられることはできるだけ伝えてみるといいでしょう。遠慮したりケチケチしたりして、いい流れを止めないように。積極的になることで楽しさを実感できそうです。

金運&買い物運

自己投資にお金を使って

新しいものが欲しくなる時期ですが、今月からは貯金することも考えながら生活するといいでしょう。ここ1、2年を振り返って納得がいかないと感じる場合は、今月から引っ越しの準備をはじめること。早く環境を変えるためにお金を貯めておくことも大切です。いい勢いで過ごせている人は、今月は自己投資を行ってみましょう。勉強や資格取得のためにお金を使ったり、イメチェンをしてみるのもオススメです。

美容&健康運

生活習慣を改善しよう

今月から半年間は、健康的な生活リズムを意識することが大切です。定期的な運動やストレッチをはじめてみましょう。食事のバランスを整えたり、飲酒を控えめにして休肝日をつくるのもよさそうです。睡眠を1時間でも長くとるなど、少しずつでもいいので、これまでの生活を改善していくよう心がけましょう。美容運は、今月から気持ちを入れ替え、無理のないダイエットをスタートさせるといいでしょう。

開運のつぶやき 「変わりたい」ではなく、「成長しなければ」と思うと、人生は変わりはじめる

8月

○チャレンジの月

1（木）	○	なんでもひとりでやろうとするより、協力者を見つけることが大切。もっと気持ちをフラットにして、信頼できる人を増やす努力をしましょう。他人を認めることで、自分の気持ちも楽になるでしょう。
2（金）	□	自分はその気になればやれると信じ、思い切って行動するといい日。考えてばかりでじっとしていると、流れにうまく乗れなくなってしまうでしょう。
3（土）	■	思った以上に疲労がたまっている場合があるので、今日はゆっくり過ごしましょう。遊びに出かけると一気に疲れてしまうかも。暑い場所には長居しないほうがいいでしょう。
4（日）	◇	意外な人から遊びに誘われることがありそう。気が乗らなくても、誘ってもらったことに感謝しましょう。少しでも気になる人がいるなら、連絡してみるといいきっかけができそう。
5（月）	△	周囲によろこんでもらえることを最優先するといい日。「人の笑顔を誘う行動」をしてみましょう。少し勇気が必要ですが、サービス精神を発揮すると、人生を大きく変えられるでしょう。
6（火）	◎	付き合いの長い仕事仲間と前向きな話ができたり、後輩や部下にこれまでの経験を伝えることで相手の能力を伸ばすことができそう。友人と連絡をとり合って、夏休みの計画を立てるにもいい運気です。
7（水）	☆	今日真剣に仕事に取り組んでみると、いい結果を残せるでしょう。買い物をするにもいいタイミング。時間がなければネットで購入してもいいですが、できればはじめて行くお店で買い物をするのがオススメです。
8（木）	▽	じっくり考えてから行動に移すタイプですが、今日の午前中は、「即行動」が大切です。多少強引でもかまわないので、積極的に動いてみましょう。夕方あたりからは、誘惑に負けやすくなるため要注意。
9（金）	▼	相手に不満を抱く前に、「自分はつねに最善をつくしているのか」と振り返ってみるといいでしょう。どんな人にも体調の良し悪しや、いろいろな事情があることを忘れないように。許す気持ちをもちましょう。
10（土）	×	急に予定が変わったり、期待外れな出来事が起こってムッとしてしまいそう。予想外なことに不機嫌になるのではなく、「想定外を楽しむ」くらいの気持ちで過ごしましょう。
11（日）	▲	クローゼットや収納棚の整理をするといい日。幼稚なものや、何年も使っていないものは思い切って処分しましょう。ネットオークションやフリマに出品してみると、思わぬ高値がつくかも。
12（月）	○	少しでもかまわないので、新しいと思えることに挑戦することが大切な日。イメチェンをしたり、最近できたお店に足を運んでみるといいでしょう。ふだんと違うリズムを楽しんでみて。
13（火）	○	年下の人と話すと、自分とは異なる感覚で生きていることがわかり、時代の変化を実感できるでしょう。いい勉強になったり、のちのヒントやアイデアにつながる場合もあるので、じっくり話を聞いてみましょう。
14（水）	□	年内に達成したい夢や希望について、真剣に考えてみるといい日。半年以内にできそうなことは何か、想像してみましょう。諦めるにはまだ早いので、少し難しそうな目標でも思い切って掲げてみましょう。
15（木）	■	健康的な生活を意識してみて。自分で思っている以上に暑さに弱いタイプなので、紫外線と暑さへの対策を忘れずに。夏バテしないようスタミナのつくものを食べるのもオススメです。

開運のつぶやき　やる気は待っていてもやってこない。行動した先にやる気はあるもの

16（金）	◇	あなたの魅力や素敵なところが表に出る日。チャンスをつくってくれる人や、協力してくれる人も現れそうです。素直によろこびや感謝を伝えて、最善をつくしてみましょう。
17（土）	△	気になっていたイベントやライブに行くといいでしょう。友人や知人を誘ってみると、思った以上に楽しめそうです。ただし小さな失敗もしやすいので、確認は怠らず、ていねいに行動しましょう。
18（日）	◎	読みかけの本を読み直したり、中途半端になっていることに手をつけてみるといい日。当時は理解できなかった人の魅力に気づける場合もあるので、友人や知り合いの集まりにも顔を出してみましょう。
19（月）	☆	積み重ねてきたことが評価される日。仕事の楽しさを実感でき、いい結果も残せそうです。さらに真剣に仕事に取り組んでいると、あなたの姿に心を打たれた協力者が現れることもあるでしょう。
20（火）	▽	ドジな失敗をしやすい日。ドリンクをこぼしたり、忘れ物や遅刻をしてしまいそう。ファスナーが開いていることに気づかず1日を過ごしてしまうようなことも。ドジを踏まないよう気をつけて生活しましょう。
21（水）	▼	周囲との流れやリズムが合わない日。自分のペースだけで推し進めるのではなく、少し周りに合わせたほうがいいでしょう。ゆっくりしすぎていると、人に迷惑をかけてしまう場合がありそうです。
22（木）	×	自分勝手な判断をしやすくなったり、周囲の意見が耳に入らなくなってしまいそう。頑固なところや意地っ張りな部分が悪い方向に出やすいので、臨機応変な対応や上手に受け流すことを心がけましょう。
23（金）	▲	忘れ物や失くし物をしやすい日。財布やスマホを持ってきたつもりが忘れていて、慌ててしまうことがありそうです。出かける前には持ち物を確認し、身の回りも片付けておくと、災難は避けられるでしょう。
24（土）	○	今日と明日は、「新しい」に敏感になって過ごしてみましょう。定番のものや、いつもと同じような選択はしないように。新メニューや新しくオープンしたお店、行ったことのない場所を選んでみて。初対面の人に期待してみるのもよさそうです。
25（日）	○	はじめて行く場所で、素敵な出会いや経験ができる日。フットワークを軽くして、好奇心旺盛に動き回ってみましょう。イメチェンをするために、はじめての美容室に行くのもオススメです。
26（月）	□	自分の進みたい道が、いまの生活や努力の延長線上にあるのか、しっかり考えるといい日。何を積み重ね、何を学ぶといいのか、そうするとどんな未来が待ち構えているのかを想像してみましょう。
27（火）	■	夏バテで疲れがたまっていることを実感しそう。今日は無理をせず、ゆっくり仕事を進めましょう。不調を感じるときは、我慢せずに休むこと。
28（水）	◇	素敵な人に思い切って話しかけたり、仕事でも自分の意見をしっかり伝えてみるといい日。今日は、思った以上にあなたの魅力がアップしているので、いい縁やきっかけをつかめそうです。
29（木）	△	周りの人の言葉や態度に振り回されてしまいそう。平常心を忘れず、冷静な判断を心がけましょう。小さなミスもしやすいので、確認作業はしっかり行ってください。
30（金）	◎	実力がアップしていることを実感できそうな日。多少面倒事を押しつけられたとしても、その場でうまく対応できたり、周りを活かすこともできそう。遠慮せずに思い切って取り組みましょう。
31（土）	☆	今日買ったものは、あなたのラッキーアイテムになります。家電の買い替えを考えているなら、購入するといいでしょう。気になるお店に行ってみると、お得なものを見つけられることも。引っ越しの契約にもいい日です。

☆開運の日　◎幸運の日　◇解放の日　○チャレンジの日　□健康管理の日　△準備の日
▽ブレーキの日　■リフレッシュの日　▲整理の日　×裏運気の日　▼乱気の日　＝運気の影響がない日

9月

○チャレンジの月

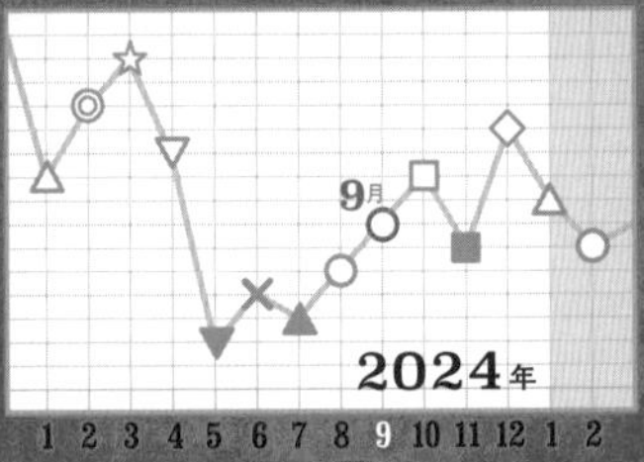

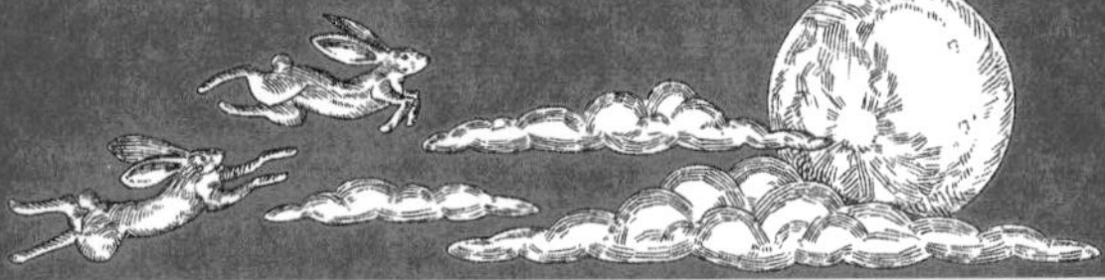

今月の開運3か条

- 後輩や部下の面倒を見る
- 資格取得やスキルアップにお金を使う
- 睡眠を1時間長くとる

総合運

自分の知識や経験を 後輩や部下に伝えるといい月

やる気が自然とわいてくる時期。積極的に行動すれば、周囲の助けを借りられたり、自分でねらった以上の結果を残すことができ、充実した時間を過ごせるでしょう。できれば今月あたりから、これまで学んできたことや経験してきたことを後輩や部下に伝えておくといいでしょう。若い人の面倒を見ることで、あなたの地盤がさらに固まって、のちの人生に役立つ人脈が育つようになりそうです。

開運のつぶやき　何もやっていないのに、無理だと決めない。やる前から、無理だと思わない

恋愛&結婚運

今月の盛り上がり方次第で年末に結婚話が進むかも

交際期間が2、3か月と短いカップルは、気持ちが冷めてしまうような出来事が起こりそうです。付き合いが長ければ問題はなさそうですが、今月の盛り上がり方次第では、年末の結婚に向けての話が大きく変わる可能性が高くなります。しっかり相手を見極めておきましょう。新しい出会い運はいいので、気になった人とは来月から交際をスタートさせると順調に進むでしょう。結婚運は、相手に合わせすぎないように意識すると、先が見えてきそう。

仕事運

真剣に取り組めばいい流れがもっとよくなる

流れに乗れて、順調に進む時期。積極的に取り組むとさらにいい流れをつくれたり、満足できる結果を出せるので、真剣に仕事に向き合うといいでしょう。若い人との関わりも増えますが、自分の考えや正しいと思うことを押しつけるとうまくいかなくなってしまいます。もっと相手の気持ちを考え、人にはいろいろな考え方や立場、状況があるということを忘れないようにしましょう。

金運&買い物運

固定費を削減し貯金や投資を

スキルアップや資格取得など、自分の成長のためになる出費は問題ないでしょう。ただし、娯楽や趣味に使うお金は、貯蓄やNISAなどに回したほうがよさそうです。固定費を少しでも減らすために、なんとなく出費しているものがないかチェックしたり、スマホの契約なども見直しておきましょう。投資は、自然とうまくいく時期。長く保有できそうなものを選び、ゆとりのある金額でスタートするといいでしょう。

美容&健康運

ヨガで美意識を高めよう

急激に体調を崩す可能性は低いですが、 11月までに人間ドックを予約して、大腸など、内臓の検査をしっかり受けたほうがいいでしょう。女性は、婦人科系の検診も受けておくこと。日常生活でも夜更かしは避け、引き続き睡眠を1時間でも長くとれるよう生活リズムを改善しましょう。美意識を高めるために、ヨガやストレッチなどの軽い運動を定期的に行うのもオススメです。

9月

○チャレンジの月

1（日）	▽	好きな人をランチデートやお茶に誘ってみるといい日。気になる人に連絡してみましょう。夜は、予想とは違った方向に進みやすいので、いつまでも粘らず早めに帰宅しましょう。
2（月）	▼	想像とは違うことが起きそうな日。うまくいかなかったときに不機嫌になるのではなく、「伝え方が悪かったかな」と、自分にも非があると思えるようになると成長できるでしょう。
3（火）	×	古い考え方や自己流のやり方にこだわっていると視野が狭くなってしまいます。自分にはなかった新しい基準を取り入れることが大切。とくに、若い人から学ぶことを楽しんでみるといいでしょう。
4（水）	▲	ていねいに行動することが大事な日。思っている以上に雑な行動をしてしまいそうです。勢いだけでなんとかしようとすると、面倒なことになってしまう場合も。
5（木）	○	交友関係が広がり、新たな人間関係を築けそうな日。自分から、挨拶したり相手に話題を振ってみましょう。声をかけられるまで待っていないで、能動的になることが大切です。
6（金）	○	今日は一気に仕事を片付けるつもりで、気合を入れて取り組みましょう。思った以上に仕事がはかどり、周囲ともうまく協力できそうです。手伝ってくれた人への感謝の気持ちも忘れないようにしましょう。
7（土）	□	気になる習い事をはじめたり、仕事や勉強に役立つ本を読んでみましょう。自分で勝手に限界を決めず、まずはやってみることが大事。一歩踏み込むことで可能性が広がります。
8（日）	■	疲れを感じそうな日。体力が低下して体調を崩してしまうことがあるので、今日は無理しないように。温かいものを飲み、ゆっくりする時間をつくるようにしましょう。
9（月）	◇	今日は片思いの相手といい関係になれそうな運気です。仕事の合間に連絡をとって、週末に会う予定を立ててみるといいでしょう。職場では、重要な仕事や目立つ役割を担当することになるかも。
10（火）	△	集中力が欠けてしまいそうな日。余計なことを考えてミスをしやすいので、気をつけましょう。簡単な仕事や周辺の片付けから手をつけてみると、頭のなかが整理されてミスを避けられそうです。
11（水）	◎	才能や実力が評価され、満足のいく1日を過ごせそう。これまで積み重ねてきた経験を活かして、周囲にアドバイスをすることもできるでしょう。自分の世界に閉じ込もらず、人との交流を楽しみましょう。
12（木）	☆	いい仕事ができたり、手応えを感じられそうな日。明るく元気に仕事をしていると、上司や先輩からほめられることやご馳走してもらえることがあるかも。受けた恩は、後輩や若い人に「恩送り」をしてドンドンつないでいくといいでしょう。
13（金）	▽	周囲から頼りにされる場面や求められることが増える日。期待に応えられる運気なので、最善をつくしてみるといいでしょう。手間がかかることを後回しにすると、時間に追われて面倒なことになりそうです。
14（土）	▼	やる気がなくなっているのではなく、好奇心を忘れているだけ。少しでも気になることがないか、探してみましょう。ただし、刺激的すぎることには首を突っ込まないように。
15（日）	×	気乗りのしない集まりでも参加してみるといい日。学べることを見つけられたり、自分とは違う考え方に触れられそうです。言葉をていねいに扱うよう意識して過ごすことで、人として成長できるでしょう。

開運のつぶやき　違う考え方や違う視点をもつ人に会うことで、人生は簡単に豊かになるもの

16 (月)	▲	今日は、部屋の掃除や片付けをしてから、遊びに行くようにしましょう。とくに予定がないなら、冷蔵庫のなかをきれいにしたり、賞味期限や使用期限の切れているものを処分しておきましょう。
17 (火)	○	自分のやり方を貫くのはいいですが、もっとうまく仕事を進めている人はいるはずです。周囲の人をしっかり観察してみましょう。きれいな所作や言葉遣いなどを少しでも学び、吸収するように。
18 (水)	○	勉強になる出来事がある日。自分中心に考えていると見落としてしまうことがあるので、相手の気持ちをもっと想像してみるといいでしょう。
19 (木)	□	何かを決断するにはいい日。優先順位をしっかり決めてから行動するようにしましょう。大切なことは信頼できる人に相談すると、適切なアドバイスをもらえそうです。「でも」「だって」などの言い訳は禁句にしておきましょう。
20 (金)	■	いましかできない苦労から学ぶ気持ちが大切。言い訳したり他人の責任にしていると、苦労はドンドン大きくなってしまうでしょう。
21 (土)	◇	好きな人とデートできたり、交際がスタートすることがある日。あなたの気持ちを素直に伝えてみましょう。新しい出会い運もいいので、シングルの人はフットワークを軽くしておくとよさそうです。
22 (日)	△	テンションが上がる出来事がありそうな日。楽しく過ごすのはいいですが、調子に乗りすぎてドジなケガをしないように。スマホを落として画面を割ってしまうなど、ガッカリするような出来事も起きやすいので気をつけましょう。
23 (月)	◎	懐かしい人と話すといい日。友人から突然誘われて、会う流れになることも。しばらく連絡していなかった人からデートに誘われたり、急に告白されることもありそうです。
24 (火)	☆	これまで積み上げてきたことに運が味方する日。期待外れだったときは、努力や勉強が足りていなかったことを認めて、今日から学ぶようにしましょう。仕事に役立ちそうな努力をはじめるのもいいでしょう。
25 (水)	▽	午前中は、集中して仕事ができるでしょう。午後からは、ダラダラしたり疲れを感じてしまったりするかも。思い切って忙しくするほうがやる気が出そうです。夜はゆっくり湯船に浸かり、リラックスするのがオススメ。
26 (木)	▼	自分でも悪習慣や悪い癖だとわかっていることを、ついつい繰り返してしまいそうな日。「自分ってダメだな」と反省したフリをするのはやめること。同じ失敗をしないように断ち切るチャンスだと思って、気持ちを切り替えましょう。
27 (金)	×	意外な人と仲よくなれますが、あとで面倒なことになるおそれが。距離感は間違えないようにしましょう。とくに異性の場合、痛い目に遭うことがあるので気をつけてください。
28 (土)	▲	周囲からオススメされたドラマや映画を観たり、話題の本を読んでみるといい日。いままで好きではなかった世界でも、実際に触れてみるとおもしろい発見やいい刺激がありそうです。
29 (日)	○	気になった場所やお店に足を運んでみることが大切な日。「行っても意味がない」などと決めつけないで、「行って、意味をもたせる」くらいの気持ちで、まずは行動してみましょう。
30 (月)	○	少しの勇気を出すことで物事が前に進み、流れをいい方向に変えられる日。商談や交渉などでは、きちんと事前準備をして臨むことで評価される出来事もあるでしょう。ただし、自分の得だけを考えないように。

☆開運の日 ◎幸運の日 ◇解放の日 ○チャレンジの日 □健康管理の日 △準備の日
▽ブレーキの日 ■リフレッシュの日 ▲整理の日 ×裏運気の日 ▼乱気の日 ＝運気の影響がない日

10月

□健康管理の月

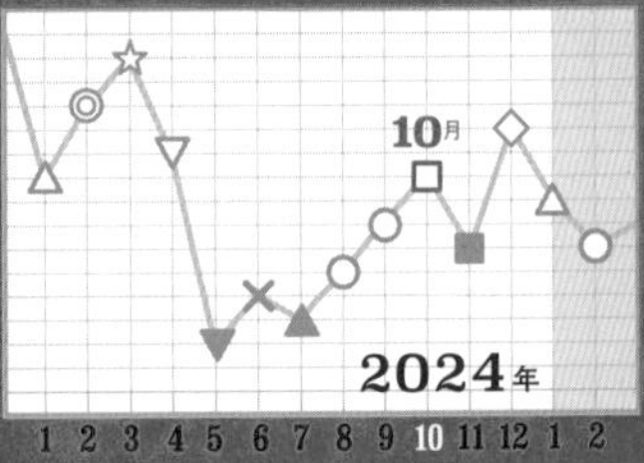

今月の開運3か条

- 覚悟を決める
- ときには諦めることも大事にする
- お金の管理をしっかりする

総合運

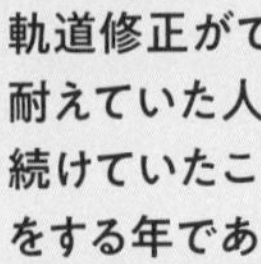

仕切り直せる最後のチャンス。しっかり考えて決断を

軌道修正ができる最後のタイミング。とくに不向きを感じながらも耐えていた人間関係や仕事から離れる決断をするなど、長年思い続けていたことを行動に移すにはいい月です。ただし、大事な決断をする年であった、2023年の「開運の年」に覚悟を決めてはじめたことは、簡単に道を変えたり方向転換をしないほうがいいでしょう。これまでの出来事をしっかり振り返って判断するようにしましょう。

開運のつぶやき　人生に満足したいなら、習慣を変えるといい

恋愛&結婚運

好意を伝えるといい月。ダメなら別の人に目を向けて

交際に発展する可能性が高い運気。好きな人がいるなら気持ちを伝えて、これまでの関係に区切りをつけるようにしましょう。ただ、最初の印象だけで思いが募り、突っ走ってしまうタイプなので、相性の合わない人をいつまでも追いかけている場合も。周りにいる素敵な人を見逃さないよう、進展が難しい人は潔く諦め、ほかの人に注目しましょう。結婚運は、お互いの親に挨拶したり、日どりを決めるにはいいタイミングです。

仕事運

転職活動をはじめるなら今年のうちに

これまでの仕事内容や頑張りが評価されてポジションが変わったり、任されたことへの責任感が出てくる時期。自分を評価してくれる人に感謝して頑張ってみると、これまで以上に楽しくなりそうです。ただし、傲慢にもなりやすいので気をつけて。長年転職を考えていたり職場に不満を感じているなら、転職先を探してみるとすぐに見つかるかも。 2025年になってからの転職は苦しくなるので、いまのうちに決断し行動するといいでしょう。

金運&買い物運

キッチリ支出を管理して

2025年、2026年を過ごすのに困らないくらいの貯蓄があるなら、高額な買い物やローンの契約をしてもいいでしょう。貯金がそこまでない場合は、今月から家計簿をつけたり、NISAをはじめるなどして、キッチリお金を管理することが大切です。アプリへの課金や衝動買い、毎日のコーヒーや間食などへの不要な出費を少しでも抑える癖をつけると、徐々にお金を貯められるようになるでしょう。

美容&健康運

疲れをためない工夫が大事

中旬までは問題なく、健康的に過ごせそうです。ダイエットや肉体改造を考えているなら、上旬からはじめておくと順調に進むでしょう。ジムに通ったり、スポーツのサークルに入るのもよさそうです。気が合うトレーナーに出会えることもあるでしょう。下旬は、疲労から些細なことでイライラしやすくなるため、疲れをためないような工夫を。今月は美意識を高めるにもいい運気なので、中旬までにエステに行くのがオススメです。

開運のつぶやき　他人の人生のお手伝いをすすんでできる人に、幸運はやってくる

10月

□健康管理の月

1（火）	□	どんな仕事でも真剣に取り組むといい日。いい加減な態度で適当に終わらせていると、のちの人生に影響してしまいます。笑顔で楽しく人の話を聞き、挨拶やお礼は欠かさないように。感謝の気持ちを忘れずに1日を過ごしましょう。
2（水）	■	流されている人のほうが腐らないもので、同じ場所に止まっているから心を病んだり腐ってしまうものです。流されることは悪いことではなくいい場合が多いので、もっと素直に流れに乗ってみるといいでしょう。
3（木）	◇	あなたの頑張りがほかの人を笑顔にし、感謝される日。少しくらいの困難なら、勢いで乗り越えられるでしょう。素敵な出会いもあるので、人の集まりに顔を出したり、初対面の人と積極的に話してみましょう。
4（金）	△	何事も「おもしろい」と思って見つめ直すといい日。周囲の人や仕事、道具なども、あらためて見てみると、世の中はおもしろいものであふれていると気づけそうです。自分の個性もおもしろがってみるといいでしょう。
5（土）	◎	今日と明日は、買い物に出かけるにはいい運気なので、服や靴を買いに行ってみましょう。少し贅沢なランチやディナーを食べると、さらに運気が上がります。気になる人を誘ってみると、いい関係に進めるかも。
6（日）	☆	昨日買おうか悩んだものがあるなら、購入するといいでしょう。とくにない場合は、本など勉強になるものを買っておくのがオススメ。仕事に使えるものを購入するにもいい運気です。
7（月）	▽	日中は強気で勝負したり積極的に行動すると、いい結果に恵まれそう。夕方以降は疲れがたまり、イライラしてしまうことも。愚痴っぽく聞こえる話は聞き流しておきましょう。
8（火）	▼	自分が理解できないからといって、簡単に否定しないようにしましょう。とくに、人が楽しんでいたり、おもしろがっている趣味に対して、余計な口出しをすると、気まずい空気になってしまいそうです。
9（水）	×	苦労や困難から逃げていると、得られるものが少なくなってしまいます。成功は、忍耐強く努力し、待ち続けた結果としてもたらされるもの。現状のマイナス面ばかりに目を向けないようにしましょう。
10（木）	▲	自分のイメージ通りに進まないからといって、ヘコんだりイライラしていると疲れるだけ。思い通りにならないことを楽しんで、意外性をおもしろがってみるといいでしょう。
11（金）	○	人の輪が広がりそうな日。はじめて会う人とも共通の話題で意気投合できたり、素敵な人脈につながるでしょう。仲間の集まりにはできるだけ参加して、いい出会いを引き寄せましょう。
12（土）	○	外出するにはいい日。はじめて行く場所で発見がありそう。何かおもしろいことがないか楽しみながら周囲を観察すると、いい出会いがあったり、素敵なことを見つけられるでしょう。
13（日）	□	今日は、時代の流れや環境の変化に敏感になっておくことが大切です。自分の生き方にこだわりすぎていると、周りや時代に取り残されてしまいそう。
14（月）	■	しっかり体を休ませて、のんびりするといい日。予定を詰め込みすぎるとヘトヘトになってしまいそうなので、昼寝をしたり読書や音楽をゆっくり楽しんでみましょう。スマホからはできるだけ離れて過ごすように。
15（火）	◇	好きな人といい関係に進めそうな日。相手の出方を待っていないで、自分から連絡してデートの予定を立てましょう。一度だけ遊んでその後連絡をとっていない人がいるなら、思い切ってメッセージを送ってみるといいでしょう。

開運のつぶやき　近道を探すより、あえて遠回りしてみると、流れを変えることができるもの

16（水）	△	興味がわいてから行動するのもいいですが、取り組んでみてはじめて興味がわくこともあるもの。今日は、まずはやってみるとおもしろいことを見つけられそうです。
17（木）	◎	付き合いの長い人から楽しいお誘いがありそうです。話の流れから素敵な人を紹介してもらえたり、前向きな話やいい仕事の話ができることも。自ら連絡してごはんに誘うにもいい日なので、手土産を用意して会ってみるのが吉。
18（金）	☆	大事な決断や覚悟をするといい日。いまの仕事を続ける覚悟を決めることで、運を味方につけられるでしょう。嫌々やっている仕事なら、転職の覚悟を決めて動き出しましょう。
19（土）	▽	日中は運気がいいので、気になる人がいるならランチやイベントなど、昼間のデートに誘ってみましょう。夕方以降は流れが悪く、タイミングを逃しがちに。早い時間に帰宅して、湯船にゆったり浸かって早めに寝ましょう。
20（日）	▼	どんな人でもミスはするもの。今日は、あなたが失敗して周囲に迷惑をかけたり、恥ずかしい思いをすることがありそうです。「完璧な人はいない」と覚えておくといいでしょう。
21（月）	×	予定通りに進まないことが多い日。「今日は予定が乱れて当然」と思っておくと、気持ちが軽くなります。何事も空回りしやすいので、人付き合いも恋愛も受け身でいるほうがよさそうです。
22（火）	▲	諦めも肝心な日。長く続けていることでも片思いの恋でも、前に進まない感じがあるなら、キッパリ諦めてほかに目を向けてみましょう。気持ちが楽になりそうです。
23（水）	○	好奇心をもって新しいことに挑戦してみるといい日。気になることを調べたり、できたばかりのお店に行ってみましょう。いい出会いやおもしろい経験があるかも。
24（木）	○	求められることが増えて、仕事が忙しくなりそう。周囲の期待に応えるのはいいですが、自分の体力を過信しないようにしましょう。
25（金）	□	一区切りつけるにはいい日。これまでを振り返って、自分の向き不向きなど、いろいろと考えてみましょう。本当に好きなことは何か、冷静に考えると、やりたいことがハッキリしそうです。
26（土）	■	歯医者にしばらく行っていないなら、急でも受診するといいでしょう。虫歯が見つかったり、歯のメンテナンスをしてもらってスッキリしそうです。ほかにも体調に異変を感じることがあれば、病院に行っておきましょう。
27（日）	◇	片思いの相手に連絡すると、急展開や恋の進展が期待できる日。相手がよろこびそうな情報を集めて、返事のしやすいメッセージを送ってみるといいでしょう。
28（月）	△	小さなミスをしがちな日。時間や数字を勘違いするなど、自分でもびっくりするような失敗をしやすいので気をつけましょう。
29（火）	◎	付き合いの長い人や親友など、見栄を張らなくていい人と話すことで、気持ちが楽になる日。指摘やアドバイスを受けたら、感謝して素直に受け止めましょう。
30（水）	☆	職場で意見が通りやすい日。慌てないで、ゆっくりていねいに説明するといいでしょう。好きな人や気になる人をデートに誘ってみると、OKがもらえることもありそうです。
31（木）	▽	日中は、幸せを感じたりうれしい流れに乗れそうです。大事な用事は早めに片付けておくといいでしょう。ただ夕方以降は、日中と同じ環境であっても、不満や文句が出てきてしまいそう。余計なことに目を向けないように。

☆開運の日　◎幸運の日　◇解放の日　○チャレンジの日　□健康管理の日　△準備の日
▽ブレーキの日　■リフレッシュの日　▲整理の日　×裏運気の日　▼乱気の日　＝運気の影響がない日

11月

■リフレッシュの月

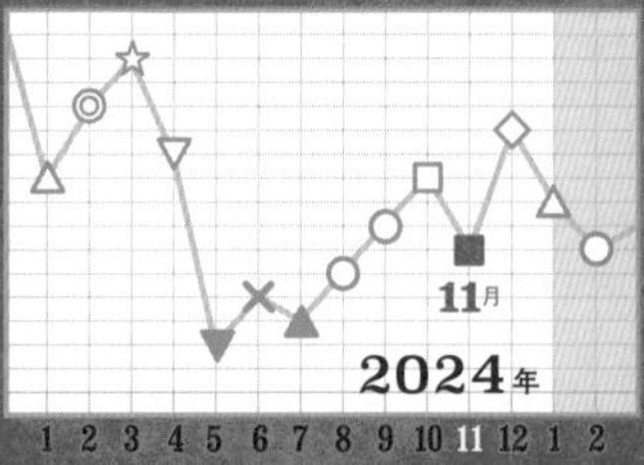

今月の開運3か条

- 休日の予定を先に立てる
- 睡眠時間を長くとる
- たくさん笑う

「完全オフの日」をまず決めて ゆっくり過ごそう

1年の疲れが出たり、少し休憩が必要になりそうな時期。今月は焦らず、先に休日の予定を決めておきましょう。温泉旅行や趣味などを楽しむ「完全オフの日」を計画するといいでしょう。無駄な夜更かしは避け、睡眠時間を少しでも長くとるといった生活リズムの改善や、軽めの運動をしておくことも大切です。また、雑な言葉遣いが原因で人間関係が気まずくなることもあるので、ていねいに伝える心がけを忘れないように。

開運のつぶやき　どんな選択も、未来に進むことしか選べない

よく寝て疲れをとれば
トラブルを避けられる

些細なことで恋人とケンカをしたり、気まずくなることがあるので注意が必要です。とくに疲れているときは問題が起こりやすいので、前日にしっかり睡眠をとるか、仮眠してから会うといいでしょう。相手に厳しい言葉を放ってしまうこともあるため、自分が言われて嫌なことは口にしないように。新しい出会い運は、下旬に素敵な人に会えそうです。周囲からの紹介に期待しておいて。結婚運は、大事な話は来月にするほうがいいでしょう。

真面目に頑張りすぎて
ダウンしないよう注意

忙しくも充実した日々を過ごせそうです。周囲の期待に応えられるよう頑張ってみると、いい結果を出せたり、満足のいく仕事ができるでしょう。ただし、頑張りすぎて疲れを一気にためないよう気をつけること。終業後の付き合いも、連日になると体調を崩してしまうため、ほどほどが肝心です。真面目に仕事に取り組むことは大切ですが、今月は残業を控えめにして体を休ませるなど、疲れを残さない工夫をしておくといいでしょう。

息抜きに
お金を使って

今月はマッサージや温泉、スパなど、疲れをとったりリフレッシュになることに出費するといいでしょう。ただし、ストレス発散だからとお酒を飲む機会を増やすと、太ったり体調を崩す原因になってしまうので控えめにしておくこと。スポーツジムやダンスレッスン、運動にお金を使うにもいいタイミングです。投資をはじめとした資産運用は、疲れから判断ミスをしやすいので気をつけておきましょう。

しっかり体を
休ませよう

基本的に体は丈夫なほうですが、今月は疲労や体調の異変を感じることがありそうです。無理せず早めに病院で検査を受けたり、生活習慣を整えるようにしましょう。休暇をとってしっかり体を休ませることも大切です。美意識を高めるのはいいですが、無理なダイエットやハードな運動を頑張りすぎないよう、ほどほどに。髪を切るなら来月がいいので、人気店を予約してみましょう。

開運のつぶやき 過去のいろいろなことが感謝に変わったときが、幸運をつかんだ瞬間

2024 November

金の鳳凰座

ブレーキの年 2024年11月 リフレッシュの月

11月

■リフレッシュの月

1（金）	▼	白黒つけるにはいい日ですが、自分だけが正しいと思い込んでいると問題になってしまいそう。周囲の考えをしっかり取り入れ、他者から見た自分がどんな姿なのかをもっと想像してみましょう。
2（土）	×	甘い話や誘惑には気をつけましょう。お得だからと飛びつくと、残念なものを購入してしまいそうです。とくにネットショッピングでは、ガッカリするような商品を選んだり、高い送料を見落としてしまうかも。
3（日）	▲	集中力が途切れたり、やる気を失いやすい日。身の回りを整えることで、前向きな気持ちになれそうです。掃除を通して、取りかかることの大切さを学べるでしょう。
4（月）	○	ただ知っているだけでは意味がありません。何事もやってみてはじめて経験になることを忘れないようにしましょう。今日は気になる場所に行ったり、会いたい人に連絡してみるといいでしょう。
5（火）	○	弱気な姿勢でいると、出会いや体験のチャンスを逃してしまいます。強気になって思い切って行動することで、おもしろい経験ができるでしょう。いちいち動揺したり卑屈になったりするのは、時間の無駄だと思っておくように。
6（水）	□	覚悟を決めずに挑戦しても、ダラダラしてしまうだけ。「もっと極めよう」「もっと学ぼう」と思って取り組みましょう。なんとなくスタートすると、なかなか身にはならないものです。
7（木）	■	うっかりからのケガをしやすい日。小さな段差につまずいたりしないよう、急いでいるときほど慌てずに。夜は、誘われたら面倒でも顔を出してみると、いい出会いに恵まれそうです。
8（金）	◇	頼りにされて忙しくなりますが、集中できて、充実した1日を過ごせそうです。あなたの魅力がアップする運気でもあるため、周囲からの視線などを意識しておくと、いい縁がつながるかも。
9（土）	△	伝え方や言葉選びに失敗して、誤解されることがありそうな日。相手が苦い顔をしていると思ったら、すぐに訂正し、ていねいに伝え直しましょう。相手の気持ちになることが大事です。
10（日）	○	親友や懐かしい人と縁がつながりそうな日。約束をしていないのに外出先で出会ったり、急に連絡がきて遊ぶことになるかも。おもしろい話をしてたくさん笑うと、心も頭もスッキリするでしょう。
11（月）	○	買い物でストレスを発散するといい日。仕事帰りに、おいしそうなものを食べたり、カフェでのんびり過ごしてみて。先月からいい関係になっている相手を誘ってみてもよさそうです。
12（火）	▽	午前中は、いい流れで仕事を進められたり経験を活かせたりして、自信をもって取り組めそう。夕方あたりからは、誘惑に負けることや、周囲の愚痴や不満を聞いてやる気を失ってしまうことがあるかも。
13（水）	▼	後先考えず、無謀な行動に走りがちな日。目標を設定しないまま見切り発車したり、焦って決断してもうまくいかないでしょう。一度家に持ち帰って考えるなど、計画的な行動を心がけて。
14（木）	×	これまで頑張ってきたことが無駄になったり、やり直しになってしまうことがありそう。ストレスになるようなことにも巻き込まれやすいので、慎重かつ冷静に判断して取り組みましょう。
15（金）	▲	大事なものを失くしたり、人との縁が切れてしまうことがある日。クヨクヨせずに、「縁が切れるタイミング」と受け止めるようにしましょう。「いつか話のネタになる」くらいの気持ちでいるといいでしょう。

開運のつぶやき　ソリの合わない人は必ずいるけれど、世の中はいい人のほうが多いもの

16（土）	○	視点を変えるにはいい日。価値観の異なる人の話を聞いてみると、いままでなんとも思わなかったことがおもしろく見えてきそうです。考え方を変える練習をすることで、楽しい1日を過ごせるでしょう。
17（日）	○	今日はなんとなく避けていたジャンルの映画やドラマを観てみると、思った以上に楽しめたり、いい発見がありそう。友人にオススメされた本を読めば、勉強にもなるでしょう。
18（月）	□	人を信頼することで自分も信頼されるようになる日。あなたとは価値観や考え方が違う人を尊重するといいでしょう。疲れると否定的な言葉が出やすいので、気をつけておくように。
19（火）	■	疲労がたまっていそうなので、頑張りすぎに要注意。少しでも体調に異変を感じたら、我慢せず早退してでも病院に行くようにしましょう。元気な場合は、軽いストレッチで体をほぐしておくのがオススメ。
20（水）	◇	注目されるのはいいですが、目立ちすぎたり、余計なことまで引き受けるハメになりそうです。気になる人に連絡するといい流れになりやすいので、メッセージを送ってみて。
21（木）	△	時間の見間違いや勘違いをしやすい日。思い込みからミスを見逃してしまうことがあるので、約束の時間にはとくに注意しましょう。何事もしっかり確認し、いつも以上の慎重さを忘れないように。
22（金）	○	親友に連絡をとってみましょう。懐かしい話で盛り上がったり、かつての約束を果たせたりするかもしれません。親友に薦められた場所に足を運んでみると、新しい出会いがあるかも。
23（土）	○	頭の回転がよくなり、いい判断ができそうな日。いつもと違う面を見せることができ、恋が進展する場合も。出かける前にテンションの上がる音楽を聴くと、会話がより弾みそうです。
24（日）	▽	買い物や家の用事は、午前中に済ませておきましょう。ゆとりがあればおいしいランチを食べに行ったり、お昼にデートをしてみるのもオススメです。今日は無駄に夜更かしせず、早めに寝るようにしましょう。
25（月）	▼	日中は、自分の能力をうまく活かすことや、人の役に立つことができそう。ただ、夕方あたりからは、周囲に振り回されたり予定が乱れたりして、疲れてしまうかも。今日は遅くならないうちに帰宅しましょう。
26（火）	×	頑張りが空回りしたり、無駄な時間が増えて疲れてしまいそう。何事も早めに手をつけ早めに終わらせて、時間にゆとりをもっておくといいでしょう。
27（水）	▲	ダラダラすると逆に疲れてしまいそうな日。時間を決めてテキパキ動くようにしましょう。見るのが癖になっているSNSやアプリなども、本当に必要なものか真剣に考え、できるだけ見ないようにして過ごして。
28（木）	○	苦手だと決めつけて話していなかった人と、会話をしてみるといい日。いい発見があったり、おもしろい情報を聞けそうです。相手のいい部分をあらためて探してみると、仲よくなれるでしょう。
29（金）	○	課題から逃げているといつまでも成長できないままでしょう。苦手なことや不慣れなことを少しでも克服できるよう努力することで、人生がおもしろくなってくるはずです。
30（土）	□	何事も二度確認するようにしましょう。第一印象で決めることが多いタイプですが、二度確認することで、見落としや無駄なイライラを減らせそうです。

12月

◇解放の月

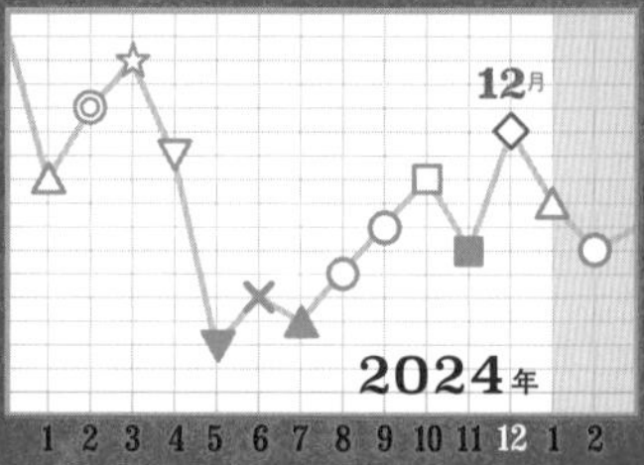

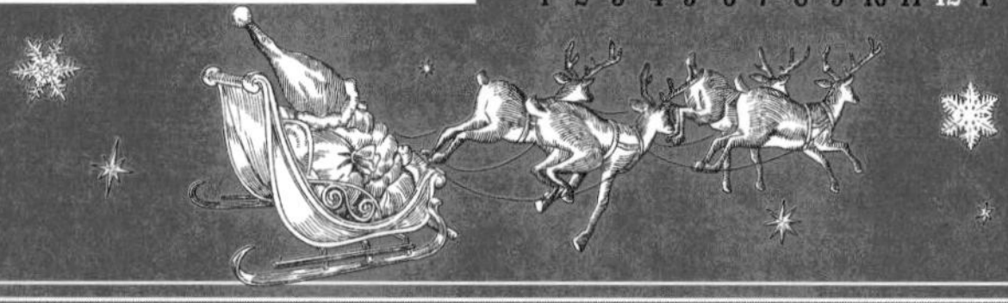

今月の開運3か条

- 話し合いをする
- 評価は素直に受け止める
- 基礎体力をつける運動をはじめる

総合運

自分の思いを言葉にして周囲にしっかり伝えることが大事

これまでの頑張りを評価されるなど、今年最後にうれしい出来事がある運気。ただじっと我慢しているだけでは、「十分幸せなんだな」と思われてしまうので、何をしたいか、どう思っているのかを言葉にするようにしましょう。大きく攻める時期ではありませんが、評価を素直に受け止めつつ、今後どうしていきたいのかを周囲に伝えてみると、うまく流れに乗れそうです。運命を変えるような出会いや経験にも恵まれる月なので、臆病にならないように。

開運のつぶやき　夢や希望に見合う言葉を選んで、発言し続ければ、叶うようになる

恋愛&結婚運

素直になって、好きな人に好意を伝えることが大事

「自分が好きでい続ければ、相手もいつか気づいてくれる」と思っていても、相手には好意が伝わるどころか「告白しても断られそうだな」と誤解されてしまうタイプのあなた。今月はもっと素直になって、メールや手紙で気持ちを伝えてみましょう。新しい出会い運もいいですが、進展には時間がかかりそう。すぐに好転しなくとも人脈は広げておくといいでしょう。結婚運は、婚姻届を出すにはいい運気です。ここを逃すと数年は縁がなくなってしまうかも。

仕事運

実力を認められる月。マイナスにとらえないこと

いままでの頑張りを評価されて昇格や部署異動が決まったり、これまでとは違った仕事を任されることがありそうです。あなたの実力や才能が評価された結果なので、「重荷」「プレッシャー」「利用されている」などとマイナスに考えず、前向きに受け止めましょう。希望の部署や業務があるなら、上司に相談してみるのもよさそうです。疑問に思っていることも伝えてみると、職場の体制を少し変えられる場合もあるでしょう。

金運&買い物運

「乱気の年」に備え固定費の見直しを

収入アップや臨時収入などのラッキーに恵まれそうですが、土地や家などの大きな買い物や契約をするタイミングではありません。お金に余裕があるなら、 NISAをはじめとした投資信託に充てるといいでしょう。 2025年の「乱気の年」に備え、家賃を安くするための引っ越しや、不要なサブスクの解約を今月中にして、固定費を下げておくのもよさそうです。資格の勉強や本へお金を使うとのちに役立つので、気になることをはじめてみましょう。

美容&健康運

「ソロ活運動」をしてみよう

不健康な生活習慣など、気がかりなことがあれば今月から改善していきましょう。体力に自信のある人でも、2025年以降はスタミナ不足を感じやすくなるので、いまのうちにこまめに運動しておくとよさそうです。ランニングやウォーキング、ひとりでできるトレーニングをはじめてみて。美容運は、エステを受けたり、美容室で思い切ったイメチェンをするなど、自分磨きをしっかり行いましょう。

開運のつぶやき　偶然をよろこべる人は、幸運をつかめる

12月

◇解放の月

1（日）	■	油断して風邪をひきやすい日。思ったよりも疲れがたまっているので、家でのんびりするといいでしょう。鍋料理など、体が温まるものを選んで食べるようにしてみて。
2（月）	◇	あなたの存在が大きく感じられる日。魅力や才能をうまく発揮することができ、充実した1日を過ごせそうです。言いたいことがあるならハッキリ伝えてみると、状況が変わってくるでしょう。
3（火）	△	冗談を言ったり笑い話をすることで好感をもってもらえ、仕事や商談が円滑に進みそうです。話下手だと思うなら、相手の話に同調しながら、笑顔で聞いてみるといいでしょう。
4（水）	◎	これまでの人脈や経験が役立つ日。友人と仕事の場でつながることがあるかも。取引先の担当者が知り合いだとわかり、盛り上がる場合もありそうです。
5（木）	☆	自分の考えに固執せず、周りの意見に耳を傾けてみるとお得な情報を入手できそう。仕事運もいい日なので、目の前の課題に本気で取り組むことで、満足できる結果につながるでしょう。
6（金）	▽	午前中はあなたに注目が集まったり、もてはやされることがありそう。調子に乗れるときはドンドン乗って、楽しく過ごしましょう。夜は、調子に乗りすぎたままだと失敗しやすいので気をつけること。
7（土）	▼	予定が変更になるなど、思い通りに進まないことが増えそうな日。思い込みの激しさが面倒事を招くので、柔軟な対応を心がけましょう。時間があいたときは、本を読んで勉強するとよさそうです。
8（日）	×	空回りしたり思い通りにならないことがあっても、不機嫌にならないように。自分の想像通りにならない日があるからこそ、順調に進む日が楽しく感じられるものです。
9（月）	▲	身の回りを片付けながら生活するといい日。スッキリした状態でいると仕事もはかどり、気分よく過ごせるでしょう。使わないものは、ためらわずに処分すること。
10（火）	○	今日は、いつもと違う道を通って出かけてみましょう。おもしろい発見があったり、気になるお店や場所を見つけられそうです。小さな好奇心が人生を楽しくしてくれるということを、忘れないように。
11（水）	○	他人の気持ちを理解しようと努めることが大事な日。相手の立場や状況を想像できれば、折り合いをつけやすくなります。自分の考えや都合を押し付けないようにしましょう。
12（木）	□	手放したり諦めることで、次に進めるようになる日。こだわるのはいいですが、執着せずに違う方法も試してみましょう。変化を楽しむ気持ちが大切です。
13（金）	■	意見の合わない人と一緒にいる状況や、プレッシャーを感じる場面に疲れてしまいそうな日。今日は深く考えるのではなく、うまく受け流しておきましょう。後日しっかり話し合う時間をつくるといいでしょう。
14（土）	◇	好きな人がいるなら、気持ちをハッキリ伝えておきましょう。相手は、「どうせ付き合ってもらえないだろう」と思っているかも。自らきっかけをつくることが大切です。
15（日）	△	デートをするにはいい日ですが、張り切りすぎて忘れ物をしたり、ドジを踏みそうなので注意しましょう。飲み物をこぼして大慌て、なんてこともあるかも。落ち着いて行動するようにしましょう。

開運のつぶやき　自分にとっての頂上はどこなのか。まずはそこを決めて歩き続けるといい

16（月）	◎	経験をうまく活かせば、仕事も遊びのように楽しく取り組めるでしょう。楽しくならない場合は、成長できる部分や学べることがまだまだあると思っておいて。身近な人からの忠告は素直に聞き入れましょう。
17（火）	☆	買い物をするには最高の日。仕事帰りに靴やカバン、家電など長く使うものを購入すると、運気がアップするでしょう。今日髪を切ってみると、周囲から注目されるようにもなりそう。引っ越しを決めるにもいい日です。
18（水）	▽	午前中は、自分のことばかり考えず、周囲をよろこばせるために行動してみると、あなたの心の満足度も上がるでしょう。夜は、急な誘いや状況の変化がありそうです。うまく合わせてみると楽しめるでしょう。
19（木）	▼	ダメだとわかっていても、つい流されてしまいそうな日。スマホから離れられなくなったり、延々とネットサーフィンをしてしまったりと、何も得られない時間を過ごしてしまうかも。意識して断ち切るようにしましょう。
20（金）	×	考え方や価値観が違うからといって心を閉ざすのではなく、しっかり話をして、あなたの考えを伝えてみるといいでしょう。誤解したままの関係を放置しないように。
21（土）	▲	大掃除をして、不要なものを処分するにはいい日。長年使って古くなったものや、使わなくなったものは一気に処分を。身の回りをきれいにするためにも、まずは捨てることからはじめましょう。
22（日）	○	お世話になった人には、お礼を伝えたり急いでお歳暮を贈っておきましょう。忘年会の予定を立てて、仲間に連絡してみるのもオススメです。
23（月）	○	変化を受け入れてみると楽しめる日。不慣れなことや面倒な仕事を任されても、頑固にならず、前向きに取り組んでみましょう。いい結果につながったり、おもしろさや楽しさを見つけられそうです。
24（火）	□	時間をかけてきたことにいい結果が出る日。満足のいく仕事ができたり、計算通りに進められそうです。夜は、疲れが残りやすいので無理をしないようにしましょう。
25（水）	■	無理をすると疲れが出て、体調を崩しやすい日。ゆとりをもって行動しましょう。クリスマスケーキを食べてゆっくりしたり、仮眠する時間をつくると心も体もスッキリして気分もよくなりそうです。
26（木）	◇	期待に応えるだけでなく、期待を超える仕事を目指してみるといいでしょう。仕事も人生ももっと楽しめるようになるはず。
27（金）	△	凡ミスが多くなりそうな日。時間を間違えたり、忘れ物をする可能性があるので気をつけておきましょう。事前にしっかり準備と確認をすることが大切です。周囲の人にミスをフォローしてもらったときは、お礼を忘れないように。
28（土）	◎	忙しくてしばらく会えていなかった友人に連絡して、忘年会や食事会をしてみましょう。頑張った自分へのご褒美を買いに行くのもオススメです。お気に入りのお店に足を運んでみましょう。
29（日）	☆	年末年始に必要なものがあるなら、まとめて購入しておくといいでしょう。来年以降に役立ちそうなものを買うのもいいですが、浪費しないよう気をつけること。
30（月）	▽	大掃除をするなら、午前中に一気に片付けてきれいにしてしまいましょう。午後は、恋人や親友と楽しい時間を過ごせそう。お気に入りのお店や趣味を共有してみるといいでしょう。
31（火）	▼	計画通りに進まない大晦日になってしまいそう。渋滞や行列に巻き込まれて、ヘトヘトになってしまうことも。時間にゆとりをもって行動し、体力的な無理は避けましょう。

☆開運の日　◎幸運の日　◇解放の日　○チャレンジの日　□健康管理の日　△準備の日
▽ブレーキの日　■リフレッシュの日　▲整理の日　×裏運気の日　▼乱気の日　＝運気の影響がない日

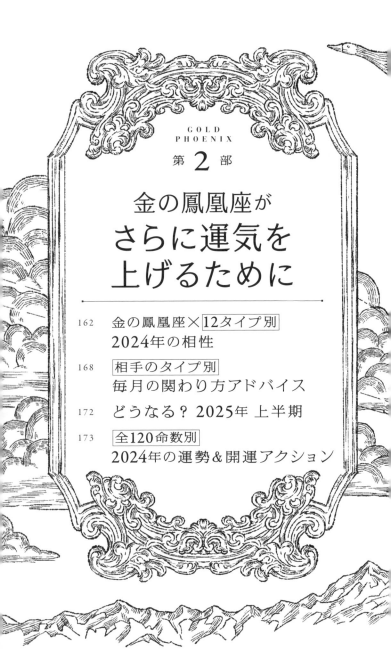

GOLD PHOENIX

第2部

金の鳳凰座がさらに運気を上げるために

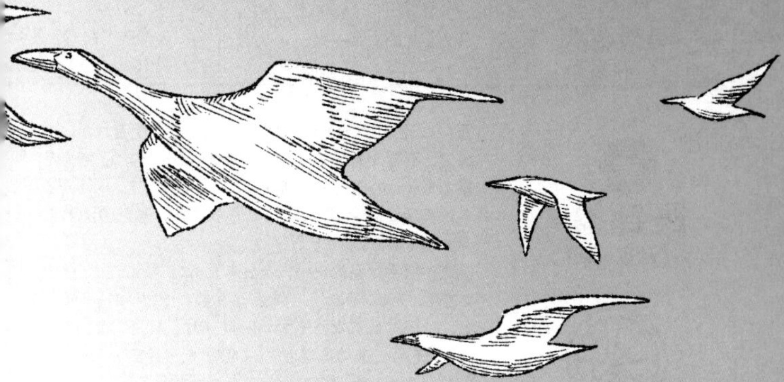

占いを使いこなすには
自分を占うだけではまだ半分。
人を占い、人を思いやって行動してこそ
人間関係はよりよいものになっていきます。
この先のページを読んで
人付き合いに活かしていきましょう。

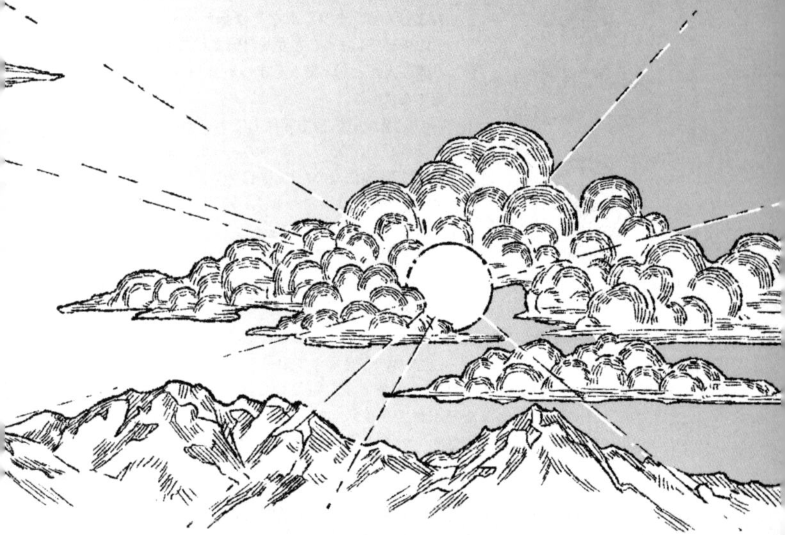

金の鳳凰座 × 12タイプ別

相手が

金の羅針盤座 [解放の年]

互いに運気がいい年ですが、相手のほうが流れがいいので、不要な意地を張らないようにしましょう。勝ちを譲るくらいの気持ちで接するとよさそうです。悩んだときは相手に合わせてみると、さらにいい運気の流れに乗れるでしょう。

恋愛 相手は品のいい人を好むため、もっと品を意識してイメチェンしたり、清潔感を思いっ切り出してみると、いい関係になれそう。2月、4月、12月に告白すれば、交際に進める場合も。相手から告白してくる可能性はかなり低いので、あなたが頑張りましょう。

仕事 互いに信頼や尊敬ができ、一緒にいい結果を出せるでしょう。相手にやっと大きなチャンスがきたりこれまでの成果が表れることもあるので、応援してあげましょう。相手が上司なら、協力することであなたも評価されそう。部下なら、好成績を出す運気なので重要な仕事を任せてみましょう。

初対面 最高のタイミングでの出会いなので、大切にすることで互いの運気がよくなるでしょう。相手を認め、才能や個性を素直に評価したり、これまでの頑張りをほめるように。相手のプライドは守るよう意識しておくと、いい付き合いができそうです。

相手が

銀の羅針盤座 [リフレッシュの年]

相手の頑張っている姿を見て手助けしたくなるかもしれませんが、タフなあなたが振り回してかえってヘトヘトにさせてしまうことが。自分とは生活のリズムが大きく違う人だと思っておきましょう。今年はとくにやさしく接するように。

恋愛 温かい気持ちで接してあげると、いい関係に進めそうです。ただ、夜中のメールや電話は相手が体調を崩す原因になるため、自分本位ではなく相手のペースに合わせるようにしましょう。1~2月、8~9月に告白するとうまくいきそうです。

仕事 あなたが想像しているよりも、相手は仕事の負担やプレッシャーがのしかかっている時期。自分と同じ仕事量でも、相手にとってはつらい場合もあることを忘れないようにしましょう。相手が上司なら、あなたが思っている以上に忙しいので気遣いを。部下なら、少しでも負担を軽くできるよう知恵をしぼりましょう。

初対面 あなたからのつながりは強くなりますが、相手からはパワフルで手の届かない人と思われてしまいそう。あなたの忍耐力を尊敬してもらえると長い付き合いになるでしょう。ただ、つねにあなたが引っ張っていく関係になりそうです。

2024年の相性

今年の相性を知って、付き合い方の参考にしましょう。

相手が
金のインディアン座
［幸運の年］

「幸運の年」の相手と一緒にいると、やる気に火がついたり、次の目標に向かうパワーが増すでしょう。相手の明るさや、マイペースでもしっかり結果を出す部分にいい影響を受けて、一緒に力を発揮できそうです。

恋愛 はじめての出会いが2020年か2022年の年末なら、運命の相手の可能性があるでしょう。それ以外のタイミングだと、交際に進む確率は低そうです。友人としても最高の相手なので、会う時間をときどきつくっておきましょう。

仕事 仕事のスピードは大きく違いますが、今年は一緒に働くことで互いをうまく活かせそうです。とくに付き合いが長い場合は、一緒に仕事をするといいでしょう。相手が上司なら、協力すると互いに評価されそう。部下なら、あなたの経験をうまく活かせるでしょう。

初対面 年始か年末の出会いであれば縁が強くなりますが、それ以外の場合はつながりが弱く、あなたが相手を追いかけるかたちになりそう。互いに群れることを好まないので、いい距離感を保って付き合えるでしょう。

相手が
銀のインディアン座
［準備の年］

今年は頑張りが結果として表れるあなたと、のんびりしたい相手とでは噛み合わない感じになりそうです。相手のマイペースをついつい許して、のびのびさせることになるかも。一緒に遊んでいるぶんには楽しい時間を過ごせるでしょう。

恋愛 あなたのほうが運気はいいですが、恋となると相手のほうがスピードがあり、心をつかむのが難しいでしょう。「押してダメなら」と引いてしまうとドンドン距離がひらいてしまうので、マメに会うのがオススメです。3～4月、12月に告白してみると交際できるかも。

仕事 やる気のない相手なので、押しつけや説教などはしないように。仕事を頑張るためには、遊んだり休んだりすることも大切だということを覚えておきましょう。相手が上司の場合は、サボっているように見えても自分のやるべきことに集中を。部下の場合は、結果がよければ問題なしとしましょう。

初対面 遊び友達や知り合いくらいの距離感のほうが楽しい相手。そもそもマイペースな人なので、一緒にいると楽でいいでしょう。相手の遊び心やユーモアセンス、テンポなど学べるところもあるので、観察し吸収してみて。

金の鳳凰座×12タイプ別

相手が

金の鳳凰座
［ブレーキの年］

考え方や価値観、テンポが似ていて互いの生き方を理解できる一方で、頑固で引かないところもあなたと同じです。共通の目的があると最高のパートナーになるでしょう。とくに今年は、協力し合うことで互いにプラスになる場面が多いでしょう。

恋愛 恋人に求めることも似ている2人。互いに決めつけが激しいため最初の印象が肝心ですが、それをクリアすれば今年は進展が期待できるでしょう。2~4月は、関係を深めるきっかけをつくったり、告白をするのにいいタイミングです。相手を変えようとせず、ありのままを受け入れるとうまくいくでしょう。

仕事 お互い自分のやり方を通すことでここまで頑張れているので、そのまま突き進めばいい結果を出せるでしょう。相手が上司なら、上司は上司、あなたはあなたのペースで仕事をするといいでしょう。部下なら、話を鵜呑みにしがちなので、あなたが正しい判断とていねいなアドバイスをするよう心がけて。

初対面 親友のように長い付き合いになりそう。多少のトラブルがあっても、簡単には縁が切れないので、無理せず一緒にいられるでしょう。2025～2026年は距離ができてしまう場合もありますが、その後も付き合いは続きそうです。

相手が

銀の鳳凰座
［開運の年］

互いに運気がよく、考え方や価値観も似ている2人。あなたのほうが一歩先に進んでいますが、今年は一緒にいることで互いに大きな幸せをつかめたり、これまでの努力をいいかたちにできるでしょう。些細なことでも協力し、一緒にいる時間を増やしてみましょう。

恋愛 互いに第一印象がよければ、1~4月に交際をスタートできそうです。相手が告白してくる可能性は低いので、あなたから告白するといいでしょう。シンプルに気持ちを伝え、押し切ってみて。友達のような息の合った付き合いができそうです。

仕事 運気の流れが最高にいい2人ですが、流れがいいぶん緊張感が薄れてしまうことも。今年だけでも貪欲に取り組んでみると、さらに大きな結果が出たり次につながる仕事が決まりそうです。相手が上司でも部下でも、言葉や判断を信じて仕事に取り組みましょう。

初対面 人生でもっとも付き合いの長い友人や仲間になるタイミングでの出会いです。互いに第一印象で決めるタイプなので、どちらも輝いているタイミングでの出会いは、何年たっても「2024年は○○だったよね」と話にあがることになりそう。共通の目的があると、さらに絆が深まるでしょう。

恋愛 恋愛相手との今年の相性　仕事 仕事相手との今年の相性　初対面 今年はじめて出会った人との相性

2024年の相性

今年の相性を知って、付き合い方の参考にしましょう。

相手が

金の時計座
[裏運気の年]

「裏運気の年」の相手なので、あなたが手助けをしても余計なお世話になってしまうことがあるでしょう。タイミングを間違えないように。相手が安心できるよう心の支えになってあげることが大切な時期だと思っておきましょう。

恋愛 相手は悩みや不安が多い年なので、食事に誘っていろいろ相談に乗るといいでしょう。聞き上手のあなたに心惹かれる可能性があるため、1~2月はチャンスがありそうです。ただ、思った以上に相手の心が乱れていて、あなたが疲れてしまう場合も。

仕事 あなたは一度決めたら迷わず進められますが、相手は迷いすぎてやるべきことを見失ってしまいそう。アドバイスをして迷いから救ってあげましょう。相手が上司なら、間違った判断をしやすいので冷静に話を聞くように。部下なら、仕事の不満を聞いてあげるといいでしょう。

初対面 「裏運気の年」の相手を気に入ったとしても、それは本来の相手がもつ魅力ではないので、3~4年後に「こんな人だったかな?」と思ってしまいそうです。あなたからつながろうと努力すれば長い付き合いになりますが、自分の考えや理想を押しつけないようにしましょう。

相手が

銀の時計座
[乱気の年]

まったく違う考え方や生き方をするのに、不思議とリズムの合う人。ただ、今年は相手が「乱気の年」でもっとも心が乱れるため、考えが理解できなかったり、相手があなたのもとを離れていってしまいそうです。大丈夫だと決めつけないで、相手の話を聞くようにしましょう。

恋愛 一度好きになると、思いが強くなるあなた。タイミングを待っていないで、1~2月に告白して押し切ってみるといいでしょう。そこで交際できない場合は、縁のない人だと思って諦めたほうがよさそうです。

仕事 もっともあなたのサポートを必要とする相手ですが、よかれと思ってした協力や手助けが、逆に相手を苦しめてしまうことも。相手が上司なら、いい結果は上司のおかげだと思って感謝しましょう。部下の場合は、あなたには簡単な仕事でも相手には重荷になっていそう。ねぎらうことを忘れないで。

初対面 あなたは一度縁がつながると長く付き合うタイプですが、「乱気の年」の相手とは長く続かず、自然と縁が切れてしまうことが多いでしょう。相手の本来の魅力や才能が出るときではないので、今年の印象で相手のことを決めつけないようにしましょう。

金の鳳凰座×12タイプ別

相手が金のカメレオン座［チャレンジの年（1年目）］

古い考えを受け入れられるところは少し似ていますが、相手は今年新たな環境に進むなど変化が多いので、あなたからは落ち着きがなかったり、意志が弱いように見えてしまいそう。相手の考えを否定せずに認めてあげると、いい関係になれるでしょう。

恋愛 相手の魅力が輝くタイミングではないため、あなたからは興味をもちにくい時期。ただ、出会ったときに一目惚れしているなら、8月、10月、12月に押し切ってみるとよさそうです。相手は優柔不断なので、迷っていそうなときは最後の一押しを忘れないようにしましょう。

仕事 相手はあなたといることで得をしそう。相手の新たな挑戦は、応援してあげるといいでしょう。あなたが相手から学べることは少ないかもしれませんが、相手が上司なら、合わせてみると結果的にいい学びがありそうです。部下なら、能力が高いので、何事も挑戦させて経験を増やしてあげましょう。

初対面 いい友人として、長い付き合いになりそうなタイミングで出会っています。あなたの「変わらないところ」を理解してもらえ、派手な感じはなくとも地味に続くような関係になるでしょう。互いの知恵が役立つので、協力するといいでしょう。

相手が銀のカメレオン座［整理の年］

物も人も整理する年の相手なので、あなたが頑張って縁をつなごうとしても、切られてしまう可能性があります。一緒にいると出費が増えたり、ときには大切なものを奪われてしまう場合もありそうです。一方で、相手があなたの周りの人間関係をうまく整理してくれることもあるでしょう。

恋愛 あなたにはない発想をする相手なので、本来なら楽しくデートできるはずですが、今年の相手は人との縁が切れる運気。仲よくなれたとしても振り回されたり、無駄な出費が増えるだけになりそうです。短い付き合いになってもいいなら、12月に告白しましょう。

仕事 今年結果を出せるあなたから見ると、やる気がなかったり、集中していないように感じてしまいそう。相手が上司なら、言われたことを鵜呑みにせず、自分の考えを大切にしましょう。部下なら、相手なりのペースで頑張っていることを認めてあげるように。

初対面 今年は相手からのつながりが弱いので、短い付き合いに留めたり、深入りしない距離感を保つといいでしょう。2028年くらいになっても近くにいるなら、そのころから仲よくなったり、いい関係がはじまりそうです。

恋愛 恋愛相手との今年の相性　仕事 仕事相手との今年の相性　初対面 今年はじめて出会った人との相性

2024年の相性

今年の相性を知って、
付き合い方の参考に
しましょう。

相手が

金の イルカ座

[健康管理の年]

本来はあなたの裏の生き方をする人ですが、今年は協力したり目標に向かって一緒に頑張ってみると、互いにいい結果を残すことができそうです。強い絆も生まれやすいので、感謝やねぎらいを忘れないようにしておきましょう。

恋愛 あなたのほうが運気のいい年ですが、派手好みなこの相手の心をつかむのはなかなか難しいでしょう。ただ、2~4月は、積極的にアプローチすると関係を深められたり交際に発展する可能性がありそうです。その場合でも、そもそも価値観や考え方が違うため、想像以上に苦労の連続になるでしょう。

仕事 相手のパワーに押し切られそうになることがありますが、あなたのほうが運気がよく結果が出やすいときなので、振り回されないように。相手が上司なら、表面的には素直に話を聞きつつ自分のやり方を通しましょう。部下なら、言いくるめられないよう気をつけて。

初対面 一緒にいると互いに成長でき頼りになる相手ですが、そもそも考え方や価値観が違う人だということを忘れないようにしましょう。今年は問題なくても、2026年になると相手に振り回されて縁が切れたり、裏切られてしまうような出来事も起きそうです。

相手が

銀の イルカ座

[チャレンジの年(2年目)]

あなたを頼ってきそうな人。気をつけないと、相手の成長のためにうまく利用されてしまうことがあるでしょう。考え方や価値観、人生観が真逆なので、理解に苦しむなら距離をおいたほうがよさそうです。今年問題なく仲よくなれた場合は、長い付き合いになるでしょう。

恋愛 本来は苦手なタイプですが、今年はあなたの運気がいいので、気持ちにゆとりができて相手のワガママを受け入れてしまいそう。3~4月は交際に発展させられる可能性があるため、気になる相手なら押し切ってみるといいでしょう。ただし、もてあそばれないよう注意して。

仕事 真剣に仕事に取り組むあなたから見ると、イメージのよくない相手。仕事に対する考え方が違うので、気にしないようにしましょう。相手が上司の場合は、上司なりの考えがあるのだと思っておくように。部下の場合は、要領のよさを学ぶといいでしょう。

初対面 前進しているこの相手といると、出費が増えてしまいそうです。一方で、あなたの世界が広がったり、柔軟な発想をするきっかけにもなるでしょう。これまで興味のなかった遊びを教えてもらえることもありそうです。ただし、長い縁にはならないでしょう。

相手のタイプ別

毎月の関わり方アドバイス

	相手が 羅針盤座 金	相手が 羅針盤座 銀	相手が インディアン座 金	相手が インディアン座 銀	相手が 鳳凰座 金	相手が 鳳凰座 銀
1月	最新の情報や流行を教えたり、おもしろい人を紹介するといいタイミング。	相手が新しいことに目を向けるきっかけをつくり、似合う髪型や服も提案してみて。	相手は体調を崩しがちな月。気遣いをして、温かい飲み物をあげるとよろこばれそう。	相手が最近ハマっていることを聞き、あなたもオススメの映画やドラマを伝えてみて。	おもしろい情報を教えるといい月。ドジな失敗話を楽しく聞いてみるのもオススメ。	運気のよさを教えてあげると、いい流れに乗れそう。相手の長所はドンドンほめて。
2月	今年の目標や将来の夢のことを語り合ってみて。前向きな話でいい関係になれそう。	ポジティブな話をしたり、信頼できる友人を紹介するといいでしょう。	魅力や才能を素直にほめ、苦労や頑張りを認めると、相手の才能が開花しそう。	体調を崩したり疲れをためている月。不調がないか観察しつつ、やさしく接して。	思い出話で絆が深まりそう。長い付き合いにしたいなら今月はマメに会うように。	話題のスポットやお店を教えてあげて。一緒に遊ぶとあなたの運気もアップしそう。
3月	疲れが顔に出ていたり元気のなさを感じるときは、負担を減らすようにしましょう。	相手は忙しく疲労がたまっている月。手伝えることを探し、話を聞くようにして。	いい勢いですがミスやドジも増える月。フォローしたり、一緒に笑ったりしましょう。	急でも遊びに誘うとよろこばれそう。知り合いを紹介すれば、いい友達になるかも。	一緒にいると流れが大きく変わる出来事がある月。調子に乗せるくらいおだててみて。	久しぶりでも連絡してみましょう。思い出話をするといい関係になれそうです。
4月	才能や個性を素直にほめてみて。ポジティブな話をして、互いに前を向きましょう。	疲れや睡眠不足で不機嫌になっているかも。無理させず、少し休んでもらいましょう。	相手は実力を出せて忙しい月。付き合いが長いならこれまでの頑張りを認め応援を。	遊びに誘うといい月。気を使って自ら誘えないタイプなので、よろこんでもらえそう。	やりたいことを応援し、一緒にいるとよさそう。互いに満足な結果を残せるでしょう。	「最高の運気」だと伝えてみましょう。一緒に過ごすことであなたにも幸運が訪れそう。
5月	相手は少し行動が雑になりがちな月。些細なことでヘコんでいたら、励ましてあげて。	一緒にストレス発散を楽しむといい月。スポーツやおもしろい話を積極的にしてみて。	大事な役割を任せるとよさそう。相手の魅力を周囲に伝えてあげるのもいいでしょう。	近況報告を兼ねて食事に誘いましょう。思い出話だけでなく、前向きな話も大切に。	相手が調子に乗りすぎて大失敗するかも。危険なときは注意するように。	相手に振り回されても一緒にいるのがオススメ。多少のワガママは受け入れましょう。
6月	これまでの苦労や努力を聞いてみるといいでしょう。思わぬ才能を見つけられるかも。	失敗やケガをして元気がないかも。励ましたり、オススメの本を紹介するとよさそう。	明るい妄想話やアイデアをたくさん聞いてみると、相手のよさを上手に引き出せそう。	お得な話がよろこばれる月。ポイ活や安くておいしいお店などの情報を教えてみて。	相手のワガママが出る月。失敗から学べるよう、距離をとって見守っておくこと。	相手は誘惑に流されたり、いろいろと雑になりがちな時期。うまくフォローして。

今月のほかのタイプはどんな運気？　全タイプの
相手について月ごとに接し方のコツをお伝えします。

	相手が 時計座		相手が カメレオン座		相手が イルカ座	
	金	銀	金	銀	金	銀
1月	ポイ活などのお得な情報で盛り上がりそう。節約や高見えするものの話をするのも吉。	相手の幸せな話をいろいろ聞いてみて。語り合うと感謝の気持ちがわいてきそう。	些細なことで悩んでいるかも。話を聞いたり「大丈夫」と言ってあげましょう。	相手は判断ミスをしやすい月。話をしっかり聞き、冷静になって考えるよう伝えて。	お節介がすぎると縁を切られたり、距離があくことも。ほどよい距離を保つように。	相手は、思い通りにならずイライラしている時期。頑張っていることを認めましょう。
2月	雑談したり、話を聞く時間をつくることが大事。冗談を言って相手を笑わせて。	相手は「守り」の時期。楽しく過ごしつつも、調子に乗せたり無理をさせるのはNG。	悩んだり空回りしている時期。いろいろな考え方があることをやさしく教えてみて。	不安や心配事を聞くといいですが、多くは妄想なので「考えすぎ」と伝えましょう。	最近できたお店の話などをするとよさそう。旬の料理を食べに誘うのもオススメ。	今月は距離をおかれても気にしないで。掃除道具の情報を伝えるとよろこばれそう。
3月	悩みや不安を抱えている月。相談に乗ったり、些細なことでも手助けしてあげて。	あなたの見えないところで問題が起きる可能性が。「困る前に相談してね」と伝えて。	別れて楽になることもあると伝えてみて。一流の人たちの苦労話を語るのもよさそう。	相手のマイナス面が見える月ですが、短所も見方を変えれば長所になると忘れないで。	イベントやライブ、飲み会に誘ってみましょう。新商品の情報を教えるのもよさそう。	相手は気持ちが前向きになっている時期。小さなことでも挑戦をうながしましょう。
4月	相手の雑な部分が見える月。集中できない理由を聞いて前向きなアドバイスを。	いつもと雰囲気が違うと感じたら、じっくり話を聞いて少しでも手助けするように。	友人との集まりに誘ってみましょう。最近ハマっているドラマなどを教えるのも吉。	成功でも失敗でも、過去に執着すると前に進めないということを伝えましょう。	相手の才能や個性をほめることが大切。友人を紹介するのもいいでしょう。	おもしろそうな情報はドンドン伝え、イベントやライブにも誘ってみて。
5月	相手は悲しい別れがある月。まったく関係のない、楽しい話をする時間も大切です。	相手はだまされたり間違った方向に決断しやすい月。落ち着いて話す時間をつくって。	互いに行ったことのないお店に誘い、食べたことのないメニューを試すといい経験に。	知り合いの集まりに誘ったり、本やドラマ、映画を紹介するといい関係を築けそう。	不機嫌なのは疲れている証拠。お菓子を渡したり仕事を手伝うなど、やさしく接して。	10年後の明るい未来を語り合うといいでしょう。将来の夢を話してみるのもよさそう。
6月	相手の気持ちが徐々に前向きになる月。新発売のお菓子や話題のお店の話をしてみて。	パーッと遊んで楽しみましょう。たくさん笑って過ごすことの大切さを教えてあげて。	3年後にどうなりたいかなど未来の話をすると、人生を考えるきっかけになりそう。	内面にも外見にも、いつもと違う変化がありそう。気づいてあげるといいでしょう。	将来の夢を応援してあげましょう。役立つ情報や前向きな話を伝え勇気を与えて。	疲れて元気がないかも。やさしく接し、カフェでゆっくり話を聞くといいでしょう。

相手のタイプ別

毎月の関わり方アドバイス

	相手が 羅針盤座		相手が インディアン座		相手が 鳳凰座	
	金	銀	金	銀	金	銀
7月	相手の才能をドンドンほめて、前向きになれるよう背中を押してみましょう。	得意なことを任せるといい月。過去にハマった趣味の話をするのもオススメ。	愚痴が増えそう。前向きな話をしたり、過去の自慢話を聞いてみるといいでしょう。	なんでも抱え込んでしまうとき。雑談がてら相談に乗り本音を聞くといいでしょう。	相手が反省していたら許すことが大切。気持ちの切り替え方を教えるといいでしょう。	予想外の出来事が増える月。話を聞いて、些細なことでも協力してあげましょう。
8月	互いに協力するといい結果が出せそう。相手を調子に乗らせてみるといいでしょう。	結果を求められて忙しくなっている月。無理のない範囲でサポートしましょう。	無謀な行動に走りやすいとき。話を聞いて不安や心配を取り除いてあげましょう。	相手は心配事や不満がたまる時期。おもしろい話で盛り上げるとよさそうです。	相手は新たなことへゆっくりと動き出す月。興味をもちそうな情報を教えてあげよう。	相手は不要なものを処分したい時期。あなたにとって価値があるならもらいましょう。
9月	相手はネガティブな情報に振り回されやすい月。明るい未来について語り合って。	たくさん話を聞くのがオススメ。おいしいお店を教えたり、パーティーに誘うのも吉。	急に人との距離をとったり縁を切りたくなる月。ほどよい距離を保っておくこと。	やる気が出ず小さなミスが増えるとき。相手の話を聞いてみるとうまく助けられそう。	前向きになれる話や成功者のエピソードを話してみると、やる気になってくれそう。	相手は新しいことに挑戦する時期。ドンドン背中を押してきっかけをつくってみて。
10月	情に振り回されやすい月。余計なことを考えないよう楽しい時間を増やしましょう。	相手は疲れやすい時期。すすんで相談に乗り、周囲と協力し合って手助けを。	おもしろそうな情報をドンドン伝えましょう。人との出会いを増やす手伝いも大切。	無謀な行動に走りやすいとき。悩みを聞いたり、相手の長所を伝えてみて。	互いに将来の夢や未来の話をしてみると、頭も気持ちもスッキリ整理できそうです。	いつもと違う友人の集まりに誘うなど、相手の人脈を広げるために協力しましょう。
11月	掃除や整理整頓を手伝って、相手のいらないものを譲り受けるとよろこんでくれそう。	無理は禁物。こまめに休憩をとるようにうながし、会うのも短時間にとどめて。	急でもいいので食事に誘ったり知り合いを紹介すると、おもしろい縁がつながるかも。	しばらく集まっていないなら、あなたから連絡してプチ同窓会を開いてみましょう。	相手は元気そうに見えても疲れがたまりやすい時期。体調を気遣ってあげて。	将来の夢や人生の目標について話してみると、相手の気持ちが定まってきそうです。
12月	最新情報を教えたり、新たな人脈づくりの手伝いを。はじめての場所に誘うのも吉。	悩みを聞いて、別れを決めかねていたら背中を押して。笑える話をするのもオススメ。	1~2年先の目標を話してみましょう。大まかな方向をうまく定められそうです。	人脈を広げることが大切な月。知り合いを紹介したり、食事に誘ってみて。	相手は大きな幸せをつかむ月。うれしいことが起きたら一緒によろこびましょう。	疲れがたまる時期。相手が不機嫌なときは、甘いものや入浴剤を贈るのがオススメ。

あの人はいま、どんな月を過ごしているんだろう。相手の運気のいいときに誘ってみよう!

	相手が 時計座 金	相手が 時計座 銀	相手が カメレオン座 金	相手が カメレオン座 銀	相手が イルカ座 金	相手が イルカ座 銀
7月	忙しい時期。愚痴や不満を漏らしていたら、前向きな話や未来の話に切り替えて。	新商品をプレゼントしたり話題のお店に誘うなど、未体験のことを一緒に楽しんで。	不機嫌そうにしていたら、「疲れてない? 休んだら?」とやさしく気遣ってみましょう。	相手の好きなことを聞いてみるといい月。雑談から共通の趣味を見つけられるかも。	相手のミスをうまくフォローしつつ、しっかり確認を。ノリで遊びに誘うのもオススメ。	相手の話をリアクションよく聞き、うまく調子に乗せて楽しませるといいでしょう。
8月	感情的になりやすいとき。落ち着いてゆったりできる時間を一緒に過ごしてみて。	最近ハマっているおもしろい動画や芸人さんを教えると、相手もハマってくれそう。	才能や個性をほめて、相手が考え込む前に背中を押して動くきっかけづくりを。	疲れをためている月。おもしろい話をして笑わせてみると元気になってくれそう。	あなたから食事に誘ってみましょう。思い出のお店に行くと楽しい時間を過ごせそう。	相手はミスをしやすいとき。ドジな失敗をしたら一緒に笑ってフォローしよう。
9月	疲れをためやすい月。無理させないようにして、いい健康情報を教えてあげましょう。	人知れず問題を抱え込んでいるかも。無理していないか気にかけ、話を聞いてみて。	相手は小さなミスをしやすい時期。気にせず「ご愛嬌」と思ってやさしく接すること。	ポジティブな話を教えてあげるといい月。相手の人生を変えるきっかけになるかも。	相手の頑張りを認めて背中を押してみて。相談に応じると感謝してもらえそう。	「最近調子がいいね」と伝えたり、得意なことを任せると力をうまく引き出せるかも。
10月	前向きな話をたくさんしてみて。若手の芸能人やスポーツ選手の話題もよさそうです。	体の不調が出るとき。疲れていそうなら休ませて。栄養ドリンクを贈るのもオススメ。	子どものころの夢や昔の話を聞いてあげると、うまくやる気を引き出せるでしょう。	相手はドジな失敗をしやすい月。クヨクヨしていたら笑顔で接して、励まして。	中旬まではノリが大切。下旬は空回りしやすいので落ち着いて行動するよう助言を。	日ごろの感謝を伝えると、それをきっかけに相手が想像以上の活躍をしてくれそう。
11月	趣味や遊びの話をしてみて。相手が無謀な行動に走ったらあなたが止めるように。	上品な言葉遣いで話しかけてみて。言い方を変える遊びをしてみるといいかも。	相手をおだてて調子に乗せるとよさそう。いいところを素直に伝えてみましょう。	真面目に物事をとらえがちなとき。楽しく取り組めるようサポート役にまわって。	相手がイライラしていたら疲れている証。話を聞いて、できる範囲でフォローを。	長所をほめて頑張りを認めるように。いい本を見つけたら下旬に教えるといいかも。
12月	思い出の場所に誘うとよさそう。共通の知り合いがいるなら、みんなで集まるのも吉。	困ったときはお互いさま。ドジな失敗は一緒に笑い、笑えないミスは助けてあげて。	帰りの時間を決めてから会うようにしたり、食事やお茶をするなら短時間にすること。	才能や魅力が輝き、いい勢いもあるとき。悩んでいたら即行動するよう助言を。	意地を張って視野が狭くなってしまう時期。少しでも楽しい時間をつくるようにして。	ポジティブな話をして、ひとつの考え方にこだわらないようアドバイスしてみましょう。

どうなる？ 2025年上半期

このページでは特別に、2025年上半期の運気をお伝えします。ちょっと先の運気までのぞいてみませんか。

攻める時期は終わり。現状維持に努めよう

総合運

急激な運気の沈みや大きな苦労を感じるというよりも、徐々に風向きが変わってくる時期。そのことに早く気づけるといいでしょう。2024年の勢いのまま突っ走っていると、思わぬ敵や足を引っ張る人、あなたの評判を下げようとする人などが現れそうです。大きな決断には不向きな時期なので、攻めるのではなく現状を守るようにすると、大きな乱れは避けられるでしょう。健康運は、体調に少しでも異変を感じたら、我慢せず早めに病院に行くこと。

恋愛&結婚運

4月くらいまでは「自分次第で簡単に恋人ができる」と思い込んでいてもいいですが、ずっとその調子でいると仲のよかった人たちが徐々にしびれを切らして離れていきそうです。告白や交際をしたいのであれば、1～2月に積極的に行動を。恋人のいる人は自分中心になるのではなく相手のことをもっと考えないと、突然の別れが訪れる場合も。結婚運は、2024年の段階で話が固まっているなら、1～2月に結婚しましょう。

仕事&金運

予想外のポジションや仕事を任され、困惑しそうな時期。出世や昇格で現場を離れることや、管理職など不慣れな仕事をせざるを得なくなる場合も。上司や会社の方針が変わってこれまでとは違う流れで働くことになるケースもありますが、ここで学べば成長できそうです。不満もたまりやすいときですが、自分のことばかり考えず流れに身を任せてみて。金運は、勢いで出費しやすいので、軽はずみに買い物をしたり儲け話に乗らないように。

命数ごとに
さらに詳しく占える

全120命数別
2024年の運勢
&
開運アクション

ここまでは12タイプごとに
運気を説明してきましたが
ここからは120命数ごとにさらに詳しく
開運のコツをお届けします。

命数ごとに

STEP 1 自分のことをもっと知ろう

金の鳳凰座

命数

25 ひとりの趣味に走る情報屋

gold phoenix

もっている星

★計画が好きな星
★ひとりの趣味に走る星
★おしゃれな人を好きになる星
★趣味で出費する星
★深酒をする星

基本性格 偏った情報や無駄なものまで集まってくる

段取りと情報収集が好きで、つねにじっくりゆっくりいろいろなことを考える人。幅広く情報を集めているようで、土台が頑固なため、情報が偏っていることも。計算通りに物事を進めますが、計算自体が違っていたり勘違いで突き進むことも多いでしょう。部屋に無駄なものや昔の趣味のもの、着ない服などが集まりやすいのでマメに片付けましょう。気持ちを伝えることが下手で、つねに一言足りないでしょう。

開運アクション

- フットワークを軽くする
- 趣味を増やす
- 価値観の違う人と話す

2024年はこんな年 あっという間の1年になりそう。趣味で交友関係を広げよう

計画していた以上の結果に、自分でも驚くことがありそうです。仕事もプライベートも忙しくなり、あっという間に1年が過ぎてしまうでしょう。ひとりの趣味を楽しむのもいいですが、今年は交友関係が広がるような趣味をはじめるのもオススメの運気です。また、美意識をもっと高めてみてもいいでしょう。健康運は、お酒の席が増えたり夜更かしが続くと、下半期に疲れが出るので気をつけましょう。予定を詰め込みすぎず、ゆっくり休む日をあらかじめつくっておくとよさそうです。

恋愛 結婚 忙しくて時間が足りないと感じるときほどモテる年。ヒマな時間をつくるより趣味や仕事に時間を費やしてみると、あなたの魅力が輝いてくるでしょう。時間が限られることで一つひとつの出会いを大切にできるようになり、チャンスを逃さなくなりそうです。今年は「お得な恋人」よりも、結婚を考えられるようなやさしい人、真面目な人を見つけることができるでしょう。結婚運は、春先か年末に結婚の意思が固まってきそうです。急に臆病にならないように。

仕事 お金 あなたのやりたいように進められたり、物事が計画通りに運ぶことで、仕事がさらに楽しくなってくるでしょう。上半期は、もっと数字にこだわって取り組んでみると、味方が集まってきそうです。下半期は、安請け合いをすると面倒なことになるので、発言には気をつけましょう。じっくり地道に進める方法を選ぶことが大切です。金運は、物欲が強くなり、無駄な買い物が増えてしまいそう。本当に価値があるものなのか、冷静に判断しましょう。

ラッキーカラー	ラッキーフード	ラッキースポット
オレンジ、ネイビー	ラタトゥイユ、グレープフルーツ	温泉旅館、百貨店

命数別 2024年の運勢&開運アクション 金の鳳凰座

99

命数
詳しい調べ方は巻頭の折込をチェック

キャッチフレーズ もっている星 基本性格
あなたの性格を一言で表すなら?

ラッキーカラー ラッキーフード ラッキースポット
プレゼント、お土産、デート先のヒントに

開運アクション
命数ごとにより詳細な開運のコツ

2024年はこんな年
今年1年間の過ごし方アドバイス

STEP 2 気になる人を調べてみよう

あの人は今年どんな1年になるんだろう

※相手の生年月日から、タイプと命数を割り出してください（▶巻頭折込）

銀のイルカ座

命数

56 真面目な目立ちたがり屋

もっている星

★やさしい星
★チャンスに弱い星
★少しでも安物に目がいく星
★キスが好きな星
★むくみやすい星

ラッキーカラー オレンジ ラベンダー
ラッキーフード 納豆 杏仁豆腐
ラッキースポット 海 書店

基本性格 人に好かれるのに遠慮する癖がある

陽気で明るい性格ですが、とても真面目で受け身です。本音では目立ちたいと思っていますが、遠慮する癖があって自分を押し殺しているタイプでもあります。親切で、誰かのために役立つことで生きたいと思っていますが、根は遊びが大好きで、お酒を飲むとキャラが変わってしまうことも。几帳面で気がきくので、人に好かれ、交友関係も広げられますが、臆病になっているとチャンスを逃す場合もあります。

2024年はこんな年 華やかな「銀のイルカ座」のなかで、もっとも控え目でいつも受け身になりがちですが、今年は楽しそうだと思ったら素直に行動に移すといいでしょう。真面目な性格をコンプレックスに思う必要はありません。楽しみながら地道にコツコツできることに挑戦してみましょう。楽器の演奏や筋トレ、資格の勉強などをするのがオススメです。ケチケチせず、気になることに思い切ってチャレンジしましょう。健康運は、白湯を飲むとよさそう。

開運アクション

- 図々しくなってみる
- 自分磨きと自己投資をケチらない
- 新たなジャンルの音楽を聴く

金の羅針盤座

命数 1

ネガティブな頑張り屋

もっている星

★負けを認められない星
★頑張りすぎる星
★友達の延長の恋の星
★空気が読めない星
★スポーツをするといい星

ラッキーカラー　ピンク　イエロー

ラッキーフード　ささみのチーズカツ　明太子

ラッキースポット　スポーツ施設　遊園地

基本性格　サッパリとしているが、じつは人が苦手

負けず嫌いの頑張り屋。人と仲よくなることが得意ですが、本当は人が苦手。誰とでも対等に付き合いたいと思うところはありますが、真面目で意地っ張りで融通がきかないところがあり、人と波長が合わせられないタイプ。生意気なところが出てしまい、他人とぶつかることも多いでしょう。心が高校1年生から成長しておらず、サッパリとした性格ですが、ネガティブなことをすぐに考えてしまうところがあるでしょう。

2024年はこんな年

目標を達成し、同期やライバルに差をつけることができる運気。最高のパフォーマンスを発揮して、充実した日々を過ごせるでしょう。ハッキリとした目標を掲げたほうがより力を出せるので、年内に達成したい目標と、3~4年後に達成できそうな目標を立ててみるとよさそうです。また、今年はいい仲間もできるため、きつい言葉や言い方を出さないよう気をつけておきましょう。健康運は、スポーツをはじめて体力をつけるには最高の年です。

開運アクション

- 次の目標を掲げる
- 身近な人とのコミュニケーションを大切にする
- 後輩や部下の面倒を見る

金の羅針盤座

命数 2

チームワークが苦手な野心家

もっている星

★合理主義の星
★派手な星
★話を最後まで聞かない星
★追いかける星
★内弁慶の星

ラッキーカラー　レッド　ダークブルー

ラッキーフード　かぼちゃコロッケ　ウニ

ラッキースポット　コンサート　リゾート地

基本性格　ひとりで未知の世界に飛び込む行動派

頭の回転が速く、何事も合理的に物事を進めることが好きなタイプ。表面的な人間関係はできますが、団体行動が苦手で、好き嫌いが激しく出てしまう人。突然大胆な行動に走ってしまうことで周囲を驚かせたり、危険なことに飛び込んでしまったりすることもあるでしょう。ひとりでの旅行やライブが好きで、ほかの人が見ないような世界を知ることも多いはず。他人の話を最後まで聞かないところがあるので、しっかり聞くことが大事です。

2024年はこんな年

密かに自信をもって取り組んでいたことに、しっかり結果が出て満足できそうです。「やっぱり自分の思った通り」と感じるような出来事もあるでしょう。頑張りを隠すタイプですが、今年からは少しでもいいので前向きな姿勢を周囲に見せるとよさそうです。また、今年は憧れだったライブや旅行先に行けるようになったり、少しゆとりも出てくるでしょう。健康運は、いいスポーツトレーナーや指導者に出会い、体の調子を整えることができそうです。

開運アクション

- 頑張っている姿を少し見せる
- ライブや旅行に行く
- 人をしっかり観察する

金の羅針盤座 命数 3

上品でもワガママ

もっている星
- ★気分屋の星
- ★サービス精神の星
- ★スキンシップが多い星
- ★エロい星
- ★ダンスをするといい星

ラッキーカラー	パープル ライトブルー
ラッキーフード	寿司 フレンチトースト
ラッキースポット	レストラン 音楽フェス

基本性格 ネガとポジの矛盾を抱えた明るい人

陽気で明るくサービス精神が旺盛。つねに楽しく生きられ、上品な感じをもっている人。人の集まりが好きですが、本音は人が苦手で、ポジティブなのにネガティブと、矛盾した心をもっているタイプ。真面目に物事を考えるよりも楽観的な面を前面に出したほうが人生がスムーズにいくことが多く、不思議と運を味方につけられる人でしょう。自分も周囲も楽しませるアイデアが豊富ですが、空腹になると何も考えられなくなるでしょう。

2024年はこんな年

人生の楽しさやおもしろさを発見できる、最高の流れがはじまります。「金の羅針盤座」のなかでもっとも運がよく「明るい星」の持ち主のため、日々笑顔で過ごしていると心から笑えることや楽しい出来事が増えていくでしょう。多少空回りしてもいいのでサービス精神をドンドン出してみると、波長の合う友人ができたり、あなたをおもしろがってくれる人に出会えそうです。健康運は、楽しむのはいいですが、食べすぎ飲みすぎには要注意。食べたぶん運動するのも忘れずに。

開運アクション
- 明るさと笑顔を心がける
- 愚痴をやめて前向きな話をする
- コンプレックスを話のネタにする

金の羅針盤座 命数 4

余計な一言が多い真面目な人

もっている星
- ★情にもろい星
- ★センスがいい星
- ★恩着せがましい星
- ★情から恋に発展する星
- ★勘で買う星

ラッキーカラー	ピンク ターコイズブルー
ラッキーフード	鯛の刺身 サンドイッチ
ラッキースポット	美術館 高級ホテル

基本性格 おしゃべりで勘が鋭く恩着せがましい人情家

何事も素早く判断できる頭の回転が速い人。短気なところもありますが、おしゃべりが好きで勘が非常に鋭いタイプ。人情家で情にとてももろい人ですが、人間関係をつくるのがやや下手なところがあり、恩着せがましいところや、自分が正しいと思った意見を押しつけすぎてしまう癖があるでしょう。感性も豊かで芸術系の才能をもち、新しいアイデアを生み出す力もあります。寝不足や空腹で簡単に不機嫌になってしまうでしょう。

2024年はこんな年

秘めていた才能が開花する年。直感が冴え、感性やセンスも活かせて楽しくなってくるでしょう。周囲が驚くようなアイデアを出せたり、ズバッとキレのいい発言をすることもできそうです。ただし、品のない言い方にならないよう、言葉はきちんと選ぶように。己の勘に従って行動することで、いい出会いや大きなチャンスをつかむことができるので、自分を信じて動いてみましょう。健康運は、ストレス発散のために運動すると、体力もついて一石二鳥になりそう。

開運アクション
- 直感を信じて行動する
- 言葉を選びつつハッキリ言う
- 運動をはじめてスタミナをつける

金の羅針盤座

命数 5

ネガティブな情報屋

もっている星

★商売人の星
★計画を立てる星
★多才な星
★都会的な人が好きな星
★お酒に注意の星

ラッキーカラー　ピンク　パープル

ラッキーフード　ローストビーフ　すもも

ラッキースポット　旅館　水族館

基本性格　アイデアは豊富だけど、適当でややネガティブ

多趣味・多才でいろいろなことに詳しく視野が広い人。根は真面目で言われたことを忠実に守りますが、お調子者のところがあり、適当なトークをすることがあります。一方で不思議とネガティブな面もある人。おもしろそうなアイデアを出したり、情報を伝えたりすることは上手です。好きなことが見つかると没頭しますが、すぐに飽きてしまうところもあるでしょう。部屋に無駄なものが集まりやすいのでマメに片付けたほうがいいでしょう。

2024年はこんな年

あなたの計算や計画の通りに物事が運びやすい年。情報収集力や、多趣味で多才なところをうまく活かせるでしょう。いろいろなことをやっておいてよかったと思える出来事もありそうです。自分ひとりだけが得する方向に進むより、周囲も得するように動くと、味方も増えて楽しく過ごせるようになるでしょう。あなたに必要な情報も入ってくるので、積極的に調べたり聞いたりしてみて。健康運は、ヨガやスポーツジムに通って体をしぼるといいでしょう。

開運アクション

- 人をほめる
- 互いに得することを考える
- 何事もプラス面を探す

金の羅針盤座

命数 6

謙虚な優等生

もっている星

★真面目でまっすぐな星
★ネガティブな星
★自信がない星
★押されたらすぐ落ちる星
★小銭が好きな星

ラッキーカラー　ピンク　ラベンダー

ラッキーフード　たちうおの塩焼き　栗

ラッキースポット　温泉旅館　渓谷

基本性格　清潔感と品があり現実的だけど臆病者

真面目でおとなしく出しゃばったことをしない人。やや地味なところはありますが、清潔感や品格をもち、現実的に物事を考えられて、謙虚な心でつねに一歩引いているようなタイプです。他人からのお願いが断れなくて便利屋にされてしまう場合もあるので、ハッキリと断ることも必要。自分に自信がないのですが、ゆっくりじっくり実力をつけることができれば、次第に信頼・信用されるでしょう。臆病が原因で交友関係は狭くなりそうです。

2024年はこんな年

真面目にじっくり取り組んできた人ほど高く評価され、大きなチャンスをもらえる年。遠慮したり臆病になったりせず、思い切って行動しましょう。言いたいことをハッキリ伝えてみると、状況やあなたに対する周囲の扱いも変わってきそうです。完璧よりも場数を増やすことを目指すよう考え方を変えてみると、いい経験と人脈ができるでしょう。手先が器用なところも活かせそうです。健康運は、家でできる筋トレやストレッチをするといいでしょう。

開運アクション

- 開き直って言いたいことを言ってみる
- 恥ずかしいと思ったら行動する
- イメチェンや自分磨きにケチケチしない

金の羅針盤座

命数

7 おだてに弱い正義の味方

もっている星
- ★正義の味方の星
- ★行動が雑な星
- ★恋で空回りする星
- ★ほめられたらなんでもやる星
- ★細かな計算をせず買い物する星

ラッキーカラー　レッド　ネイビー
ラッキーフード　うどん　ゴーヤチャンプルー
ラッキースポット　動物園　空港

基本性格　抜群の行動力だけど、ちょっとドジ

自分が正しいと思ったことを貫き通す正義の味方のような人。人にやさしく面倒見がいいのですが、人と距離をあけてしまうところがあります。正しい考えにとらわれすぎて、ネガティブになってしまうこともあるでしょう。行動力と実行力があるのですが、おだてに弱く、ほめられたらなんでもやってしまうところもあります。基本的に、雑でドジなところがあるので、先走ってしまうことも多いでしょう。

2024年はこんな年

もっとも正義感が強く、曲がったことが嫌いなタイプ。今年は大きな壁を乗り越えられて、あなた中心に世の中が動くと言ってもいいくらい、運を味方につけられるでしょう。自分の常識を周囲に押しつけず、いろいろな人の考えを認め、尊重しほめてみると、いい仲間も集まってきそうです。後輩や部下の面倒を見ることも大切なので、多少面倒でもプライベートで一緒に遊んでみるといいでしょう。健康運は、ヨガやストレッチをして体を柔らかくするとよさそう。

開運アクション
- 自信をもって行動する
- 「感謝・認める・ねぎらい」を忘れない
- 明るく笑顔でお願いをする

金の羅針盤座

命数

8 上品で臆病な人

もっている星
- ★上品な星
- ★マイナス思考な星
- ★人が苦手な星
- ★品のある人が好きな星
- ★肌と精神が弱い星

ラッキーカラー　ピンク　ブルー
ラッキーフード　スズキのムニエル　麻婆茄子
ラッキースポット　コンサート　アミューズメントパーク

基本性格　繊細でネガティブだけど、礼儀正しくお上品

真面目で上品、挨拶やお礼などの常識をしっかり守る人。ルールやマナーにもうるさく、できない人を見るとガッカリしてしまうことも多いでしょう。繊細な性格でネガティブな考えが強く、勝手にマイナスに考えてしまうところもあります。その点は、あえてポジティブな発言をすることで人生を好転させられるでしょう。臆病で人間関係が苦手、とくに初対面の人と打ち解けるまでに時間がかかってしまうことが多いでしょう。

2024年はこんな年

規則やルール、約束をもっとも守るキッチリしたタイプ。しっかり者ですが、メンタルの弱さが出てしまうことも。今年は、心も体も楽になり、あなたのこれまでの頑張りやしっかりやってきたことも評価されそうです。「真面目に取り組んできて正解だった」と思えますが、そのぶん周囲にいるだらしない人にイライラしやすいので、小さなことを気にして心を乱さないようにしましょう。健康運は、アロマを楽しんでみると、いいストレス発散になりそう。

開運アクション
- 度胸と勇気を出す
- 考える前に行動する
- 好きなアーティストのライブに行く

金の羅針盤座

命数

9 上品な変わり者

もっている星

- ★発想力がある星
- ★海外の星
- ★時代を変える星
- ★恋は素直になれない星
- ★束縛から逃げる星

ラッキーカラー　ピンク　ブルー

ラッキーフード　にんにくのホイル焼き　たけのこ

ラッキースポット　海外旅行　映画館

基本性格　理屈と言い訳が多い、新たな価値の提案者

ほかの人とは違った生き方を自然としてしまいます。周囲から「変わってる」と言われることがありますが、自分では真面目に過ごしています。理論と理屈が好きですが、屁理屈や言い訳が多くなってしまうタイプ。芸術系の才能や新たなことを生み出す才能をもっているため、天才的な能力を発揮することもあるでしょう。頭はいいですが、熱しやすく冷めやすいので、自分の好きなことがわからずにさまよってしまうところがあるでしょう。

2024年はこんな年

あなたの才能やセンスを活かすことができる年。色彩感覚やアイデア、企画力をおもしろがってもらえそうです。これまでは「ちょっと変な人」と思われていた人も「天才」と言われるようになってくるので、自分の好きなことをアピールしてみるといいでしょう。屁理屈をこねるのもいいですが、今年からはおもしろい話に変えて周囲を楽しませてみると、人気や注目を集められそうです。健康運は、肩こりや片頭痛に悩まされそうなのでスポーツジムで筋トレをするのがオススメ。

開運アクション

- アイデアや企画をドンドン出してみる
- 恋には素直になっておく
- 他人の才能をほめる

金の羅針盤座

命数

10 真面目な完璧主義者

もっている星

- ★プライドが邪魔する星
- ★知的好奇心の星
- ★教える星
- ★専門職の星
- ★年上に好かれる星

ラッキーカラー　ピンク　藍色

ラッキーフード　かに　野菜炒め

ラッキースポット　劇場　老舗旅館

基本性格　人に興味がなく我が道を突き進む職人気質

つねに冷静に物事を判断できる落ち着いた大人のような人。歴史や芸術が好きで、若いころから渋いものにハマっているでしょう。他人に興味がなく、距離をあけてしまうところや、上から目線の言葉が自然と出てしまうところもあるでしょう。ひとつのことを極めることができ、職人として最高の能力をもっているので、好きなことを見つけたらとことん突き進んでみるといいでしょう。ネガティブな発想になりすぎてしまうのはほどほどにしておきましょう。

2024年はこんな年

探求心と追求心があり、「完璧主義の星」をもった人。自分が認めた人以外にはめったに心をひらきませんが、今年は尊敬できる人や心を許せる人との出会いがありそうです。気になった場所には積極的に足を運び、人との交流を面倒だと思わないようにしましょう。つながりや縁を大切にすれば、あなたの才能やセンスのすごさに気づく人にも出会え、他人のミスを許せるようにもなりそうです。健康運は、朝からウォーキングをすると体が軽くなるでしょう。

開運アクション

- 人との交流を楽しんでみる
- 相手の才能や個性をほめる
- 生きるため以外のプライドは捨てる

銀の羅針盤座 命数 1

礼儀正しい頑張り屋

もっている星
- ★友人に影響を受ける星
- ★テンションが高校生の星
- ★少年っぽい人が好きな星
- ★胃が弱い星
- ★体力がある星

ラッキーカラー　オレンジ　ブルー
ラッキーフード　親子丼　りんご
ラッキースポット　公園　避暑地

基本性格　狭く深く仲間意識の強い、一生青春な若者

粘り強く真面目な頑張り屋タイプ。一度自分がこれだと見つけたことに最後まで一生懸命に取り組みます。仲間意識が強く友情を大切にしますが、友人に振り回されてしまうこともあるでしょう。心は高校1年生のまま、青春時代のままで生きているような人。友人の数は多くはなく、付き合いは狭くて深い人。反発心があり「でも、だって」が多く、若いころは生意気だと思われてしまうところがあり、他人からの言葉をネガティブにとらえることも多いでしょう。

2024年はこんな年

もともとパワフルなタイプですが、今年は疲れを感じやすく、イメージ通りに体が動かない感じになりそうです。同期やライバルに差をつけられて、イライラしたりストレスがたまることもあるかもしれませんが、いまは勝ちを譲るときだと思って、マイペースに過ごしましょう。スポーツや筋トレなどをして体を動かす習慣をつくると、うまくストレスを発散できるでしょう。健康運は、胃腸の調子を崩しやすいので、刺激の強い食べ物は控えるように。暴飲暴食も避けましょう。

開運アクション

- 意地を張って頑張りすぎない
- 異性の友人をつくる
- 周囲に協力する

銀の羅針盤座 命数 2

地道なことが好きな無駄嫌い

もっている星
- ★無駄が嫌いな星
- ★結論だけ聞く星
- ★上手にサボる星
- ★玉の輿に乗る星
- ★一攫千金の星

ラッキーカラー　ブラック　レッド
ラッキーフード　餃子　干し芋
ラッキースポット　温泉旅館　美術館

基本性格　合理的だけど先走る無謀な男の子

上品で控えめな性格に見えて、根は無駄なことが大嫌いな、合理的に生きる男の子のようなタイプ。団体行動が苦手で人付き合いも苦手ですが、表面的には人間関係を上手に築けるので、外側と中身が大きく違う人。頭の回転は速いのですが、話の前半しか聞かずに先走ることが多いでしょう。自分に都合が悪いことを聞かないわりには、ネガティブな情報に振り回されてしまうことも。一人旅に出るなど、大胆な行動に走る人でしょう。

2024年はこんな年

陰の努力が必要な最後の1年。周囲に知らせず密かに学んだり、地道に努力していることがあるなら、そのまま続けることが大切です。突然投げ出してしまうと、これまでの努力が水の泡になってしまいます。結果が出なくても焦らず、2025年から人生が変わると思って期待しておきましょう。健康運は、自己流の健康法が原因で体調を崩してしまうことがあるかも。極端なやり方はよくないと学べそうです。ヤケ酒などが原因で、ケガをしたり体調を崩しやすくなるので注意しましょう。

開運アクション

- 陰の努力や勉強を続ける
- ヤケを起こさない
- 遊園地に行く

銀の羅針盤座

命数 **3**

明るいマイナス思考

もっている星
★ワガママな星
★愚痴と不満が多い星
★甘え上手な星
★おもしろい人を好きになる星
★油断すると太る星

ラッキーカラー　レッド　ライトブルー
ラッキーフード　きのこのソテー　オレンジ
ラッキースポット　サウナ　喫茶店

基本性格　おしゃべりで人気者だけど、人が苦手

サービス精神が豊富で明るく品のある人。自然と人が周りに集まってきますが、人が苦手という不思議な星の持ち主。自ら他人に振り回されにいってしまいながらも、自分も周囲を自然と振り回してしまうところがあるでしょう。おしゃべりでワガママな面がありますが、人気を集めるタイプです。超ポジティブですが空腹になるとネガティブな発言が多くなり、不機嫌がすぐ顔に出るでしょう。笑顔が幸運を引き寄せます。

2024年はこんな年

喜怒哀楽がすぐに言葉や態度に出るタイプですが、とくに今年は疲れてイライラした態度をとってしまったり、口の悪さが出やすくなりそうです。ストレスがたまって暴飲暴食し、急激に太ってしまうこともあるので気をつけて。定期的に体を動かして、ダイエットや体重維持に努めておきましょう。健康運は、気管や肺の調子を崩したり、痛風や糖尿病になる場合があるかも。水を多めに飲むよう心がけ、食事の栄養バランスが偏らないよう十分に注意しておきましょう。

開運アクション

- 自分の機嫌は自分でとる
- 欲望に流されない
- 手料理をご馳走する

銀の羅針盤座

命数 **4**

繊細でおしゃべりな人

もっている星
★専門家になる星
★しゃべりすぎる星
★サプライズに弱い星
★ストレスをためやすい星
★基礎体力づくりが必要な星

ラッキーカラー　ホワイト　イエロー
ラッキーフード　ハンバーグ　グレープフルーツ
ラッキースポット　美術館　森林浴

基本性格　頭の回転が速く感性豊かで一言多い

好きなことをとことん突き詰められる情熱家。頭の回転が速く、なんでも勘で決める人。温和で上品に見えますが、根は短気でやや恩着せがましいところもあるでしょう。芸術的感性も豊かで表現力もありますが、おしゃべりで一言多いでしょう。粘り強いのですが、基礎体力がなく、イライラが表面に出てしまうところも。寝不足や空腹になると機嫌が悪くなり、マイナス思考や不要な発言が多くなってしまうでしょう。

2024年はこんな年

スタミナ不足を感じたり、疲れがなかなか抜けない感じになりそう。元気なときにスクワットなどの筋トレをして、体力をつけておくといいでしょう。水泳やランニングなどで体を鍛えるのもよさそうです。また、睡眠時間を増やしたり、日中仮眠をとるよう心がけておくこと。今年は些細なことでイライラして、周囲との関係が悪くなりやすいため、意識して上品な言葉を使うようにしましょう。健康運は、異変をそのままにしていると、入院や手術をすることになりかねないので要注意。

開運アクション

- 心が安らぐ音楽を聴く
- 愚痴を言うより人をほめる
- スクワットをして体力をつける

銀の羅針盤座

命数

5 品のある器用貧乏

もっている星

★お金も人も出入りが激しい星
★多趣味・多才な星
★お金持ちが好きな星
★散財する星
★好きなことが見つけられない星

ラッキーカラー	スカイブルー ネイビー
ラッキーフード	オムライス バナナ
ラッキースポット	水族館 コンサート

基本性格 多趣味すぎて好きなもののなかでさまよう

損得勘定が好きで、段取りと情報収集が得意な、幅広く物事を知っている上品でおしゃれな人。好きなことにはじっくり長くハマりますが、視野が広いだけに自分は何が好きなのかを見つけられずにフラフラすることもあるでしょう。多趣味なのはいいのですが、部屋に無駄なものがたまりすぎてしまうことも。お調子者ですが、ややネガティブな情報に振り回されてしまうのと、人付き合いはうまいのに、本音では人が苦手なところがあります。

2024年はこんな年

何かと予定以上に忙しくなり、疲労がたまってしまいそう。時間に余裕をもって行動し、ヒマな日をつくっておくようにしましょう。遊びの誘いや遅い時間帯の付き合いも増えそうですが、急な予定変更は避け、事前に約束しているものだけに参加するほうがよさそうです。興味がわくことを見つけると一気にパワーが出るタイプですが、今年は視野を広げすぎず、何事もゆったり楽しんでみましょう。健康運は、お酒が原因で体調を崩したり、ケガをしてしまうことがあるので気をつけること。

開運アクション

- 予定を詰め込まない
- 安請け合いをしない
- 趣味を楽しむ時間をつくる

銀の羅針盤座

命数

6 受け身で誠実な人

もっている星

★サポート上手な星
★尿路結石の星
★地味な星
★一途な恋の星
★根はMの星

ラッキーカラー	ラベンダー スカイブルー
ラッキーフード	のり巻き キウイ
ラッキースポット	スパ 滝

基本性格 品があり臆病でゆっくり進む誠意ある人

真面目でやさしく、じっくりゆっくり物事を進めるタイプ。品はありますが、やや地味になってしまうところもあります。言われたことは完璧にこなすことができるでしょう。現実的に物事を考えるのはいいことですが、臆病になりすぎてしまったり、マイナス情報に振り回されてしまったりと、石橋を叩きすぎてしまうこともあるタイプ。初対面の人や人間関係を広げることが苦手で、つねに一歩引いてしまうところがあるでしょう。

2024年はこんな年

断ることが苦手で、損するとわかっていても面倒なことを引き受けてしまうタイプ。今年は想像以上に忙しくなり、精神的な疲れが一気にたまってしまいそうです。好きな音楽を聴いたり、気を使わずにいられる人と遊ぶ時間をつくるようにしましょう。話しやすい人や、たくさん笑わせてくれる人と一緒に過ごすのもいいでしょう。健康運は、冷えが原因で婦人科系の病気や尿路結石、膀胱炎などになりやすいので要注意。肌荒れに悩むこともありそうです。

開運アクション

- 断る勇気をもつ
- 湯船にしっかり浸かってから寝る
- 好きな音楽を聴く時間をつくる

銀の羅針盤座

命数

7 ネガティブで正義感が強い人

もっている星
★無謀な行動に走る星
★人任せな星
★仕切りたがる星
★押しに弱い星
★下半身が太りやすい星

ラッキーカラー　ブルー　ホワイト
ラッキーフード　わかめそば　ぶどう
ラッキースポット　動物園　タワー

基本性格　面倒見がいいのに人が苦手で不器用な行動派

自分が正しいと思ったら突っ走る力が強く、せっかちで行動力はありますが、やや雑です。好きなことが見つかると粘り強さを発揮します。正義感があり面倒見が非常にいいのですが、不思議と人が苦手で人間関係をつくることに不器用な面があるでしょう。おだてに極端に弱く、ほめられたらなんでもやってしまうところも。年上の人から好かれることが多いのですが、その人次第で人生が大きく変わってしまうところもあるでしょう。

2024年はこんな年

持ち前の行動力とパワーが弱まりそうな年。これまで頑張ってきたぶん、一息つくタイミングです。無理をせず、しっかり休んで充電しましょう。慌てるとケガをしたり体調を崩してしまいそうです。おだてに弱いため、もち上げてくる人に便利屋のごとく使われないよう気をつけること。健康運は、腰痛や足のケガ、骨折などをしやすくなるので、雑な行動は避けるように。つねに品よく、ていねいな振る舞いを意識しましょう。

開運アクション
- 時間にゆとりをもって動く
- ふざけた行動は控える
- 助けてくれた人に感謝を伝える

銀の羅針盤座

命数

8 常識を守る高貴な人

もっている星
★気品のある星
★約束やルールを守る星
★人間関係が苦手な星
★精神的に頼れる人が好きな星
★スキンケアが大事な星

ラッキーカラー　ブルー　ライトブルー
ラッキーフード　ウニのパスタ　メロン
ラッキースポット　庭園　コンサート

基本性格　お金持ちから好かれるネガティブな貴婦人

礼儀正しく、上品で何事にも几帳面でていねいなタイプ。臆病で人間関係をつくることが苦手ですが、上司や先輩、お金持ちから自然と好かれてしまう人。やさしく真面目ですが、ネガティブに物事をとらえすぎる癖があり、マイナスな発言が多くなってしまう人でしょう。言われたことを完璧にできますが、一方で言われないとなかなかやらないところもあるでしょう。見栄っ張りなところもあり、不要な出費も多くなりそうです。

2024年はこんな年

キッチリした性格がアダになり、精神的な疲れがたまってしまいそう。自分のことだけでなく、ほかの人の雑な部分まで気になってイライラしてしまいそうです。コミュニケーションがうまくとれずにストレスになることも。困ったときは素直に助けを求め、周囲の人に甘えてみると楽になれそうです。健康運は、手荒れ、湿疹など疲れが肌に出てしまうかも。上手にストレスを発散するよう心がけましょう。好きな香りをかぐと、リラックスできそうです。

開運アクション
- 少しくらい雑でもいいと思う
- 楽しく話してくれる人に会う
- 好きな香りをかぐ

銀の羅針盤座

命数 **9**

斬新な生き方をする臆病な人

もっている星
- ★革命を起こす星
- ★超変態な星
- ★自由に生きる星
- ★長い恋が苦手な星
- ★飽きっぽい星

ラッキーカラー　ホワイト　ブルー
ラッキーフード　スープカレー　プリン
ラッキースポット　映画館　美術館

基本性格　人と違った才能をもつ、人が苦手な異端児

上品でていねいですが、自由を求める変わり者。芸術や美術、周囲とは違った才能をもっています。デザインや色彩の才能、企画やアイデアを出すことでひとつの時代をつくれるくらい、不思議な生き方をします。表面的な人付き合いはできますが、本音は人が苦手で束縛や支配から逃げてしまうところも。一族のなかでも変わった生き方をし、突然これまでとはまったく違った世界に飛び込んでしまう場合があり、熱しやすく冷めやすい人でしょう。

2024年はこんな年

いまの環境や仕事に飽きて、急に引っ越しや転職を考えてしまいそうな年。今年の決断はのちの苦労や疲れの原因になるため、2025年まではようすを見るようにしましょう。それまでは自分の得意なことや好きなことを磨いておくといいでしょう。芸術系の習い事をはじめたり、アート作品を観に行ってみると、気持ちも落ち着いてきそうです。また、他人を小馬鹿にするような言葉遣いをしないよう、十分注意すること。健康運は、視力の低下や目の疲れ、首の痛みなどが出てくるかも。

開運アクション

- 現状維持を楽しむ
- 小馬鹿にするようなことを言わない
- 芸術鑑賞に出かける

銀の羅針盤座

命数 **10**

マイナス思考の研究家

もっている星
- ★年上から好かれる星
- ★完璧主義の星
- ★言い訳が多い星
- ★理屈と理論の星
- ★尊敬できないと恋ができない星

ラッキーカラー　パープル　ホワイト
ラッキーフード　鉄火巻き　干し柿
ラッキースポット　書店　神社仏閣

基本性格　物事を突き詰められて、年上に好かれる人間嫌い

つねに冷静に物事を判断して、好きではじめたことは最後まで貫き通し、完璧になるまで突き詰めることができる人。人になかなか心を開きませんが、尊敬すると一気に仲よくなって極端な人間関係をつくる場合も多いタイプ。ただし、基本的には人間関係が苦手です。考えが古いので、年上の人や上司から好かれることも多いでしょう。偏食で好きなものができると飽きるまで食べすぎてしまうところも。疑い深く、ネガティブにもなりやすいでしょう。

2024年はこんな年

疲れがたまって集中しづらくなったり、考えがうまくまとまらなくなりそう。人間関係の面倒事にイライラすることも増えてしまうかも。昼寝などをして睡眠を長くとり、できないときは目を閉じる時間を少しでもつくっておくといいでしょう。また今年は、プライドを手放してみましょう。周囲に頭を下げると、結果的に自分を守ることができるでしょう。健康運は、肩こりや首の痛み、片頭痛や目の疲れなどが原因で集中力が低下しそう。こまめに運動やストレッチをしておきましょう。

開運アクション

- 昼寝をする
- 言葉遣いをやさしくする
- 尊敬できる人に相談する

金のインディアン座

命数 **11**

好奇心旺盛な心は中学3年生

もっている星
- ★ 裏表がない星
- ★ 色気がない星
- ★ 浪費癖の星
- ★ マメな人に弱い星
- ★ 胃腸が弱い星

ラッキーカラー　ピンク　ブルー

ラッキーフード　たこ焼き　クリームシチュー

ラッキースポット　運動場　キャンプ場

基本性格　誰とでも親しくなれる裏表のない少年

負けず嫌いな頑張り屋。サッパリとした性格で、女性の場合は色気がまったく出ない人が多く、男性はいつまでも少年っぽい印象があるでしょう。心が中学3年生くらいからまったく成長していないので、無邪気で好奇心も旺盛。やや反発心をもっているので若いころは生意気なところがありますが、裏表の少ない性格と誰とでもフレンドリーなところから幅広い知り合いができることも多いでしょう。妄想が激しくなりすぎるのはほどほどに。

2024年はこんな年

もっともマイペースですが、今年は自分のペースを守ったおかげで評価されたり、ほかの人が到達できない場所にまでたどり着くことができるでしょう。気力や責任感もあるタイプなので、信頼も集まってきそうです。付き合いの長い人と組むことで、楽しい時間も増えるでしょう。意見が食い違ったときは、言い方が悪かったと思ってよりよい言葉や表現を学ぶと、あなたの能力をもっと活かせるようになりそうです。健康運は、長く続けられそうな運動をはじめるといいでしょう。

開運アクション
- 表現を学ぶ
- 親友を大切にする
- 自分も周囲も笑顔にする

金のインディアン座

命数 **12**

冒険が好きな楽観主義者

もっている星
- ★ 単独行動の星
- ★ 努力を見せない星
- ★ 逃げると追いかけたくなる星
- ★ 一発逆転をねらう星
- ★ 独自の健康法にハマる星

ラッキーカラー　ブラック　ダークブルー

ラッキーフード　ぶりの照り焼き　ラズベリー

ラッキースポット　古都　音楽フェス

基本性格　時代をつくる才能がある、無邪気なお気楽者

刺激と変化を求める無邪気な人。心は高校1、2年生で止まったままの好奇心旺盛なタイプ。やや落ち着きがなく無計画な行動に突っ走ってしまうところもありますが、新しいことや時代の流れに素早く乗ることができ、ときには時代をつくれる人。誰も知らない情報をいち早く知っていたり、流行のさらに一歩先を進んでいることもあるでしょう。団体行動が苦手で少人数や単独行動のほうが気楽でいいでしょう。

2024年はこんな年

本領を発揮できる年。これまで陰で努力をし頑張りを表に出さないようにしてきた人も、能力の高さを見抜かれ、いよいよ秘めていた力を発揮する流れになりそうです。今年は、心の内で思っていたことや隠していた実力をできるだけ出してみるようにしましょう。周囲が驚くような結果を出せたり、今年から人生が大逆転するような流れをつくることができるでしょう。健康運は、格闘技や筋トレなど、ハードな運動をするのがオススメです。

開運アクション
- 何事も全力で取り組む
- 付き合いの長い人を大切にする
- 思い出のあるアーティストのライブに行く

金のインディアン座 命数13 一生陽気な中学生

もっている星
- ★無邪気な星
- ★言ったことを忘れる星
- ★助けられる星
- ★夜の相性が大事な星
- ★扁桃腺が弱い星

ラッキーカラー：ピンク　ライトブルー
ラッキーフード：さんまの蒲焼き　ブルーベリー
ラッキースポット：コンサート　遊園地

基本性格　交友関係が広い無邪気な人気者

明るく陽気でおしゃべり、無邪気で楽観主義、見た目も心も若く中学2、3年生からまったく成長していないような人。楽しいことが好きで情報を集めたり、気になることに首を突っ込んだりすることが多いぶん、飽きっぽく落ち着きがないところもあるでしょう。ワガママな部分はありますが、陽気な性格がいろいろな人を引きつけるので、不思議な知り合いができて交友関係も自然と広くなるでしょう。空腹で機嫌が悪くなる点には気をつけて。

2024年はこんな年

おもしろいことや楽しいことを見つけるのがもっともうまいタイプ。今年は、忙しいながらもラッキーなことが多いでしょう。人との関わりも増えていろいろな縁がつながるので、知り合いの輪を広げてみて。多少ワガママを言っても問題ありませんが、冗談のつもりで発した余計な一言が原因で味方が減ってしまうことも。言葉遣いには気をつけ、礼儀や挨拶も忘れないようにしましょう。健康運は、のどを痛めやすいので、こまめにうがいをすること。

開運アクション
- 知り合いに知り合いを紹介する
- やさしい人を大切にする
- 礼儀や挨拶はしっかりする

金のインディアン座 命数14 瞬発力だけで生きる中学生

もっている星
- ★語りたがる星
- ★頭の回転が速い星
- ★勘で買い物する星
- ★センスのいい人が好きな星
- ★短気な星

ラッキーカラー：レッド　ターコイズブルー
ラッキーフード：冷や奴　チーズ
ラッキースポット：アミューズメントパーク　美術館

基本性格　根っから無邪気なおしゃべり

何事も直感で決め、瞬発力だけで生きている人。独特の感性をもち、周囲が驚くような発想をすることもあるでしょう。空腹になると短気になります。生まれつきのおしゃべりで、何度も同じようなことを深く語りますが、根っから無邪気で心は中学生のまま。気になることにドンドンチャレンジするのはいいですが、粘り強さがなく、諦めが早すぎてしまうこともあるでしょう。人情家ですが、執着されることを自然と避けてしまうでしょう。

2024年はこんな年

直感に従って行動することで幸運をつかめる年。遠慮せずに自分のアイデアや思いをドンドン発してみるといいでしょう。ただし、何事も言い方ひとつで変わるものなので、下品な言い方をしないよう気をつけて。品のいい言葉や、相手が受け入れてくれそうな表現を選びましょう。そのためにも、素敵な言葉を学んだり、語彙を増やす努力をすることが大事です。健康運は、筋トレやストレッチをしながら、明るい妄想をするといいでしょう。

開運アクション
- 品のいい言葉を選ぶ
- 直感を信じて粘ってみる
- ていねいに説明する

金のインディアン座

命数

15 情報収集が得意な中学生

もっている星
★視野が広い星
★親友は少ない星
★脂肪肝の星
★おしゃれな人を好きな星
★流行の先を行く星

ラッキーカラー　レッド　ネイビー
ラッキーフード　鮭のバターソテー　フルーツヨーグルト
ラッキースポット　水族館　百貨店

基本性格　計算が得意で広い人脈をもつ情報屋

あらゆる情報を入手することに長けた多趣味・多才な情報屋のような人。段取りと計算が得意で、フットワークも軽くいろいろな体験や経験をする人でしょう。お調子者でその場に合わせたトークもうまいので人脈は広がりますが、知り合い止まりくらいの人間関係を好むでしょう。家に無駄なものやガラクタ、昔の趣味のもの、服などが多くなってしまうのでマメに片付けるように。損得勘定だけで判断するところもあるのでほどほどに。

2024年はこんな年

もっとも情報集めが好きでフットワークが軽いタイプ。今年は多趣味・多才で経験も豊富なあなたの、これまでうまく活かしきれていなかった才能が評価され、独自の価値として受け止めてもらえそうです。これまで出会った人とのつながりも活かせ、おもしろい縁が広がってくるでしょう。過去に苦労したことが、いい経験だったと思えるような出来事もありそうです。健康運は、お酒の飲みすぎに要注意。忙しくなっても睡眠時間はしっかり確保するようにしましょう。

開運アクション

- 懐かしい人にたくさん会う
- お得な情報を発信する
- 守れない約束はしない

金のインディアン座

命数

16 誠実で陽気な中学生

もっている星
★陽気だが自信はない星
★地道なことが好きな星
★セールが好きな星
★妄想恋愛の星
★お酒に注意の星

ラッキーカラー　レッド　スカイブルー
ラッキーフード　切り干し大根　ししゃも
ラッキースポット　海水浴　デパート

基本性格　新しもの好きで情報通の慎重派

真面目でやさしく地道にコツコツと積み重ねるタイプ。好奇心が旺盛で新しいことが好きですが、気になることを見つけても慎重なため情報ばかり集めて、ようす見ばかりで一歩前に進めないことが多いでしょう。断り下手で不慣れなことでも強くお願いをされると受け入れてしまい、なんとなく続けていたもので大きな結果を残すこともできる人。自信がなく、自分のことをおもしろくないと思い、ときどき無謀な行動に走っては後悔することも。

2024年はこんな年

地道な努力をしてきたり、ときには遠回りして苦労や経験をたくさん積んできた人ほど、うれしいことが多い年。長く苦労してきた人は、今年でそれも終わりそうです。チャンスや評価を得られるので、遠慮したり臆病になったりせず、しっかり受け止めましょう。あなたがよろこぶことで周囲も笑顔になるはずです。大きな幸せを手にする順番が回ってきたと思って、積極的な行動や、自分ができることのアピールをしておきましょう。健康運は、白湯を飲む習慣を身につけるとよさそう。

開運アクション

- 悩む前に行動する
- 言いたいことはハッキリ伝える
- 目立つことを恐れない

金のインディアン座

命数

17 妄想好きなリーダー

もっている星
★行動力がある星
★独立心のある星
★顔の濃い人が好きな星
★腰痛の星
★貸したお金は戻ってこない星

ラッキーカラー レッド ネイビー
ラッキーフード カルボナーラ えびフライ
ラッキースポット 動物園 ホテル

基本性格 おだてに弱く面倒見はいいが大雑把

実行力と行動力があり、気になることがあるとすぐに飛びつく人。視野が広くいろいろなことに興味を示しますが、ややせっかちなため飽きが早く、深く追求しないところがあり、雑な部分が増えてしまうでしょう。心が中学2、3年生のままでおだてに極端に弱く、ほめられたらなんでもやってしまうところがありますが、正義感があり面倒見がいいので先輩・後輩から慕われることも多く、まとめ役としても活躍するタイプでしょう。

2024年はこんな年

自分でも驚くほど行動力が増し、結果もついてくる年。遠慮はいらないので、己の勘を信じてドンドン動いてみましょう。ただ、新たな挑戦は年末にするのがオススメです。それまでは、これまでの経験や人脈を最大限に活かして動くといいでしょう。後輩や部下の面倒を見ることで、いい仲間もできそうです。発言が雑になりやすいタイプなので、ていねいな言葉を選び、自分にしかわからないような言い方は避けるように。健康運は、腰痛に注意したほうがよさそうです。

開運アクション

- 目立つポジションを選ぶ
- 若い人と遊ぶ
- ハッキリ言うときほど言葉を選ぶ

金のインディアン座

命数

18 上品な中学生

もっている星
★他人と争わない星
★うっかりミスが多い星
★白いものを買う星
★外見で恋をする星
★日焼けに弱い星

ラッキーカラー ピンク ライトブルー
ラッキーフード からあげ 空心菜
ラッキースポット コンサート 花火大会

基本性格 お金持ちから好かれやすい気遣い上手

無邪気ですが上品で礼儀正しい人。好奇心旺盛でいろいろなことに興味を示しますが、慎重に情報を集めてていねいに行動するタイプ。楽観的に見えても気遣いをすることが多く、精神的に疲れやすいところもあるでしょう。目上の人やお金持ちの人から好かれやすく、不思議な人脈もできやすいですが、根は図々しいところがあります。心は中学2、3年生から変わっていないのでどこか子どもっぽいところがあり、見た目も若い雰囲気でしょう。

2024年はこんな年

マイペースですが真面目で上品なところがあるタイプ。今年は、何事もていねいに進めてきたあなたが認められそうです。これまでの人脈がつながっていい縁ができたり、チャンスがめぐってくるので、臆病にならず、周囲の期待に応えるつもりで全力をつくすといいでしょう。尊敬や憧れの対象だった人とお近づきになれたり、運よく仲よくなれることもありそうです。健康運は、ヨガやダンスなどで汗を流すと、肌の調子も整うでしょう。

開運アクション

- チャンスに臆病にならない
- 考える前に行動する
- 恋も仕事も両方頑張る

金のインディアン座 命数 19

好奇心旺盛な変わり者

もっている星
- ★好奇心旺盛な星
- ★不思議な話が好きな星
- ★妙なものにお金を使う星
- ★特殊な才能に惚れる星
- ★束縛が大嫌いな星

ラッキーカラー　レッド　ブルー
ラッキーフード　ひつまぶし　甘納豆
ラッキースポット　映画館　美術館

基本性格　理屈っぽいが無邪気な子どもで自由人

好奇心豊かで、気になることをなんでも調べる探求心と追求心があるタイプ。熱しやすくて冷めやすく、つねに新しいことや人とは違う何かを追い求めてしまう人。理屈好きで屁理屈も多いので周囲から変わった人だと思われてしまうことも多いでしょう。心は小学6年生くらいで止まったままの子どものように無邪気な自由人。芸術や美術など創作する能力がありますが、飽きっぽいため好きなことが見つかるまでいろいろなことをするでしょう。

2024年はこんな年

あなたの個性的な発想力や才能が認められる年。ほかの人とは違う情報や知識をもっていたり、屁理屈が多いので、いままでは「変わり者」と思われていたかもしれませんが、今年は、それが「才能」だと気づいてもらえるでしょう。熱しやすく冷めやすい面もありますが、今年は簡単に諦めないように。これまでに得た知識や経験でほかの人の役に立てるよう工夫してみると、一気に注目を集められるでしょう。健康運は、目の病気になりやすいので、こまめに手を洗うこと。

開運アクション
- ほめられたら素直によろこぶ
- ほかの人の個性や才能を認める
- 飽きても途中で諦めず、粘ってみる

金のインディアン座 命数 20

理屈が好きな中学生

もっている星
- ★他人に頼らない星
- ★尊敬できる人を崇拝する星
- ★めったに心を開かない星
- ★知識のある人を好きになる星
- ★目の病気の星

ラッキーカラー　レッド　ピンク
ラッキーフード　鮭のおにぎり　オクラサラダ
ラッキースポット　神社仏閣　劇場

基本性格　探求心旺盛で上から目線になりやすい理屈屋

中学生のような純粋さと知的好奇心をもち、情報を集めることが好きな人。周囲から「いろいろ知ってますね」と言われることも多い人。探求心もあるので、一度好奇心に火がつくと深くじっくり続けることができます。見た目が若くても心が60歳なので、冷静で落ち着きがありますが、理屈が多くなったり評論したりと上から目線の言葉も多くなってしまいそう。友人は少なくてもよく、表面的な付き合いはうまいですが、めったに心を開かない人でしょう。

2024年はこんな年

「金のインディアン座」のなかではもっとも冷静で落ち着いているタイプ。無邪気なときと大人っぽいときとで差がありますが、物事を突き詰める才能をもち、知的好奇心が旺盛で伝統や文化にも理解があります。今年は、これまでに得た知識や技術をうまく活かすことができたり、若手の育成や教育係としての能力に目覚めそう。苦労や困難を乗り越えた経験はすべて、話のネタやあなたの価値に変わっていくでしょう。健康運は、食事のバランスを整えるよう意識しましょう。

開運アクション
- 尊敬している人に会いに行く
- 仕事は細部までこだわってみる
- 経験や学んできたことを若い人に伝える

銀のインディアン座 命数 11 マイペースな子ども大人

もっている星
- ★超マイペースな星
- ★反発心がある星
- ★指のケガの星
- ★身近な人を好きになる星
- ★胃腸が弱い星

ラッキーカラー	イエロー ブルー
ラッキーフード	たら鍋 柿
ラッキースポット	キャンプ場 スポーツ観戦

基本性格 サバサバしていて反発心がある頑張り屋

超マイペースな頑張り屋。負けず嫌いなところがありますが、他人に関心は薄く、深入りすることやベッタリされることを避けてしまう人。心は中学3年生からまったく成長しないままで、サバサバした性格と反発心があるので、「でも、だって」が多くなってしまうでしょう。妄想が好きでつねにいろいろなことを考えすぎてしまいますが、土台が楽観的なので「まあいいや」とコロッと別のことに興味が移って、そこでまた一生懸命になるでしょう。

2024年はこんな年

「銀のインディアン座」のなかでもっとも勝ち負けにこだわる頑張り屋ですが、今年は負けたり差をつけられても気にせず、勝ちを素直に譲るようにしましょう。スポーツや趣味の時間を楽しむなどして、心と体をしっかり充電させておくと、2025年からの運気の流れにうまく乗れそうです。今年は「本気で遊ぶ」を目標にするといいでしょう。ただし、お金の使いすぎには要注意。健康運は、食べすぎで胃腸が疲れてしまうことがあるかも。

開運アクション
- 無駄な反発はしない
- スポーツや趣味を楽しむ
- 勝ちを譲る

銀のインディアン座 命数 12 やんちゃな中学生

もっている星
- ★斬新なアイデアを出す星
- ★都合の悪い話は聞かない星
- ★旅行が好きな星
- ★刺激的な恋をする星
- ★ゴールを見ないで走る星

ラッキーカラー	ブラック オレンジ
ラッキーフード	穴子寿司 さくらんぼ
ラッキースポット	リゾート地 イベント会場

基本性格 内と外の顔が異なる単独行動派

淡々とマイペースに生きていますが、刺激と変化が大好きで、一定の場所でおとなしくしていられるタイプではないでしょう。表面的な部分と内面的な部分とが大きく違う人なので、家族の前と外では別人のようなところもある人。他人の話を最後まで聞かずに先走ってしまうほど無謀な行動が多いですが、無駄な行動は嫌いです。団体行動が嫌いで、たくさんの人が集まると面倒に感じてしまい、単独行動に走ってしまうタイプでしょう。

2024年はこんな年

旅行やライブに出かける機会が増え、楽しい刺激をたくさん受けられる年。仕事を最小限の力でうまく回せるようにもなるでしょう。ただし、周囲からサボっていると思われないよう、頑張っている姿を見せることが大切です。連休の予定を早めに立てて、予約なども先に済ませておくと、やる気がわいてくるでしょう。ダラダラ過ごすくらいなら思い切って遠方のイベントに行ってみるなど、持ち前の行動力を発揮してみて。健康運は、睡眠時間を削らないよう心がけること。

開運アクション
- 相手をよく観察する
- 頑張っている姿を見せる
- 旅行やライブに行く予定を組む

銀のインディアン座

命数

13 愛嬌があるアホな人

もっている星
★超楽観的な星
★よく笑う星
★空腹で不機嫌になる星
★楽しく遊べる人を好きになる星
★体型が丸くなる星

ラッキーカラー　パープル　ライトブルー
ラッキーフード　かれいの煮付け　いちご
ラッキースポット　コンサート　遊園地

基本性格　運に救われるサービス精神旺盛な楽天家

明るく陽気な超楽観主義者。何事も前向きにとらえることができますが、自分で言ったことをすぐに忘れてしまったり、気分で言うことがコロコロ変わったりするシーンも多いでしょう。空腹が耐えられずに、すぐに機嫌が悪くなってしまい、ワガママを言うことも多いでしょう。心は中学2、3年生からまったく成長していませんが、サービス精神が豊富で周囲を楽しませることに長けています。運に救われる場面も多い人でしょう。

2024年はこんな年

遊び心とサービス精神の塊のような人で、いつも明るく元気なタイプですが、今年はさらにパワーアップできる運気です。楽しいことやおもしろいことが増え、最高の年になるでしょう。一方で、忘れ物やうっかりミスをしたり、ワガママな発言が増えてしまうことも。食べすぎで急に体重が増えてしまうこともあるので、快楽に流されないよう気をつけておきましょう。健康運は、遊びすぎに要注意。疲れをためると、のどの不調につながりそうです。

開運アクション

- いつも明るく元気よく、サービス精神を忘れない
- 品よくていねいな言葉遣いを意識する
- 勢いで買い物をしない

銀のインディアン座

命数

14 語りすぎる人情家

もっている星
★頭の回転が速い星
★一言多い星
★直感で行動する星
★スリムな人を好きになる星
★体力がない星

ラッキーカラー　ホワイト　イエロー
ラッキーフード　ヒラメの刺身　ピーナッツ
ラッキースポット　劇場　旅館

基本性格　人のために行動するが、極端にマイペース

頭の回転が速いですが、おしゃべりでつねに一言多く、語ることが好きです。何度も同じ話を繰り返してしまうことも多いでしょう。極端にマイペースで心は中学3年生からまったく成長していない人です。短気で恩着せがましいところもあります。また、人情家で他人のために考えて行動することが好きなところがある一方で、深入りされるのを面倒に感じるタイプ。空腹と睡眠不足になると不機嫌な態度になってしまう癖もあるでしょう。

2024年はこんな年

何事も直感で決めるタイプですが、今年は気分で判断すると大きなミスにつながる場合があるので注意しましょう。とくに、寝不足や疲れた状態が続くと、勘が外れやすくなってしまいます。また、発言がキツくなることもあるため、言いすぎたり短気を起こさないよう気をつけること。相手のことを考えて言葉を選び、品のある伝え方を学んでみるといいでしょう。健康運は、楽しみながらスタミナをつけられる運動や趣味をはじめるとよさそうです。

開運アクション

- たくさん遊んでストレスを発散する
- 大事なことはメモをとる
- 口が滑ったらすぐに謝る

銀のインディアン座

命数

15 多趣味・多才で不器用な中学生

もっている星
- ★予定を詰め込む星
- ★視野が広い星
- ★知り合いが多い星
- ★趣味のものが多い星
- ★ペラい人にハマる星

ラッキーカラー　スカイブルー　ホワイト
ラッキーフード　あんこう鍋　ピスタチオ
ラッキースポット　水族館　アミューズメントパーク

基本性格　先見の明があり、妄想話を繰り返す情報通

多趣味・多才で情報収集能力が高く、いろいろなことを知っているタイプ。段取りと計算が得意ですが、根がいい加減なので詰めが甘いところがあるでしょう。基本的に超マイペースですが、先見の明があり、流行のさらに一歩先を行っているところもあります。家に無駄なものやガラクタが集まりやすいので、いらないものはマメに処分しましょう。妄想話が好きなうえに、何度も同じような話をすることが多く、心は中学3年生のままでしょう。

2024年はこんな年

もともと情報収集が好きですが、今年は間違った情報に振り回されてしまいそうです。遊ぶ時間や衝動買いが増え、出費もかさんでしまうかも。楽しむのはいいですが、詰めの甘さが出たり、欲張ると逆に損をすることもあるので注意しておきましょう。多趣味な一面もありますが、今年は趣味にお金をかけすぎないよう工夫し、自分だけでなく周囲も楽しめるアイデアを考えてみましょう。健康運は、お酒の飲みすぎや予定の詰め込みすぎで、疲労をためないように。

開運アクション

- 情報をよく確認する
- 自分の得だけを考えない
- 新しい趣味をつくる

銀のインディアン座

命数

16 やさしい中学生

もっている星
- ★なんとなく続ける星
- ★真面目で誠実な星
- ★謙虚な星
- ★片思いが長い星
- ★冷えに弱い星

ラッキーカラー　レッド　ホワイト
ラッキーフード　雑炊　鶏肉のカシューナッツ炒め
ラッキースポット　映画館　スパ

基本性格　社会に出てから才能が光る超マイペース

真面目で地味なことが好き。基本的に人は人、自分は自分と超マイペースですが、気遣いはできます。ただし遠慮して一歩引いてしまうところがあるでしょう。自分に自信がなく、中学まではパッとしない人生を送りますが、社会に出てからジワジワと能力を発揮するようになります。やさしすぎて便利屋にされることもありますが、友人の縁を思い切って切り、知り合い止まりの人間関係ができると才能を開花させられるでしょう。

2024年はこんな年

ケチケチせずに、しっかり遊んで楽しむことが大切な年。人生でもっとも遊んだと言えるくらい思い切ってみると、のちの運気もよくなるでしょう。旅行に出かけたり、気になるイベントやライブに足を運ぶのもオススメです。ただ、今年出会った人とは一歩引いて付き合うほうがいいでしょう。とくに、調子のいいことを言う人には気をつけておくこと。お得に思える情報にも振り回されないように。健康運は、手のケガをしやすくなるので注意が必要です。

開運アクション

- 明るい感じにイメチェンする
- 自ら遊びに誘ってみる
- 遊ぶときはケチケチしない

銀のインディアン座

命数

17 パワフルな中学生

もっている星

- ★面倒見がいい星
- ★根は図々しい星
- ★無計画なお金遣いの星
- ★ギックリ腰の星
- ★ほめてくれる人を好きになる星

ラッキーカラー　ホワイト　ネイビー

ラッキーフード　そうめん　さばの塩焼き

ラッキースポット　遊園地　食フェス

基本性格　不思議な友人がいるマイペースなリーダー

実行力と行動力とパワーがあるタイプ。おだてに極端に弱く、ほめられたらなんでもやってしまう人です。面倒見のいいリーダー的な人ですが、かなりのマイペースなので、突然他人任せの甘えん坊になってしまうことも多いでしょう。行動が雑なので、うっかりミスや打撲などにも注意。何事も勢いで済ませてしまう傾向がありますが、その図々しい性格が不思議な知り合いの輪をつくり、驚くような人と仲よくなることもあるでしょう。

2024年はこんな年

雑な行動が目立ってしまいそうな年。勢いがあるのはいいですが、調子に乗りすぎると恥ずかしい失敗をしたり、失言やドジな出来事が増えやすいので気をつけましょう。ほめられると弱いタイプだけに、悪意のある人にもち上げられる場合も。相手が信頼できる人なのか、しっかり見極めるようにしましょう。後輩や部下と遊んでみると、いい関係をつくれそうです。健康運は、段差でジャンプして捻挫したり、腰痛になるかも。とくに足のケガには注意すること。

開運アクション

- おだてられても調子に乗らない
- 職場の人間関係を楽しむ
- 雑な言動をしないよう気をつける

銀のインディアン座

命数

18 マイペースな常識人

もっている星

- ★性善説の星
- ★相手の出方を待つ星
- ★本当はドジな星
- ★肌が弱い星
- ★清潔感あるものを買う星

ラッキーカラー　レッド　ライトブルー

ラッキーフード　うなぎの白焼き　甘酒

ラッキースポット　音楽フェス　お祭り

基本性格　上品でキッチリしつつ楽観的で忘れっぽい

礼儀とマナーをしっかりと守り上品で気遣いができる人。マイペースで警戒心が強く、他人との距離を上手にとるタイプです。キッチリしているようで楽観的なので、時間にルーズなところや自分の言ったことをすぐに忘れてしまうところがあるでしょう。心が中学2、3年生から変わっていないので、見た目は若く感じるところがあります。妄想や空想の話が多く、心配性に思われることもあるでしょう。

2024年はこんな年

小さなミスが増えてしまいそうです。もともと几帳面なタイプですが、めったにしない寝坊や遅刻、忘れ物をして、周囲を驚かせてしまうことがあるかも。一方で今年は、遊ぶといい運気でもあります。とくにこれまで経験したことのない遊びに挑戦してみると、いい思い出になるでしょう。イベントやライブ、フェスでいい経験ができたり、遊び方やノリを教えてくれる人にも出会えるでしょう。健康運は、日焼け対策を念入りにしておかないと、後悔することになりそうです。

開運アクション

- イベントやライブなどに行く
- モテを意識した服を着る
- 遊ぶときは本気で楽しむ

銀のインディアン座

命数

19 小学生芸術家

もっている星

★時代を変えるアイデアを出す星
★言い訳の星
★屁理屈の星
★あまのじゃくな恋の星
★お金が貯まらない星

ラッキーカラー　ホワイト　ブルー
ラッキーフード　煮込みうどん　シナモンロール
ラッキースポット　劇場　イベント会場

基本性格　好きなことと妄想に才能を見せるあまのじゃく

超マイペースな変わり者。不思議な才能と個性をもち、子どものような純粋な心を備えていますが、あまのじゃくなひねくれ者。臆病で警戒心はありますが、変わったことや変化が大好きで、理屈と屁理屈、言い訳が多くなります。好きなことになると驚くようなパワーと才能、集中力を出すでしょう。飽きっぽく継続力がなさそうですが、なんとなく続けていることでいい結果を残せるでしょう。妄想が才能となる人でもあります。

2024年はこんな年

視野が広がり、おもしろい出来事が増える年。何もかも手放して自由になりたくなることがあるかもしれませんが、現状の幸せは簡単に手放さないように。海外旅行などをして、これまで行ったことのない場所を訪れたり未経験のことに挑戦すると、いい刺激になり人生がおもしろくなってくるでしょう。いままで出会ったことのないタイプの人と仲よくなって、楽しい時間を過ごすこともできそうです。健康運は、結膜炎になる可能性があるので注意しておくこと。

開運アクション

- 見知らぬ土地を旅行する
- おもしろそうな人を探す
- 美術館や劇場に行く

銀のインディアン座

命数

20 マイペースな芸術家

もっている星

★深い話が好きな星
★理屈っぽい星
★冷たい言い方をする星
★芸術にお金を使う星
★互いに成長できる恋が好きな星

ラッキーカラー　ホワイト　藍色
ラッキーフード　ふぐ　梅干し
ラッキースポット　美術館　老舗旅館

基本性格　不思議なことにハマる空想家

理論と理屈が好きで、探求心と追求心のある人。つねにいろいろなことを考えるのが大好きで、妄想と空想ばかりをする癖があります。表面的には人間関係がつくれますが、本音は他人に興味がなく、芸術や美術、不思議な物事にハマることが多いでしょう。非常に冷静で大人な対応ができますが、テンションは中学3年生くらいからまったく変わっていないでしょう。尊敬できる人を見つけると心を開いてなんでも言うことを聞くタイプです。

2024年はこんな年

完璧主義な性格ですが、今年は80点の出来でも「よくできた」と自分をほめるように。物事に集中しづらくもなりそうですが、遊びや趣味を楽しんでみると、やる気を復活させられるでしょう。ふだんならしっかり準備することも、今年は「このくらいでいいかな」と雑な感じになりそうです。ただ、それでもうまくいくことがわかって、少し余裕ができるかも。失言もしやすくなるので、エラそうな言い方はしないこと。健康運は、趣味にハマりすぎて睡眠時間を削らないよう注意して。

開運アクション

- やさしい言葉を使う
- 失敗をおもしろく話す
- 趣味の勉強をする

金の鳳凰座 命数 21

頑固な高校1年生

もっている星

- ★忍耐力のある星
- ★昔の仲間に執着する星
- ★好きなタイプが変わらない星
- ★計算が苦手な星
- ★夜が強い星

基本性格　仲間意識を強くもつが、ひとりでいるのが好きな人

サッパリと気さくな性格ですが、頑固で意地っ張りな人。負けず嫌いな努力家で、物事をじっくり考えすぎてしまうことが多いでしょう。仲間意識を強くもちますが、ひとりでいることが好きで、単独行動が自然と多くなったり、ひとりで没頭できる趣味に走ったりすることも多いでしょう。しゃべりが苦手で反発心を言葉に出してしまいますが、一言足りないことでケンカになってしまうなど、損をすることが多い人でしょう。

開運アクション

- 協力を楽しんでみる
- 異性の友人を大切にする
- 年末まで諦めない

2024年はこんな年　年末まで諦めずに頑張ることが大切

負けず嫌いを押し通して問題ない年。12月まで絶対に諦めない気持ちで頑張り続けるといいでしょう。すでに結果が出ている場合は、謙虚な姿勢を忘れないことが大切。上半期は、よきライバルやともに頑張る仲間ができるため、協力し合うことを素直に楽しんでみて。一緒にスポーツをすると、ストレス発散にもなってよさそうです。健康運は、下半期に胃腸の調子を崩しやすいので、バランスのとれた食事を意識しましょう。

恋愛&結婚

友人や職場の人、付き合いの長い人と交際に発展しそうです。周囲から「やっぱり付き合うと思ってた」と言われることも。ワクワクやドキドキよりも一緒にいるのが楽な人が、もっとも合う相手だと思っておきましょう。出会いを求めるなら、定期的に通う場所をつくったりスポーツをはじめたりすると、いい縁がつながりそうです。結婚運は、付き合いが長いカップルほど年内に結婚しやすい運気。上半期に同棲して、12月に婚姻届を出す流れがいいでしょう。

仕事&お金

一生懸命に頑張った結果がしっかり出る運気。周囲に頼らず進めたがるせいで時間がかかってしまっている部分があるので、今年はもっと協力し合うことを意識しましょう。いい仲間もできて、みんなでよろこべるようになるでしょう。自我を出すのはいいですが、下半期になると、「ひとりだけいい思いをして」などと、あなたのこれまでの苦労を知らずにやっかむ人が出てくるので気をつけて。金運は、スポーツや趣味にお金を使い、気分転換をするといいでしょう。

ラッキーカラー	ラッキーフード	ラッキースポット
イエロー、ブルー	こんにゃくの煮物、スイートポテト	スポーツ観戦、キャンプ場

金の鳳凰座 命数 22

単独行動が好きな忍耐強い人

もっている星
- ★陰で努力する星
- ★孤独が好きな星
- ★豪快にお金を使う星
- ★刺激的な恋にハマる星
- ★夜無駄に起きている星

基本性格　内なるパワーが強く、やり抜く力の持ち主

向上心や野心があり、内に秘めるパワーが強く、頑固で自分の決めたことを貫き通す人。刺激が好きで、ライブや旅行に行くと気持ちが楽になりますが、団体行動が苦手でひとりで行動することが好きなタイプ。決めつけがかなり激しく、他人の話の最初しか聞いていないことも多いでしょう。心は高校3年生のようなところがあり、自我はかなり強いですが、頑張る姿や必死になっているところを他人には見せないようにする人です。

開運アクション

- 秘めていた能力を出してみる
- フットワークを軽くする
- 仲間をつくって大切にする

2024年はこんな年　実力が認められる年。もっと自分をアピールして

長年の夢や希望が叶う年。がむしゃらに頑張る姿を見せないぶん、周囲からなかなか評価されないタイプですが、今年はあなたの実力や陰の努力を認めてくれる人にやっと出会えるでしょう。秘めていた力を発揮する機会も訪れそう。趣味や遊びで続けていたことが、無駄ではなかったと思えるような出来事が起きる場合もあるため、遠慮せず自分をアピールしてみるといいでしょう。健康運は、年末に独自の健康法がアダになってしまうことがあるので、気をつけるように。

恋愛&結婚

向上心があり意志の強い人を好むため、あなたのお眼鏡にかなう人はなかなか見つからなかったと思いますが、2024年の上半期にはいい人が現れそうです。フットワークを軽くし、音楽など趣味の習い事をはじめてみましょう。今年は「この人だ!」と思ったら押し切ってみると、簡単に交際をはじめられたり、一気に結婚まで進むケースもありそうです。結婚運は、本気で結婚を考えているなら、相手の話を最後まで聞くようにしましょう。

仕事&お金

じつは野心家なタイプのあなたにとって、2024年は自分がねらったポジションまでのし上がれたり、大きな結果を出せる最高の年。「時間がかかってしまった」と思うかもしれませんが、時間をかけるからこそ成し遂げられることもあるとわかり、いい勉強になるでしょう。事務職などのデスクワークをしている場合は、あなたの能力を活かし切れないので転職したほうがよさそうです。金運は、下半期にこれまで貯めてきたお金を派手に使ってしまいそうなので、気をつけましょう。

ラッキーカラー	ラッキーフード	ラッキースポット
ブラック、ダークブルー	麻婆豆腐、みかん	ライブハウス、スポーツジム

金の鳳凰座

命数

23 陽気なひとり好き

もっている星

★おおらかな星
★楽しくないと愚痴る星
★趣味にお金をたくさん使う星
★とりあえず付き合う星
★間食の星

基本性格 運に救われる明るい一匹オオカミ

ひとつのことをじっくり考えることが好きですが、楽観主義の人。頑固で決めたことを貫き通しますが、「まあなんとかなるかな」と考えるため、周囲からもどっちのタイプかわからないと思われがち。サービス精神はありますが、本音はひとりが好きなため、明るい一匹オオカミのような性格。空腹が苦手で、お腹が空くと何も考えられなくなり、気分が顔に出やすくなるでしょう。不思議と運に救われますが、余計な一言に注意は必要。

開運アクション

- おいしいお店を見つけて周囲に教える
- 調子に乗っても「口は災いのもと」を忘れない
- カラオケやダンスをする

2024年はこんな年 仲間に恵まれる楽しい年。愚痴や不満はほどほどに

運のよさを実感でき楽しく過ごせる年。自分だけでなく周囲も楽しませるつもりで、持ち前のサービス精神をドンドン発揮してみましょう。いい人脈ができ、おもしろい仲間も集まってきそうです。ただし、調子に乗りすぎて余計な発言や愚痴、不満を口にしていると、信用を失ってしまいます。冗談のつもりでも、笑えなければただの悪口で、自ら評判を落とすだけだと思っておきましょう。健康運は、下半期からはとくに運動するよう心がけ、食事は腹八分目を意識しましょう。

恋愛&結婚

チヤホヤされて調子に乗ってしまいそう。上半期は、将来を考えられる人と縁がつながりやすいので、いい人だったら勢いで結婚するのもよさそうです。ただし、5～6月は油断しやすく、残念な恋をしやすいのでしっかり相手を見極めましょう。下半期になると、快楽に流されやすくなってしまうため、遊び人や調子のいい人には気をつけておくように。結婚運は、相手を楽しませられると、そのまま勢いで結婚に進むこともあるでしょう。

仕事&お金

いい仲間と楽しく仕事ができる年ですが、順調に進みすぎると、今度は些細なことで不満が爆発してしまいそうです。みんなで笑顔になるためにはどうすればいいかを考えて行動しましょう。上半期は運を味方につけられるので、思い切った勝負に出てもよさそうです。下半期は愚痴が増えてしまいがちになるため、調子に乗りすぎず、周囲への感謝を忘れないようにしましょう。金運は、臨時収入が期待できる運気ですが、うれしさのあまり収入以上に使ってしまいそうなので気をつけて。

ラッキーカラー	ラッキーフード	ラッキースポット
レッド、ライトブルー	ハヤシライス、グレープフルーツ	レストラン、コンサート

金の鳳凰座 命数24 冷静で勘のいい人

もっている星

★決めつけが強い星
★過去にこだわる星
★思い出にすがる星
★第一印象で決める星
★寝不足でイライラする星

基本性格 機嫌が言葉に出やすい感性豊かな頑固者

じっくり物事を考えながらも最終的には「勘で決める人」。根はかなりの頑固者で自分の決めたルールを守り通したり、簡単に曲げたりしないタイプ。土台は短気で、機嫌が顔に出て、言葉にも強く出がちですが、余計な一言は出るのに、肝心な言葉が足りないことが多いでしょう。想像力が豊かで感性もあるため、アイデアや芸術系の才能を活かせれば力を発揮する人でもあるでしょう。過去に執着する癖はほどほどに。

開運アクション

- 「過去は過去」「いまはいま」と切り替える
- いい言葉を口にする
- 資格取得のための勉強をはじめる

2024年はこんな年 才能を開花させられる年。順調なときほど発言に注意

上半期は直感を信じて動き、下半期は嫌な予感がしたら立ち止まって冷静に判断するといいでしょう。頭の回転が速くなり、いい判断ができたりアイデアも冴えて、自分でも驚くような才能を開花させられる年になりそうです。とくに長く続けてきたことで大きな結果が出るので、評価をしっかりよろこんでおきましょう。ただし、順調に進むとワガママな発言が増えてくるため、言葉はきちんと選ぶように。健康運は、年末に向けてスタミナをつける運動をしておきましょう。

恋愛&結婚

一目惚れした人と結ばれる年。出会ったときに「この人と結婚するかも」と思った人と、交際をはじめることができそうです。上半期はいい出会いがある運気なので、気になった人に連絡してみると、一気に話が進むでしょう。交際までのスピードの速さに驚いてしまうことも。下半期は、ハッキリ言いすぎるあなたの言葉が、別れやケンカの原因になりやすいので気をつけましょう。結婚運は、自分の直感を信じて話を進めるといいでしょう。

仕事&お金

長く苦労してきた人も、今年は個性や才能を認めてもらえたり、能力を活かせるポジションにつくことができそうです。活躍するために専門的な知識や技術を必要とするタイプでもあるため、とくにないと思うのであれば、今年から資格や免許を取得するための努力をはじめるといいでしょう。デザインや芸術系の才能もあるので、学んでみるのもオススメです。下半期は、短気と愚痴で信用を失わないように。金運は、どんなに頼まれてもお金は貸さないこと。

ラッキーカラー	ラッキーフード	ラッキースポット
オレンジ、ターコイズブルー	じゃがバター、きなこ餅	神社仏閣、ショッピングモール

金の鳳凰座 命数 25 ひとりの趣味に走る情報屋

もっている星

- ★計画が好きな星
- ★ひとりの趣味に走る星
- ★おしゃれな人を好きになる星
- ★趣味で出費する星
- ★深酒をする星

基本性格 偏った情報や無駄なものまで集まってくる

段取りと情報収集が好きで、つねにじっくりゆっくりいろいろなことを考える人。幅広く情報を集めているようで、土台が頑固なため、情報が偏っていることも。計算通りに物事を進めますが、計算自体が違っていたり勘違いで突き進むことも多いでしょう。部屋に無駄なものや昔の趣味のもの、着ない服などが集まりやすいのでマメに片付けましょう。気持ちを伝えることが下手で、つねに一言足りないでしょう。

開運アクション

- フットワークを軽くする
- 趣味を増やす
- 価値観の違う人と話す

2024年はこんな年 あっという間の1年になりそう。趣味で交友関係を広げよう

計画していた以上の結果に、自分でも驚くことがありそうです。仕事もプライベートも忙しくなり、あっという間に1年が過ぎてしまうでしょう。ひとりの趣味を楽しむのもいいですが、今年は交友関係が広がるような趣味をはじめるのもオススメの運気です。また、美意識をもっと高めてみてもいいでしょう。健康運は、お酒の席が増えたり夜更かしが続くと、下半期に疲れが出るので気をつけましょう。予定を詰め込みすぎず、ゆっくり休む日をあらかじめつくっておくとよさそうです。

恋愛&結婚

忙しくて時間が足りないと感じるときほどモテる年。ヒマな時間をつくるより趣味や仕事に時間を費やしてみると、あなたの魅力が輝いてくるでしょう。時間が限られることで一つひとつの出会いを大切にできるようになり、チャンスを逃さなくなりそうです。今年は「お得な恋人」よりも、結婚を考えられるようなやさしい人、真面目な人を見つけることができるでしょう。結婚運は、春先か年末に結婚の意思が固まってきそうです。急に臆病にならないように。

仕事&お金

あなたのやりたいように進められたり、物事が計画通りに運ぶことで、仕事がさらに楽しくなってくるでしょう。上半期は、もっと数字にこだわって取り組んでみると、味方が集まってきそうです。下半期は、安請け合いをすると面倒なことになるので、発言には気をつけましょう。じっくり地道に進める方法を選ぶことが大切です。金運は、物欲が強くなり、無駄な買い物が増えてしまいそう。本当に価値があるものなのか、冷静に判断しましょう。

ラッキーカラー	ラッキーフード	ラッキースポット
オレンジ、ネイビー	ラタトゥイユ、グレープフルーツ	温泉旅館、百貨店

金の鳳凰座 命数 26 我慢強い真面目な人

もっている星
- ★我慢強い星
- ★引き癖の星
- ★貯金の星
- ★つくしすぎてしまう星
- ★温泉の星

基本性格 ひとりで慎重に考えてゆっくり進む

頑固で真面目で地味な人。言葉を操るのが苦手です。受け身で待つことが多く、反論することや自分の意見を言葉に出すことが苦手で、一言二言足りないことがあるでしょう。寂しがり屋ですが、ひとりが一番好きで音楽を聴いたり本を読んだりしてのんびりする時間がもっとも落ち着くでしょう。何事も慎重に考えるため、すべてに時間がかかり、石橋を叩きすぎてしまうところがあります。過去に執着しすぎてしまうことも多いでしょう。

開運アクション
- 勇気を出して行動する
- 自分をもっと好きになってみる
- 言いたいことはハッキリ言う

2024年はこんな年 評価や信頼を得るとき。遠慮せずに自信をもって

結果が出るまでに、もっとも時間のかかるタイプ。注目されるのを避けすぎると、せっかくのいい流れに乗れなくなってしまうこともあるので、今年は目立つポジションも遠慮せずに受け入れてみましょう。何事もできると信じ、不慣れなことでも時間をかけて取り組むように。周囲の信頼に応えられるよう頑張ってみましょう。健康運は、下半期は冷えが原因で体調を崩しやすくなりそうです。基礎代謝を上げるためにも定期的な運動をしておきましょう。

恋愛&結婚

一度好きになると片思いが長くなるタイプ。告白する勇気がなかなか出ず、時間だけが過ぎてしまうことも多いので、好きな人がいるなら上半期のうちに気持ちを伝えておくといいでしょう。交際がはじまったら、つくしすぎないようにすることも大切です。相手があなたに甘えすぎたり、調子に乗ったりしないよう言いたいことをハッキリ言える関係をつくりましょう。結婚運は、運気がいいときなので、相手を信じ勇気を出してみるとよさそうです。

仕事&お金

地道な努力が評価されますが、ポジションが上がりすぎることや大きなチャンスにビビってしまいそうです。自信をもって取り組めば、いい結果や周囲の応援を得られるので、ときには無謀だと思うようなことにも挑戦したり、勇気を出して発言してみるといいでしょう。自分は思っている以上に周囲から信頼されていて、協力者もいるということを忘れないように。金運は、資産価値のあるものを手に入れておくとよさそうです。

ラッキーカラー	ラッキーフード	ラッキースポット
オレンジ、イエロー	おからの煮物、豚のしょうが焼き	温泉、音楽ライブ

金の鳳凰座 命数 27 猪突猛進なひとり好き

もっている星
- ★パワフルな星
- ★行動が雑な星
- ★どんぶり勘定の星
- ★押しに弱い星
- ★足をケガする星

基本性格 ほめられると面倒見がよくなる行動派

自分が正しいと思ったことを頑固に貫き通す正義の味方。曲がったことが嫌いで、自分の決めたことを簡単には変えられない人ですが、面倒見がよく、パワフルで行動的です。ただし、言葉遣いが雑で、一言足りないケースが多いでしょう。おだてに極端に弱く、ほめられるとなんでもやってしまいがちで、後輩や部下がいるとパワーを発揮しますが、本音はひとりが一番好きなタイプ。自分だけの趣味に走ることも多いでしょう。

開運アクション
- ほめられたら素直によろこぶ
- まとめ役やリーダーになる
- せっかちにならないよう気をつける

2024年はこんな年 周囲をよろこばせるといい縁がつながる

実力でポジションを勝ちとれる年。一度決めたことを貫き通す力がもっともあるタイプなので、これまでうまくいかなかったことでも流れを変えられたり、強力な味方をつけることができそうです。おだてに乗れるときはドンドン乗り、自分だけでなく周囲の人にもよろこんでもらえるよう努めると、さらにいい縁がつながっていくでしょう。健康運は、パワフルに行動するのはいいですが、下半期は足のケガや腰痛に気をつけましょう。

恋愛&結婚

周囲にいるリーダー的な人や面倒見のいい人に惚れるタイプ。今年は理想に近い人と交際できる運気なので、遠慮せずに好意を伝えたり、食事や飲みにドンドン誘ってみるといいでしょう。ときには押し切ってみたり素直に甘えてみることが、楽しく交際するための秘訣です。せっかちな面が出てすぐに諦めてしまうとせっかくのチャンスを逃すだけなので、年末までは粘ってみるように。結婚運は、勢いに乗って結婚できそう。相手をほめて盛り上げられるといいでしょう。

仕事&お金

リーダーやまとめ役など人の上に立つ場面、指導や教育する立場で能力を発揮できそう。部下や後輩をもつほうが仕事運もよくなるので、若い人の面倒を見ることが大切です。ひとりが好きだからといって単独行動を選ぶのではなく、みんなと協力して仕事の現場を盛り上げるといいでしょう。金運は、いい後輩や部下に恵まれますが、つい見栄を張って出費が増えてしまいそう。雑なお金の使い方をせず、みんながよろこぶことに使いましょう。

ラッキーカラー	ラッキーフード	ラッキースポット
オレンジ、ネイビー	トマトソースパスタ、メロン	映画館、空港

金の鳳凰座 命数 28 冷静で常識を守る人

もっている星
- ★安心できるものを購入する星
- ★親しき仲にも礼儀ありの星
- ★寂しがり屋のひとり好きな星
- ★勘違いの星
- ★しゃべりが下手な星

基本性格 気にしすぎてしまう繊細な口ベタ

礼儀正しく上品で、常識をしっかり守れる人ですが、根が頑固で融通がきかなくなってしまうタイプ。繊細な心の持ち主ですが、些細なことを気にしすぎてしまったり、考えすぎてしまったりすることも。しゃべりは自分が思っているほど上手ではなく、手紙やメールのほうが思いが伝わることが多いでしょう。過去の出来事をいつまでも考えすぎてしまうところがあり、新しいことになかなか挑戦できない人です。

開運アクション

- ビビらずに行動する
- 笑顔と愛嬌を意識する
- 他人の雑なところを許す

2024年はこんな年 積極的になれば、何事も思った以上にうまくいく

順序や手順をしっかり守るのはいいですが、臆病なままではチャンスをつかめません。今年はワガママを通してみるくらいの気持ちで自分に素直になってみましょう。失敗を恐れて動けなくなってしまうところがありますが、今年は何事も思った以上にうまくいく運気なので、積極的に行動を。周りの人を信じれば、いい味方になってくれるでしょう。健康運は、ストレスが肌に出やすいので、スキンケアを念入りに。運動で汗を流すのもよさそうです。

恋愛&結婚

相手への要求が多すぎる一方で、ビビって自らチャンスを逃してしまうタイプ。今年はモテる運気ですが、勇気を出して恋を楽しんでおかないと、2025年から4~5年はまったくモテなくなってしまいそうです。開き直ってでも人との関わりを楽しんだり、好きな人の前で素直になるようにしましょう。あなたが自覚している以上に周囲からは「高嶺の花」だと思われている可能性もあるので、自ら歩み寄るよう心がけて。結婚運は、親友もオススメしてくれる相手なら、話を進めてよさそうです。

仕事&お金

真面目な仕事ぶりが評価されて急に出世するなど、うれしい変化がありそうな年。しっかり働いてきたという自信がわいてくる一方で、周囲にいる雑な仕事をする人にイライラしてしまうことも。ルールやマナーを教えるのはいいですが、正しさを押しつけたり相手を否定するような言い方をすると、人間関係が面倒なことになるので気をつけましょう。金運は、見栄でブランド品などを購入せず、本当に価値のあるものを買うようにしましょう。

ラッキーカラー	ラッキーフード	ラッキースポット
ブルー、ホワイト	ゆば、あじフライ	ホテル、美術館

金の鳳凰座

命数

29 頑固な変わり者

もっている星

★自由に生きる星
★束縛されると逃げる星
★おもしろい発想ができる星
★お金に縁がない星
★寝不足の星

基本性格 理屈っぽくて言い訳の多いあまのじゃく

自由とひとりが大好きな変わり者。根は頑固で自分の決めたルールや生き方を貫き通しますが、素直ではない部分があり、わざと他人とは違う生き方や考え方をすることが多いでしょう。芸術や美術など不思議な才能をもち、じっくりと考えて理屈っぽくなってしまうことも。しゃべりは下手で一言足りないことも多く、団体行動が苦手で、つねに他人とは違う行動を取りたがります。言い訳ばかりになりやすいので気をつけましょう。

開運アクション

- アイデアをドンドン出す
- 異性の前では素直になる
- 現状に飽きたときほど学ぶことを探す

2024年はこんな年 魅力がアップする年。趣味や旅行で世界を広げて

上半期は、あなたの自由な発想や才能、個性が評価される運気。遠慮せずドンドン自分の魅力をアピールするといいでしょう。独立したりフリーで活動したくなりますが、お金の管理ができないならやめておいたほうがいいでしょう。現状を維持しながら趣味を広げるのがよさそうです。時間を見つけて海外など見知らぬ土地へ行ってみると、大きな発見があるでしょう。健康運は、下半期に目の病気や視力の低下が見つかりやすいので注意して。

恋愛&結婚

せっかくのモテ期ですが、あまのじゃくな性格が出て、素直になれないままチャンスを逃してしまうタイプ。交際することがおもしろいと思えたり、個性的な人と出会えると、すぐに交際まで進められますが、相手に才能を感じられないと突然冷めてしまうこともありそうです。年末に近づくと結婚願望も出てくるため、それまでに将来を考えられそうな人を見つけておくといいでしょう。結婚運は、2024年の12月に結婚できる流れがあるので、そこで一気に話を進めましょう。

仕事&お金

仕事が一区切りつきそうな年。満足はできますが、そのぶん仕事に飽きてしまい、年末にかけてやる気を失っていきそうです。どんな仕事も奥が深いものなので、もっと深掘りしてみるようにしましょう。気になる資格やスキルアップのための勉強をしたり、昇格試験を受けてみるのもオススメです。突然独立したくなる場合もありますが、人間関係が面倒だからという理由でフリーになっても、さらに面倒な目に遭うだけなので、よく考えましょう。金運は、浪費に注意するように。

ラッキーカラー	ラッキーフード	ラッキースポット
オレンジ、ブルー	カリフォルニアロール、えだまめ	美術館、劇場

金の鳳凰座 命数30 理屈が好きな職人

もっている星

★考えすぎる星
★同じものを買う星
★年配の人と仲よくなれる星
★心を簡単に開かない星
★睡眠欲が強い星

基本性格 好きな世界にどっぷりハマる頑固な完璧主義者

理論と理屈が好きで、探求心と追求心があり、自分の決めたことを貫き通す完璧主義者で超頑固な人。交友関係が狭くひとりが一番好きなので、自分の趣味にどっぷりハマってしまうことも多いでしょう。芸術や美術、神社仏閣などの古いものに関心があり、好きなことを深く調べるので知識は豊富ですが、視野が狭くなってしまう場合も。他人を小馬鹿にしたり評論する癖はありますが、人をほめることで認められる人になるでしょう。

開運アクション

- 尊敬している人と仲よくなる
- 言い訳をしない
- 頑張っている人をほめる

2024年はこんな年 これまで評価されなかった人も粘り続ければ状況を変えられる

長い時間をかけて取り組んでいたことや研究していたことが役に立ったり、評価される運気。かなり年上の人とも仲よくなれ、味方になってもらえるでしょう。尊敬できる人にも出会えそうです。長らく評価されなかった人や誤解されていた人も、この1年で状況が大きく変わることがあるので、最後まで諦めず、粘り続けてみましょう。健康運は、年末にかけて肩こりや目の疲れが出やすいため、こまめに運動しておくこと。

恋愛&結婚

尊敬できる人を好みますが、いい人を見つけてもプライドの高さから気持ちを伝えられず、距離を縮められないタイプ。上半期は、好きな人に素直になることや、言い訳をして勝手に諦めないことが大切です。今年は押し切ったら交際できる運気なので、ひるまないようにしましょう。また、急に年下からモテることもありそうです。結婚運は、考えすぎないことが大事。話が盛り上がるなら、一気に結婚まで進むといいでしょう。

仕事&お金

高い技術と知識が役立つ年。とくに上半期は、大抜擢されることもありそうです。多少面倒でも、ここで取り組んだことがのちにいい結果につながるので頑張ってみるといいでしょう。下半期は、プライドが傷つくような出来事があったり、少し空回りしやすくなるため、冷静に分析しながら取り組むように。根回しや協力者を見つけておくこともひとつの手です。金運は、歴史のある場所に行くなど、学べることにお金を使うと気分転換にもなっていいでしょう。

ラッキーカラー	ラッキーフード	ラッキースポット
朱色、パープル	大豆の煮物、バナナ	神社仏閣、劇場

銀の鳳凰座 命数 21

覚悟のある意地っ張りな人

もっている星
- ★根性のある星
- ★しゃべりが下手な星
- ★ギャンブルに注意な星
- ★過去の恋を引きずる星
- ★冬に強い星

ラッキーカラー　オレンジ　ブルー
ラッキーフード　山芋ステーキ　くるみ
ラッキースポット　スポーツジム　スタジアム

基本性格　一度思うと考えを変えない自我のかたまり

超負けず嫌いな頑固者。何事もじっくりゆっくり突き進む根性がある人。体力と忍耐力はありますが、そのぶん色気がなくなってしまい、融通がきかない生き方をすることが多いでしょう。何事も最初に決めつけてしまうため、交友関係に問題があってもなかなか縁が切れなくなったり、我慢強い性格が裏目に出てしまうことも。時代に合わないことをし続けがちなので、最新の情報を集めたり、視野を広げる努力が大事でしょう。

2024年はこんな年　目標をしっかり定めることで、パワーや才能を発揮できるタイプ。今年はライバルに勝つことができたり、目標や目的を達成できる運気です。何があっても諦めず、出せる力をすべて出し切るくらいの気持ちで取り組むといいでしょう。ただ、頑固な性格で、人に相談せずなんでもひとりで頑張りすぎてしまうところがあるので、周囲の話に耳を傾け、アドバイスをもらうことも大切に。いい情報を聞けたり、自分の魅力をもっとうまく出せるようになるはずです。

開運アクション
- 全力を出し切ってみる
- 目標をしっかり定める
- 協力することを楽しむ

銀の鳳凰座 命数 22

決めつけが激しい高校3年生

もっている星
- ★秘めたパワーがある星
- ★過信している星
- ★ものの価値がわかる星
- ★寒さに強い星
- ★やんちゃな恋にハマる星

ラッキーカラー　オレンジ　ダークブルー
ラッキーフード　ねぎま　ヨーグルト
ラッキースポット　ライブハウス　リゾート地

基本性格　人の話を聞かない野心家

かなりじっくりゆっくり考えて進む、超頑固な人ですが、刺激や変化を好み、合理的に生きようとします。団体行動が苦手でひとりの時間が好き。旅行やライブに行く機会も自然に増えるタイプでしょう。向上心や野心はかなりありますが、ふだんはそんなそぶりを見せないように生きています。他人の話の前半しか聞かずに飛び込んでしまったり、周囲からのアドバイスはほぼ聞き入れないで、自分の信じた道を突き進むでしょう。

2024年はこんな年　密かに頑張ってきたことで力を発揮できる年。今年は、一生懸命になることをダサいと思わず、本気で取り組んでいる姿や周囲とうまく協力する姿勢を見せるようにしましょう。周りに無謀だと思われるくらい思い切って行動すると、大成功や大逆転につながる可能性も。これまでの努力や自分の実力を信じてみるといいでしょう。多少の困難があったほうが、逆に燃えそうです。健康運は、ひとりで没頭できる運動をするといいでしょう。

開運アクション
- 得意なことをアピールする
- 手に入れたものへの感謝を忘れない
- 自分の理論を信じて行動する

銀の鳳凰座

命数

23 頑固な気分屋

もっている星
★楽天家の星
★空腹になると不機嫌になる星
★欲望に流される星
★ノリで恋する星
★油断すると太る星

ラッキーカラー　オレンジ　レッド
ラッキーフード　揚げ出し豆腐　みかん
ラッキースポット　コンサート　レストラン

基本性格　陽気で仲間思いだけど、いい加減な頑固者

明るく陽気ですが、ひとりの時間が大好きな人。サービス精神が豊富で楽しいことやおもしろいことが大好き。昔からの友人を大切にするタイプ。いい加減で適当なところがありますが、根は超頑固で、周囲からのアドバイスには簡単に耳を傾けず、自分の生き方を貫き通すことが多いでしょう。空腹になると機嫌が悪くなり態度に出やすいのと、余計な一言が多いのに肝心なことを伝えきれないところがあるでしょう。

2024年はこんな年

「銀の鳳凰座」のなかでもっとも喜怒哀楽が出やすいタイプですが、とくに今年は、うれしいときにしっかりよろこんでおくと、さらによろこべることが舞い込んできそう。遠慮せず、楽しさやうれしさを表現しましょう。関わるすべての人を笑わせるつもりで、みんなを笑顔にできるよう努めると、運を味方にできそうです。あなたに協力してくれる人が集まって、今後の人生が大きく変わるきっかけになることも。健康運は、ダンスやヨガをはじめると、健康的な体づくりができるでしょう。

開運アクション

- お礼と感謝をしっかり伝える
- 明るい色の服を着る
- 笑顔を意識する

銀の鳳凰座

命数

24 忍耐力と表現力がある人

もっている星
★直感力が優れている星
★過去を引きずる星
★情にもろい星
★一目惚れする星
★手術する星

ラッキーカラー　オレンジ　シルバー
ラッキーフード　オニオンリング　レモン
ラッキースポット　劇場　百貨店

基本性格　意志を貫く感性豊かなアイデアマン

じっくり物事を考えているわりには直感を信じて決断するタイプ。超頑固で一度決めたことを貫き通す力が強く、周囲からのアドバイスを簡単には受け入れないでしょう。短気で毒舌なところもあり、おっとりとした感じに見えてもじつは攻撃的な人。過去の出来事に執着しやすく、恩着せがましい部分もあるでしょう。感性は豊かで、新たなアイデアを生み出したり、芸術的な才能を発揮したりすることもあるでしょう。

2024年はこんな年

しっかり考えたうえで最後は直感で動くタイプ。今年は勘が鋭くなって的確な判断ができ、いいアイデアも浮かぶでしょう。運気の流れはいいですが、調子に乗りすぎると短気を起こし、余計な発言をしてしまう場合があるので十分注意すること。本や舞台などで使われている表現を参考にしてみると、伝え上手になり、さらにいい人脈ができそうです。トーク力のある人に注目するのもオススメ。健康運は、こまめにストレスを発散すれば、体調を崩すことはなさそうです。

開運アクション

- 直感を信じて行動する
- やさしい言葉や表現を学ぶ
- ひとつのことを極める努力をする

銀の鳳凰座

命数

25 忍耐力がある商売人

もっている星
- ★情報収集が得意な星
- ★夜はお調子者の星
- ★お得な恋が好きな星
- ★疲れをためやすい星
- ★お金の出入りが激しい星

ラッキーカラー　オレンジ　ネイビー
ラッキーフード　きんぴらごぼう　マスカット
ラッキースポット　旅館　ショッピングモール

基本性格　お調子者に見えて根は頑固

フットワークが軽く、情報収集も得意で段取りも上手にできる人ですが、頑固で何事もゆっくり時間をかけて進めるタイプ。表面的には軽い感じに見えても、芯がしっかりしています。頑固なため、視野が狭く情報が偏っている場合も多いでしょう。お調子者ですが、本音はひとりの時間が好き。多趣味で買い物好きになりやすいので、部屋には使わないものや昔の趣味の道具が集まってしまうことがあるでしょう。

2024年はこんな年

物事が予定通りに進み、忙しくも充実する年。計算通りに目標を達成して満足できるでしょう。ただしそこで油断せず、次の計画もしっかり立てておくことが大切です。自分の得ばかりではなく、周囲の人や全体が得する方法を考えてみると、いい仲間ができるでしょう。小さな約束でも必ず守ることで、いい人間関係も築けそうです。できない約束は、最初からしないように。健康運は、睡眠不足で疲れをためないよう、就寝時間を決めて生活リズムを整えましょう。

開運アクション

- 自分も周囲も得することを考えて行動に移す
- どんな約束も守る
- 新たな趣味を見つける

銀の鳳凰座

命数

26 忍耐力がある現実的な人

もっている星
- ★粘り強い星
- ★言いたいことを我慢する星
- ★ポイントをためる星
- ★初恋を引きずる星
- ★音楽を聴かないとダメな星

ラッキーカラー　オレンジ　スカイブルー
ラッキーフード　ホルモン炒め　蜂蜜
ラッキースポット　アウトレット　水族館

基本性格　じっと耐える口ベタなカタブツ

超がつくほど真面目で頑固。他人のために生きられるやさしい性格で、周囲からのお願いを断れずに受け身で生きる人ですが、「自分はこう」と決めた生き方を簡単に変えられないところがあり、昔のやり方や考えを変えることがとても苦手でしょう。臆病で寂しがり屋ですが、ひとりが大好きで音楽を聴いて家でのんびりする時間が欲しい人。気持ちを伝えることが非常に下手で、つねに一言足りないので会話も聞き役になることが多いでしょう。

2024年はこんな年

地味で目立たないタイプですが、今年は信頼を得られ、大きなチャンスがめぐってくるでしょう。ここで遠慮したり引いてしまうと、いい運気の流れに乗れないどころか、マイナスな方向に進んでしまいます。これまで頑張ってきたご褒美だと思って、流れを受け入れるようにしましょう。「人生でもっとも欲張った年」と言えるくらい幸せをつかみにいき、ときにはワガママになってみてもいいでしょう。健康運は、不調を我慢していた人は体調を崩しやすい時期。温泉に行くのがオススメです。

開運アクション

- 貪欲に生きる
- 言いたいことはハッキリ伝える
- 勇気と度胸を忘れない

銀の鳳凰座

命数

27 落ち着きがある正義の味方

もっている星

- ★行動すると止まらない星
- ★甘えん坊な星
- ★押しに弱い星
- ★打撲が多い星
- ★ほめられたら買ってしまう星

ラッキーカラー　オレンジ　ネイビー

ラッキーフード　担々麺　キウイ

ラッキースポット　動物園　デパート

基本性格　ほめられると弱い正義感のかたまり

頑固でまっすぐな心の持ち主で、こうと決めたら猪突猛進するタイプ。正義感があり、正しいと思い込んだら簡単に曲げられませんが、強い偏見をもってしまうこともあり、世界が狭くなることが多いでしょう。つねに視野を広げるようにして、いろいろな考え方を学んでおくといいでしょう。また、おだてに極端に弱く、ほめられたらなんでもやってしまうところがあり、しゃべりも行動も雑なところがあるでしょう。

2024年はこんな年

駆け引きや臨機応変な対応が苦手で、人生すべてが直球勝負のまっすぐな人。今年は持ち前の正義感や意志の強さを活かせて、目標や夢を達成できるでしょう。不器用ながらも、自分の考えを通し切ってよかったと思えることもありそうです。人とのつながりが大切な年なので、好き嫌いをハッキリさせすぎないように。相手のいい部分に注目したり、多少の失敗は大目に見るといいでしょう。健康運は、パワフルに動きすぎて疲れをためないよう、こまめに休むことが大切です。

開運アクション

- 自分の意志を通す
- 人をたくさんほめて認める
- 後輩や部下の面倒を見る

銀の鳳凰座

命数

28 ゆっくりじっくりで品のある人

もっている星

- ★ゆっくりじっくりの星
- ★人前が苦手な星
- ★割り勘が好きな星
- ★恋に不器用な星
- ★口臭を気にする星

ラッキーカラー　オレンジ　シルバー

ラッキーフード　卵焼き　桃

ラッキースポット　音楽フェス　ホテル

基本性格　気持ちが曲げられない小心者

上品で常識やルールをしっかり守る人ですが、根が超頑固で曲がったことができない人です。ひとりが好きで単独行動が多くなりますが、寂しがり屋で人のなかに入りたがるところがあるでしょう。自分の決めたことを曲げない気持ちが強いのに、臆病で考えすぎてしまったり、後悔したりすることも多いタイプ。思ったことを伝えるのが苦手で、一言足りないことが多いでしょう。ただし、誠実さがあるので時間をかけて信頼を得るでしょう。

2024年はこんな年

品と順序を守り、時間をかけて信頼を得るタイプ。今年はあなたに注目が集まる運気です。ただし、恥ずかしがったり失敗を恐れて挑戦できずにいると、チャンスを逃してしまいます。今年は失敗してもすべていい経験になるので、何事も勇気を出してチャレンジしてみるといいでしょう。周囲から頼られたり期待を寄せられたら、最善をつくしてみると、実力以上の結果を残せて、いい人脈もできそうです。健康運は、汗をかく程度の運動を定期的にしておきましょう。

開運アクション

- 心配や不安を手放す
- 年上の人に会う
- チャンスに臆病にならない

銀の鳳凰座

命数

29 覚悟のある自由人

もっている星

- ★人と違う生き方をする星
- ★独特なファッションの星
- ★お金に執着しない星
- ★不思議な人を好きになる星
- ★睡眠欲が強いが夜更かしする星

ラッキーカラー　オレンジ　レッド
ラッキーフード　カレーライス　みょうが
ラッキースポット　劇場　海外旅行

基本性格　発想力豊かで不思議な才能をもつ変人

独特な世界観をもち他人とは違った生き方をする頑固者。自由とひとりが好きで他人を寄せつけない生き方をし、独自路線に突っ走る人。不思議な才能や特殊な知識をもち、言葉数は少ないですが、理論と理屈を語るでしょう。周囲から「変わってる」と言われることも多く、発想力が豊かで、理解されると非常におもしろい人だと思われますが、基本的に他人に興味がなく、尊敬できないと本音で話さないのでそのチャンスも少ないでしょう。

2024年はこんな年

変わり者ですが独特の感性をもっているタイプ。今年はあなたの発想力や個性、才能や魅力が認められる年です。とくにアイデアや芸術系の才能が注目されるため、自分の意見を素直に伝えてみるといいでしょう。プライドの高さとあまのじゃくなところが邪魔をして、わざとチャンスを逃してしまう場合がありますが、今年はしっかり自分を出すことが大切です。厳しい意見も、自分のためになると思って受け止めましょう。健康運は、睡眠時間を削らないように。

開運アクション

- 屁理屈と言い訳を言わない
- 恋も仕事も素直に楽しむ
- 学んだことを教える

銀の鳳凰座

命数

30 頑固な先生

もっている星

- ★心が60歳の星
- ★冷静で落ち着いている星
- ★他人を受け入れない星
- ★賢い人が好きな星
- ★目の病気の星

ラッキーカラー　オレンジ　藍色
ラッキーフード　すき焼き　アスパラ串
ラッキースポット　書店　劇場

基本性格　自分の好きな世界に閉じ込もる完璧主義者

理論と理屈が好きな完璧主義者。おとなしそうですが、秘めたパワーがあり、自分の好きなことだけに没頭するタイプ。何事にもゆっくりで冷静ですが、心が60歳なため、神社仏閣など古いものや趣深い芸術にハマることが多いでしょう。尊敬する人以外のアドバイスは簡単に聞き入れることがなく、交友関係も狭く、めったに心を開きません。「自分のことを誰も理解してくれない」と思うこともあるほどひとりの時間を大事にするでしょう。

2024年はこんな年

長年積み重ねてきたことや、続けていた研究・勉強に注目が集まる年。密かに集めていたデータ、独自の分析などが役に立つでしょう。身につけたスキルを教える立場になったり、先生や指導者としての能力に目覚めることも。プライドが高く自信家なのはいいですが、周囲に助けを求められないところや、協力してもらいたくてもなかなか頭を下げられない一面があります。今年は素直に助けてもらうようにしましょう。健康運は、栄養バランスの整った食事を意識しておくこと。

開運アクション

- 他人のいいところを見つけてほめる
- 資格取得に向けて勉強する
- やさしい表現や言葉を学ぶ

金の時計座

命数 **31**

誰にでも平等な高校1年生

もっている星
- ★誰とでも対等の星
- ★メンタルが弱い星
- ★友情から恋に発展する星
- ★肌荒れの星
- ★お金より人を追いかける星

ラッキーカラー ピンク イエロー

ラッキーフード かに ミックスナッツ

ラッキースポット 庭園 喫茶店

基本性格 仲間を大切にする少年のような人

心は庶民で、誰とでも対等に付き合う気さくな人です。情熱的で「自分も頑張るからみんなも一緒に頑張ろう!」と部活のテンションのような生き方をするタイプで、仲間意識や交友関係を大事にします。一見気が強そうですが、じつはメンタルが弱く、周囲の意見などに振り回されてしまうことも多いでしょう。サッパリとした性格ですが、少年のような感じになりすぎて、色気がまったくなくなることもあるでしょう。

2024年はこんな年

ライバルに先を越されたり、頑張りが裏目に出てしまいがちな年。意地を張るより、素直に負けを認めて相手に道を譲るくらいのほうがいいでしょう。あなたの誰とでも対等でいようとする姿勢が、生意気だと思われてしまうこともあるため、上下関係はしっかり意識するように。出会った人には年齢に関係なく敬語を使うつもりでいるとよさそうです。健康運は、胃腸の調子を崩したり、不眠を感じることがあるかも。ひとりで没頭できる運動をすると、スッキリするでしょう。

開運アクション
- 得意・不得意を見極める
- 旅行やライブを楽しむ
- 無駄な反発はしない

金の時計座

命数 **32**

刺激が好きな庶民

もっている星
- ★話の先が読める星
- ★裏表がある星
- ★夢追い人にお金を使う星
- ★好きな人の前で態度が変わる星
- ★胃炎の星

ラッキーカラー ピンク ダークブルー

ラッキーフード 焼き鳥 梨

ラッキースポット 避暑地 美術館

基本性格 寂しがり屋だけど、人の話を聞かない

おとなしそうで真面目な印象ですが、根は派手なことや刺激的なことが好きで、大雑把なタイプ。心が庶民なわりには一発逆転を目指して大損したり、大失敗したりすることがある人でしょう。人が好きですが団体行動は苦手で、ひとりか少人数での行動のほうが好きです。頭の回転は速いですが、そのぶん他人の話を最後まで聞かないところがあるでしょう。ヘコんだ姿を見せることは少なく、我慢強い面をもっていますが、じつは寂しがり屋な人です。

2024年はこんな年

物事を合理的に進められなくなったり、空回りが続いてイライラしそうな年。周囲とリズムが合わないからといって、イライラしないようにしましょう。また、今年だけの仲間もできますが、付き合いが浅い人からの誘いで刺激や欲望に流されないよう注意しておくように。今年はスポーツで汗を流してストレス発散することで、健康的でいい1年を過ごすことができそうです。ただし、色気をなくしたり、日焼けしすぎてシミをつくらないよう気をつけましょう。

開運アクション
- 周囲に協力する
- スポーツで定期的に汗を流す
- 本音を語れる友人をつくる

金の時計座

命数

33 サービス精神豊富な明るい人

もっている星
- ★友人が多い星
- ★適当な星
- ★食べすぎる星
- ★おもしろい人が好きな星
- ★デブの星

ラッキーカラー　パープル　ライトブルー
ラッキーフード　餃子　玉子豆腐
ラッキースポット　喫茶店　動物園

基本性格　おしゃべりで世話好きな楽観主義者

明るく陽気で、誰とでも話せて仲よくなれる人です。サービス精神が豊富で、ときにはお節介なほど自分と周囲を楽しませることが好きなタイプ。おしゃべりが好きで余計なことや愚痴や不満を言うこともありますが、多くはよかれと思って発していることが多いでしょう。ただし、空腹になると機嫌が悪くなり、それが顔に出てしまいます。楽観的ですが、周囲の意見に振り回されて心が疲れてしまうこともあるでしょう。

2024年はこんな年

感性が鋭くなる年。頭の回転が速くなったりいいアイデアが浮かぶなど、秘めていた才能が開花しそうです。一方で、人の考えや思いを感じすぎてイライラすることや、口が悪くなってしまうこともあるでしょう。イライラはスタミナ不足によるところが大きいので、しっかり運動をして体力をつけるように。愚痴や不満を言うだけの飲み会が増えてしまうことも体調を崩す原因になるため、前向きな話や楽しい話ができる人の輪に入るようにしましょう。

開運アクション

- 自分も相手もうれしくなる言葉を使う
- 軽い運動をする
- たくさん笑う

金の時計座

命数

34 最後はなんでも勘で決めるおしゃべりな人

もっている星
- ★直感で生きる星
- ★情で失敗する星
- ★デブが嫌いな星
- ★しゃべりすぎる星
- ★センスのいいものを買う星

ラッキーカラー　ホワイト　ターコイズブルー
ラッキーフード　お雑煮　とろろ
ラッキースポット　神社仏閣　レストラン

基本性格　情に厚く人脈も広いが、ハッキリ言いすぎる

頭の回転が速くおしゃべりですが、一言多いタイプ。交友関係が広く不思議な人脈をつなげることも上手な人です。何事も勘で決めようとするところがありますが、周囲の意見や情報に振り回されてしまうことも多く、それがストレスの原因にもなります。空腹や睡眠不足で短気を起こしたり、機嫌の悪さが表面に出たりしやすいでしょう。人情家で人の面倒を見すぎたり、よかれと思ってハッキリと言いすぎてケンカになったりすることも多いでしょう。

2024年はこんな年

気分のアップダウンが激しくなる年。誘惑や快楽に流されてしまわないよう注意が必要です。自分も周囲も楽しめるように動くと、いい方向に進みはじめたり、大きなチャンスをつかめるでしょう。サービス精神を出し切ることが大切です。健康運は、疲れが一気に出たり、体重が急に増えてしまうことがあるので、定期的に運動やダンスをするといいでしょう。うまくいかないことがあっても、ヤケ食いはしないように。

開運アクション

- 前向きな言葉を口にする
- 気分ではなく気持ちで仕事をする
- 暴飲暴食をしない

金の時計座

命数

35 社交的で多趣味な人

もっている星

★おしゃれな星
★トークが薄い星
★ガラクタが増える星
★テクニックのある人に弱い星
★お酒で失敗する星

ラッキーカラー　ピンク　ホワイト

ラッキーフード　蒸し牡蠣　すいか

ラッキースポット　温泉　映画館

基本性格　興味の範囲が広いぶん、ものがたまり心も揺れる

段取りと情報収集が得意で器用な人。フットワークが軽く人間関係を上手につくることができるタイプです。心が庶民なので差別や区別をしませんが、本音では損得で判断するところがあります。使わないものをいつまでも置いておくので、ものが集まりすぎてしまうところも。マメに断捨離をしたほうがいいでしょう。視野が広いのは長所ですが、そのぶん気になることが多くなりすぎて、心がブレてしまうことが多いでしょう。

2024年はこんな年

地道な努力と遠回りが必要になる年。非効率で無駄だと思っても、今年頑張れば精神的に成長する経験ができるでしょう。ただ、強引な人に利用されたり、うっかりだまされてしまうこともあるので警戒心はなくさないように。自分が得することばかりを考えず、損な役回りを引き受けることで、危険な場面を上手に避けられそうです。健康運は、お酒がトラブルや体調不良の原因になりやすいので、ほどほどにしておきましょう。

開運アクション

- 損な役割を買って出る
- 好きな音楽を聴く時間をつくる
- 節約生活を楽しむ

金の時計座

命数

36 誠実で真面目な人

もっている星

★お人よしの星
★好きな人の前で緊張する星
★安い買い物が好きな星
★手をつなぐのが好きな星
★寂しがり屋の星

ラッキーカラー　ピンク　ホワイト

ラッキーフード　グラタン　目玉焼き

ラッキースポット　スパ　図書館

基本性格　やさしくて真面目だけど、強い意見に流されやすい

とても真面目でやさしく誠実な人です。現実的に物事を考えて着実に人生を進めるタイプですが、何事も時間がかかってしまうところと、自分に自信がもてなくてビクビク生きてしまうところがあるでしょう。他人の強い意見に弱く、自分が決めても流されてしまうことも多いでしょう。さまざまなタイプの人を受け入れることができますが、そのぶんだまされやすかったり、利用されやすかったりもするので気をつけましょう。

2024年はこんな年

華やかにイメチェンしたり、キャラが大きく変わって人生が変化する年。言いたいことはハッキリ伝え、ときには「嫌われてもいい」くらいの気持ちで言葉にしてみましょう。あなたを利用してくる人や悪意のある人とは、バッサリ縁を切ることも大切です。ズルズルした交友関係を終わらせることができ、スッキリするでしょう。健康運は、体が冷えやすくなったり、肌が弱くなりそう。こまめな水分補給を心がけ、膀胱炎や尿路結石にも気をつけておきましょう。

開運アクション

- 言いたいことはハッキリ言う
- 別れは自分から切り出す
- 甘い言葉や誘惑に注意する

金の時計座 命数 37 面倒見がいい甘えん坊

もっている星

- ★責任感の強い星
- ★お節介な星
- ★ご馳走が好きな星
- ★恋に空回りする星
- ★麺類の星

ラッキーカラー：ホワイト、ネイビー
ラッキーフード：野菜タンメン、かつおのたたき
ラッキースポット：展望台、映画館

基本性格　正義感あふれるリーダーだが、根は甘えん坊

行動力とパワーがあり、差別や区別が嫌いで面倒見のいいタイプ。自然と人の役に立つポジションにいることが多く、人情家で正義感もあり、リーダー的存在になっている人もいるでしょう。自分が正しいと思ったことにまっすぐ突き進みますが、周囲の意見に振り回されやすく、心がブレてしまうことも。根の甘えん坊が見え隠れするケースもあるでしょう。おだてに極端に弱く、おっちょこちょいなところもあり、行動が雑で先走ってしまいがちです。

2024年はこんな年

積極的な行動が空回りし、落ち込みやすい年。面倒見のよさが裏目に出たり、リーダーシップをとって頑張っているつもりが、うまく伝わらないこともありそうです。ヤケを起こして無謀な行動に走るのではなく、スポーツでしっかり汗を流したり、座禅を組んで心を落ち着かせるといいでしょう。今年は、心と体を鍛える時期だと思っておくのがよさそうです。厳しい指摘をしてきた人を見返すくらいのパワーを出してみましょう。

開運アクション

- 行動する前に計画を立てる
- 瞑想する時間をつくる
- 年下の友人をつくる

金の時計座 命数 38 臆病な庶民

もっている星

- ★温和で平和主義の星
- ★精神が不安定な星
- ★清潔にこだわる星
- ★純愛の星
- ★肌に悩む星

ラッキーカラー：オレンジ、ライトブルー
ラッキーフード：チーズオムレツ、パイナップル
ラッキースポット：庭園、花火大会

基本性格　上品な見栄っ張りだが、人に振り回されやすい

常識やルールをしっかり守り、礼儀正しく上品ですが、庶民感覚をしっかりもっている人。純粋に世の中を見ていて、差別や区別が嫌いで幅広く人と仲よくできますが、不衛生な人と権力者とエラそうな人だけは避けるようにしています。気が弱く、周囲の意見に振り回されてしまうことや、目的を定めてもグラついてしまうことが多いでしょう。見栄っ張りなところや、恥ずかしがって自分を上手に出せないところもあるでしょう。

2024年はこんな年

精神的に落ち込みやすい年。気分が晴れないときは、話を聞いてくれる人に連絡し本音を語ってみるとよさそうです。愚痴や不満よりも、前向きな話やおもしろい話で笑う時間をつくってみましょう。人との縁が切れてもヘコみすぎず、これまでに感謝するように。健康運は、肌の調子を崩しやすいので、白湯や常温の水をふだんより多めに飲むといいでしょう。運動して汗を流すのもオススメです。

開運アクション

- たくさん笑う
- 落ち着く音楽を聴く
- 白湯を飲む習慣を身につける

金の時計座

命数

39 常識にとらわれない自由人

もっている星
★芸術家の星
★変態の星
★独自の価値観の星
★才能に惚れる星
★食事のバランスが悪い星

ラッキーカラー ピンク ホワイト
ラッキーフード あじの開き オリーブ
ラッキースポット 美術館 劇場

基本性格 束縛嫌いで理屈好きな変わり者

自分ではふつうに生きていると思っていても、周囲から「変わっているね」と言われることが多い人です。心は庶民ですが常識にとらわれない発想や言動が多く、理屈や屁理屈が好きなタイプ。自由を好み、他人に興味はあるけれど束縛や支配はされないように生きる人でもあります。心は中学1年生のような純粋なところがありますが、素直になれなくて損をしたり、熱しやすく飽きっぽかったりして、心がブレてしまうことも多いでしょう。

2024年はこんな年

興味をもつものが変わり、これまで学んでいなかったことを勉強するようになる年。少し難しいと思う本を読んでみたり、お金に関わる勉強をしてみるといいでしょう。マナー教室に行くのもオススメです。また、歴史のある場所や美術館、博物館などに足を運んでみると気持ちが落ち着くでしょう。今年は人との関わりも変化し、これまで縁がなかった年齢の離れた人や、専門的な話ができる人と仲よくなれそうです。健康運は、目の病気に注意しておきましょう。

開運アクション

- 学んでみたいことに素直になる
- 年上の友人をつくってみる
- 歴史のある場所に行く

金の時計座

命数

40 下町の先生

もっている星
★教育者の星
★言葉が冷たい星
★先生に惚れる星
★視力低下の星
★勉強にお金を使う星

ラッキーカラー パープル 藍色
ラッキーフード さばの味噌煮 チーズケーキ
ラッキースポット 書店 美術館

基本性格 好き嫌いがハッキリした上から目線タイプ

自分の学んだことを人に教えたり伝えたりすることが上手な先生のような人。理論や理屈が好きで知的好奇心があり、文学や歴史、芸術、美術に興味や才能をもっています。基本的には人間関係をつくることが上手ですが、知的好奇心のない人や学ぼうとしない人には興味がなく、好き嫌いが激しいところがあります。ただし、それを表には見せないでしょう。「エラそうな人は嫌い」というわりには、自分がやや上から目線の言葉を発してしまうところも。

2024年はこんな年

発想力が増し、興味をもつことも大きく変わる年。新しいことに目が向き、仲よくなる人も様変わりするでしょう。若い人や才能のある人、頑張っている人といい縁がつながりそうです。あなたもこれまで学んできたことを少しでも教えるようにすると、感謝されたり相手のよさをうまく引き出すことができるでしょう。今年は、ひとり旅やこれまでとは違った趣味をはじめても楽しめそうです。健康運は、頭痛に悩まされがちなので、ふだんから軽い運動をしておくのがオススメ。

開運アクション

- 若い知り合いや友達をつくる
- 「新しい」ことに注目してみる
- 失敗から学ぶ

銀の時計座 命数 31

心がブレる 高校1年生

もっている星
★平等心の星
★負けを認められない星
★同級生が好きな星
★胃に注意が必要な星
★友人と同じものを欲しがる星

ラッキーカラー　イエロー　ブルー
ラッキーフード　豆腐ステーキ　しらす干し
ラッキースポット　公園　図書館

基本性格　仲間に囲まれていたいが、振り回されやすい

負けず嫌いの頑張り屋で、気さくでサッパリとした性格です。色気があまりなく、交友関係は広いでしょう。反発心や意地っ張りなところはありますが、本当は寂しがり屋でつねに人のなかにいて友人や仲間が欲しい人。頑張るパワーはありますが、周囲の人に振り回されてしまったり、自ら振り回されにいったりするような行動に走ってしまうことも。心は高校1年生くらいからほぼ変わらない感じで、学生時代の縁がいつまでも続くでしょう。

2024年はこんな年　期待していたほど結果が出ないことや評価されないことに、不満がたまってしまうかも。同期やライバルなど、自分と同じくらい努力してきた人に負けたり、差をつけられてしまう場合もありそうです。意地っ張りな一方でメンタルが弱く、一度落ち込むとなかなか立ち直れないタイプですが、気分転換にスポーツをして汗を流したり、じっくり読書する時間をつくると、気持ちが回復してくるでしょう。偉人の伝記を読んでみると、苦労しても「落ち込んでいる場合ではない」と思えそうです。

開運アクション
- 自分らしさにこだわらない
- 読書する時間をつくる
- 素直に謝る

銀の時計座 命数 32

雑用が嫌いな じつは野心家

もっている星
★野心家の星
★頑張りを見せない星
★ライブ好きの星
★ヤケ酒の星
★好きになると止まらない星

ラッキーカラー　ピンク　ダークブルー
ラッキーフード　ごぼうの甘辛炒め　よもぎ饅頭
ラッキースポット　スポーツジム　博物館

基本性格　一発逆転の情熱をもって破天荒に生きる

庶民的で人間関係をつくることが上手な人ですが、野心や向上心を強くもっています。どこかで一発逆転したい、このままでは終わらないという情熱をもっていて、刺激や変化を好むところがあるでしょう。人は好きですが団体行動が苦手で、結果を出している人に執着する面があり、ともに成長できないと感じた人とは距離をあけてしまうことも。意外な人生や破天荒な人生を自ら歩むようになったり、心が大きくブレたりすることもある人です。

2024年はこんな年　合理的で頭の回転が速いタイプですが、今年は詰めの甘さを突っ込まれたり、締めくくりの悪さが表に出てしまいそうです。「終わりよければすべてよし」を心に留めて、何事も最後まで気を抜かず、キッチリ終わらせるようにしましょう。最初の挨拶以上に、別れの挨拶を大切にすること。お礼をするときは「4回するのがふつう」と思って、その場だけでなく何度でも感謝を伝えるといいでしょう。健康運は、太りやすくなるので、軽い運動をしておきましょう。

開運アクション
- 締めくくりをしっかりする
- ヤケを起こさない
- 運動して汗を流す

銀の時計座 命数 33 明るい気分屋

もっている星
- ★愛嬌のある星
- ★愚痴の星
- ★遊びすぎる星
- ★スケベな星
- ★気管が弱い星

ラッキーカラー　レッド　ライトブルー
ラッキーフード　イクラ　ちりめん山椒
ラッキースポット　レストラン　コンサート

基本性格　天真爛漫に人をよろこばせると幸せになれる

誰よりも人を楽しませることが好きなサービス精神豊富な人。空腹が苦手で気分が顔に出やすいところはありますが、楽しいことおもしろいことが大好きです。不思議な人脈をつくることができ、つねに天真爛漫ですが、心がブレやすいので目的を見失ってしまい、流されてしまうことも多いでしょう。人気者になり注目を浴びたい、人にかまってほしいと思うことが多いぶん、他人をよろこばせることに力を入れると幸せになれるでしょう。

2024年はこんな年

これまで甘えてきたことのシワ寄せがきて、厳しい1年になりそうです。どんな状況でも楽しんで、物事のプラス面を探すようにすると、進むべき道が見えてくるでしょう。口の悪さが原因で、せっかくの仲間が離れてしまうおそれもあるため、余計なことは言わず、よろこんでもらえる言動を意識するといいでしょう。短気を起こして、先のことを考えずに行動しないよう気をつけること。健康運は、スタミナがつく運動をすると、ダイエットにもなってよさそうです。

開運アクション
- 「自分さえよければいい」と思って行動しない
- 周りをよろこばせる
- スタミナのつく運動をする

銀の時計座 命数 34 一言多い人情家

もっている星
- ★表現力豊かな星
- ★短気な星
- ★ストレス発散が下手な星
- ★デブが嫌いな星
- ★疲れやすい星

ラッキーカラー　イエロー　ターコイズブルー
ラッキーフード　桜えび　豆腐の味噌汁
ラッキースポット　神社仏閣　劇場

基本性格　隠しもった向上心で驚くアイデアを出す

何事も直感で判断して突き進む人です。人情家で面倒見がいいのですが、情が原因で苦労や困難を招いてしまうことが多く、余計な一言や、しゃべりすぎてしまうところ、恩着せがましいところが表面に出やすい人でしょう。ストレス発散が苦手で些細なことでイライラしたり、機嫌が簡単に表情に出てしまったりすることも多いでしょう。向上心を隠しもち、周囲が驚くようなアイデアを生み出すことができる人です。

2024年はこんな年

直感力があるタイプですが、今年は勘が外れやすくなりそうです。疲れからイライラして、冷静な判断ができなくなることも。運動して基礎体力をしっかりつけ、上手にストレスを発散するようにしましょう。短気を起こして無責任な発言をすると、自分を苦しめる原因になってしまいそうです。余計な言葉を慎み、できるだけ相手の話を聞くようにしましょう。健康運は、体調に異変を感じたらそのままにせず、早めに病院で診てもらうように。

開運アクション
- 情に流されない
- 何事も長い目で見る
- 自分で自分の頑張りをほめる

銀の時計座 命数 35 人のために生きられる商売人

もっている星
- ★フットワークが軽い星
- ★ウソが上手な星
- ★買い物好きな星
- ★貧乏くさい人が嫌いな星
- ★膀胱炎の星

ラッキーカラー　ピンク　スカイブルー
ラッキーフード　ライ麦パン　豚しゃぶ
ラッキースポット　スパ　科学館

基本性格　多趣味で視野が広く、計算して振る舞える

フットワークが軽く情報収集が得意な人で、ひとつ好きなことを見つけると驚くような集中力を見せます。視野が広いため、ほかに気になることを見つけると突っ走ってしまうことが多いでしょう。何事も損得勘定でしっかり判断でき、計算をすることが上手で、自分の立場をわきまえた臨機応変な対応もできます。多趣味・多才なため人脈も自然に広がり、知り合いや友人も多いでしょう。予定の詰め込みすぎには注意が必要です。

2024年はこんな年

これまでならおもしろがってもらえていたような軽い発言が、今年は「信頼できない人」と思われる原因になってしまいそうです。適当なことを言わないよう注意しましょう。また、あなたのフットワークの軽さや多才なところが裏目に出たり、ソリが合わない人と一緒に過ごす時間が増えてしまうことも。地味で不得意な役割を任される場面もありそうですが、いまは地道に努力して学ぶ時期だと思っておきましょう。健康運は、お酒の飲みすぎに気をつけること。

開運アクション
- 自分の発言に責任をもつ
- 計算や計画の間違いに気をつける
- 損な役割を楽しんでみる

銀の時計座 命数 36 世話が好きな真面目な人

もっている星
- ★思いやりの星
- ★自信のない星
- ★ケチな星
- ★つくしすぎる星
- ★水分バランスが悪い星

ラッキーカラー　ホワイト　ラベンダー
ラッキーフード　里芋の煮物　わかめのサラダ
ラッキースポット　温泉　プラネタリウム

基本性格　理想と現実の間で心が揺れやすい

何事も真面目に地道にコツコツと努力ができ、自分のことよりも他人のために生きられるやさしい人です。ただし、自己主張が苦手で一歩引いてしまうところがあるので、チャンスを逃しやすく、人と仲よくなるのにも時間がかかるでしょう。現実的に物事を考える面と理想との間で心が揺れてしまい、つねに周囲の意見に揺さぶられてしまうタイプ。真面目がコンプレックスになり、無謀な行動に走ってしまうときもあるでしょう。

2024年はこんな年

真面目に取り組むのがバカらしく感じてしまうことがありそうですが、今年は真面目にじっくり努力することを、もっと楽しんでみるといいでしょう。あえて遠回りをするのもよさそうです。自分磨きも楽しむことを忘れなければ、思った以上に輝くことができるでしょう。ときには開き直って言いたいことを伝えてみると、周囲が動いてくれることもありそうです。健康運は、ストレスが肌の不調につながりやすいため、こまめに気分転換をしましょう。

開運アクション
- 気分転換をしっかりする
- 地味で真面目なところをコンプレックスに思わない
- 後輩や部下の面倒を見る

銀の時計座 命数 37 世話好きな正義の味方

もっている星

★社長の星
★人に巻きつきたがる星
★勢いで買い物する星
★ほめられたら好きになる星
★膝のケガの星

ラッキーカラー　ピンク　ホワイト
ラッキーフード　クリームパスタ　バンバンジー
ラッキースポット　動物園　タワー

基本性格　ほめられるとパワーが出る行動力のある人

自分が正しいと思ったら止まることを知らずに突き進む力が強い人です。とくに正義感があり、面倒見がよく、自然と周囲に人を集めることができるでしょう。ただし、せっかちで勇み足になることが多く、行動に雑なところがあるので、動く前に計画を立ててみることや慎重になることも重要です。おだてに極端に弱く、ほめられたらなんでもやってしまうことも多いでしょう。向上心があり、つねに次に挑戦したくなる、行動力のある人でしょう。

2024年はこんな年

パワフルで行動力のあるタイプですが、今年は行動することで苦労や困難を引き寄せてしまいそうです。もともと面倒見がいいので自然と人が集まってくるものの、トラブルにもつながりやすいため用心しておきましょう。じつは甘えん坊で人任せな面や、行動が雑なところを突っ込まれてしまうこともありそうです。素直に非を認めたほうが、味方を集められるでしょう。健康運は、骨折や足のケガ、ギックリ腰などに十分注意しておきましょう。

開運アクション

- 仕切るなら最後まで仕切る
- 情で好きにならない
- 「憧れの存在」を目指す

銀の時計座 命数 38 見栄っ張りな常識人

もっている星

★誠実な星
★失敗ができない星
★百貨店の星
★恋に執着する星
★美肌にこだわる星

ラッキーカラー　ピンク　ライトブルー
ラッキーフード　アサリの酒蒸し　ごま団子
ラッキースポット　庭園　コンサート

基本性格　庶民的で親しみやすいが、心の支えが必要

礼儀正しくていねいで、規則やルールなどをしっかり守り、上品に生きていますが、どこか庶民的な部分をもっている親しみやすい人。面倒見がよく、差別や区別なく交友関係を広げることができますが、下品な人や、権力者やエラそうな人だけは避けるでしょう。常識派でありながら非常識な人脈をもつ生き方をします。メンタルが弱く寂しがり屋で、些細なことでへコみすぎてしまうこともあり、心の支えになるような友人や知人を必要とするでしょう。

2024年はこんな年

キッチリした性格が、かえって自分を苦しめてしまう年。几帳面で真面目なタイプですが、今年は失敗やケアレスミスが増えてしまいそうです。どんな人にもミスはあるものなので、気にしないようにしましょう。また、急に行動的になることもありそうです。ふだんしないようなことにチャレンジするのはいいですが、危険な目に遭う可能性もあるため、ほどほどにしておきましょう。健康運は、肌の調子が乱れやすいので、スキンケアをしっかりするように。

開運アクション

- 失敗を笑い話にする
- 話を聞いてくれる人を大切にする
- 偉くなっている人を観察する

銀の時計座 命数 39

目的が定まらない芸術家

もっている星
- ★アイデアが豊富な星
- ★飽きっぽい星
- ★幼稚な星
- ★才能に惚れる星
- ★匂いフェチの星

ラッキーカラー：パープル、レッド
ラッキーフード：からしレンコン、もつ鍋
ラッキースポット：劇場、喫茶店

基本性格　理屈っぽくて飽きっぽいスペシャリスト

自由な生き方と発想力がある生き方をする不思議な人。探求心と追求心があり集中力もあるのでひとつのことを深く突き詰めますが、飽きっぽく諦めが早いところがあり、突然まったく違うことをはじめたり、違う趣味を広げる人でしょう。変わった人脈をつくりますが、本音は他人に興味がなく、理屈と屁理屈が多く、何事も理由がないとやらないときが多いでしょう。その一方で、スペシャリストになったり、マニアックな生き方をしたりすることがあるでしょう。

2024年はこんな年

いまの環境に飽きを感じると同時に、変化や刺激を楽しめる年。人間関係も変わってきて、これまでに出会ったことのないような人や年の離れた人と仲よくなれるでしょう。意外性を前向きにとらえることができる一方で、思った方向とは違う流れになったり、プライドを傷つけられることもありそうです。健康運は、体調を崩しやすくなるので、栄養バランスの整った食事を心がけましょう。とくに、目の病気には気をつけること。

開運アクション

- 現状に飽きたら探求できるものを見つける
- 年の離れた人と話してみる
- 学びにお金を使う

銀の時計座 命数 40

心がブレやすい博士

もっている星
- ★探究心の星
- ★プライドが高い星
- ★知識にお金を使う星
- ★目の疲れの星
- ★知性のある人が好きな星

ラッキーカラー：ピンク、ホワイト
ラッキーフード：たこ焼き、アボカドサラダ
ラッキースポット：神社仏閣、城

基本性格　他人のために知恵を役立てると人生が好転する人

好きなことを深く突き詰めることができる理論と理屈が好きな人。冷静に物事を考えられ、伝統や文化が好きで、大人なタイプです。自分が学んできたことや知識を他人のために役立てることができると人生が好転するでしょう。人間関係をつくることが上手ですが、本当はめったに心を開かない人。心は庶民ですが、プライドが高く、自分の世界観やこだわりが強くなってしまい、他人の評論や評価ばかりをすることが多いでしょう。

2024年はこんな年

プライドが傷つくようなことがあったり、積み重ねてきたことを投げ出したくなりそうな年。興味のあることを追求し研究する才能がありますが、今年は頑張ってきたことを否定されたりバカにされて感情的になり、自ら人との縁を切ってしまうことがあるかも。世の中、すべての人に認められるのは不可能です。「いろいろな人がいる」と思って、聞き流すようにしましょう。健康運は、目の疲れと片頭痛が出やすくなりそう。食事のバランスを整え、軽い運動をするようにしましょう。

開運アクション

- いらないプライドは捨てる
- 冷たい言い方をしない
- 学べることを探す

金のカメレオン座

命数

41 古風な頑張り屋

もっている星

★友情を大切にする星
★突っ込まれると弱い星
★みんなと同じものを購入する星
★同級生を好きになる星
★タフな星

ラッキーカラー　イエロー　ブルー

ラッキーフード　ピーマンの肉詰め　アーモンド

ラッキースポット　スポーツジム　キャンプ場

基本性格　真似することで能力が開花する

大人っぽく冷静な感じに見えますが、サッパリとした性格で根性があります。ただし、突っ込まれると弱く、心配性なところを隠しもっています。女性は美人なのに色気がない人が多いでしょう。知的で、他人を真似することでその能力を開花させられるタイプですが、意地を張りすぎて真似を避けてしまうと、才能を発揮できない場合があります。友情や仲間をとても大事にするため、長い付き合いの友人がいるでしょう。

2024年はこんな年

新たな仲間ができ、よきライバルや見習うべき人も見つけられる年。周囲や同期と差がついてしまっていることに驚く場面もありますが、興味のあることにはドンドン挑戦しましょう。趣味でスポーツや新たな習い事をはじめてみると、長い付き合いになる友人もできそうです。同世代で頑張っている人を見ることがあなたのパワーにもなるため、プロスポーツ観戦や観劇、ライブ観賞などに足を運んでみるのもいいでしょう。健康運は、定期的な運動がオススメです。

開運アクション

- プロスポーツを観に行く
- 習い事をはじめる
- 興味のあることに挑戦する

金のカメレオン座

命数

42 要領がいい高校3年生

もっている星

★学習能力が高い星
★優柔不断な星
★高級なものを持つといい星
★健康マニアな星
★向上心ある人を好きになる星

ラッキーカラー　オレンジ　レッド

ラッキーフード　いわしのマリネ　ぶどう

ラッキースポット　避暑地　リゾート地

基本性格　頭の回転が速いが、じつは心配性

古風な考えをしっかりと理解でき、無駄が嫌いな合理的タイプ。派手に見えて古風か、知的に見えて根はやんちゃか、この2パターンに分かれるでしょう。どちらにせよ表面的に見せている部分と内面は大きく違います。自我が強く、自分に都合の悪い話はほぼ聞きません。他人の話の要点だけ聞くのがうまく、頭の回転はかなり速いのですが、じつは心配性。真似と要領のよさを活かすことで人生を渡り歩けますが、先走りすぎる癖には要注意。

2024年はこんな年

「金のカメレオン座」のなかで、もっとも一歩一歩進むことが苦手なタイプ。頭のよさを活かした合理的な生き方を好み、無駄を避けがちですが、今年はあえて雑用や面倒事に取り組んでみましょう。いい人脈ができたり、苦労を経験することでパワーを得られそうです。自分の才能を発見するためにも、不慣れなことや苦手なこと、避けていた世界に飛び込んでみて。音楽ライブやフェス、知人のパーティーなどに足を運ぶのもオススメです。健康運は、定期的な旅行が吉。

開運アクション

- ホームパーティーに行く
- 不慣れなことや苦手なことに挑戦する
- 相手のおもしろいところを探す

金のカメレオン座

命数

43 明るい大人

もっている星
★ 楽しませることがうまい星
★ 地道な努力が苦手な星
★ グルメな星
★ 愛嬌のある人を好きになる星
★ ダンスをすると痩せる星

ラッキーカラー　ピンク　ライトブルー
ラッキーフード　いか焼き　いちご
ラッキースポット　レストラン　コンサート

基本性格　知的でしっかり者なのに、バカなフリをする

明るく元気で陽気な性格でありながら、知的で古風な考えをしっかりもっているタイプ。愛嬌があり美意識も高いので、自然と人気を集め、交友関係も広くなります。ふだんはかなり冷静ですが、空腹になると機嫌が悪くなり、思考停止することがあるはず。サービス精神が豊富なところは長所ですが、そのぶん口が悪くなったり、余計な話をしてしまったりすることも。人間関係においてはバカなフリをしていることが多いでしょう。

2024年はこんな年

「金のカメレオン座」のなかでもっとも明るく、何事もポジティブに考えられるタイプ。変化が多いこの1年も楽しく過ごせ、人との交流も上手に広げられるでしょう。自分と周囲を笑顔にするために何をするといいのか、よく考えて行動すれば運を味方につけられそうです。積み重ねが必要な年でもあるため、地道な努力や、のちに役立ちそうな勉強は少しでもはじめておくように。好きな趣味を極める覚悟をすると、道が見えてくるでしょう。健康運は、食事のバランスが大事です。

開運アクション
- 仕事に役立つ勉強をする
- 異性の友人をつくる
- 自分と周囲を笑顔にする

金のカメレオン座

命数

44 勘がいい頭脳派

もっている星
★ 表現が豊かな星
★ 毒舌家な星
★ 勘で買い物をする星
★ サプライズに弱い星
★ スタミナ不足になる星

ラッキーカラー　ホワイト　イエロー
ラッキーフード　牡蠣フライ　バナナ
ラッキースポット　劇場　美術館

基本性格　おしゃべりで勘が鋭いけど、突っ込まれると弱い

頭の回転が速くおしゃべりで、つねに一言多いタイプ。真似がうまく、コツをつかむことが上手で、何事にも冷静に対応できますが、空腹や睡眠不足になると短気になる癖があるので注意が必要です。物事をいろいろな角度で考えますが、最後は勘でなんでも決めてしまうでしょう。おしゃべりなので攻めが強い感じに見られますが、突っ込まれると弱いところがあり、守りが手薄なところがあるでしょう。

2024年はこんな年

「金のカメレオン座」のなかで、もっとも直感で動くタイプ。今年は変化が多くなりますが、己の勘を信じて進むといいでしょう。自分が言葉を使うことに人一倍長けていると気づいていると思いますが、今年はもっと語彙を増やしたり、人がよろこぶ言葉や前向きになれる話を学ぶことが大切です。どんなときでも素敵な言葉を発せる人になれるよう成長していきましょう。話を上手に聞く訓練もしておくように。健康運は、スタミナをつけるための運動をはじめるとよさそう。

開運アクション
- 語彙を増やす
- 習い事をはじめる
- 基礎体力づくりをする

金のカメレオン座

命数

45 真似が上手な商売人

もっている星

★計画的に物事を進める星
★損得勘定で判断する星
★買い物が大好きな星
★過労になりやすい星
★おしゃれな人が好きな星

ラッキーカラー　ライトブラウン　スカイブルー
ラッキーフード　チンジャオロース　セロリの浅漬け
ラッキースポット　ショッピングモール　海水浴

基本性格　好奇心が強く、損得勘定ができるしっかり者

知的で都会的なおしゃれを心がける、情報収集と段取りがしっかりできる人。古風な考えをしっかりもち、知的好奇心がありながら根はお調子者で、損得勘定で物事を判断するタイプ。じっくり情報を集めすぎて時間がかかってしまったり、突っ込まれるとまても弱くなってしまったりする優柔不断な性格でもあります。真似が上手で、「これは得」と思ったらじっくりと観察して自分のものにする能力が高いでしょう。

2024年はこんな年

計画を立てて行動することがもっとも得意なタイプ。今年は情報収集を楽しみながら人脈づくりもできる運気なので、おもしろそうなことがあればドンドン足を運んでみるといいでしょう。「多趣味ですね」と言われるくらい今年から趣味の幅を広げることが、のちの運命をいい方向に導く秘訣です。多少気乗りしなくても、誘われたことには積極的に挑戦してみるといいでしょう。健康運は、忙しくてもメリハリのある生活をするように。

開運アクション

- 趣味を増やす
- つねにフットワークを軽くする
- 「忙しい」を楽しむ

金のカメレオン座

命数

46 真面目で現実的な人

もっている星

★几帳面な星
★心配性の星
★価値にこだわる星
★結婚をすぐに考える星
★瞬発力のない星

ラッキーカラー　ホワイト　スカイブルー
ラッキーフード　いわしの蒲焼き　納豆
ラッキースポット　水族館　劇場

基本性格　慎重派だけど、ときどき無謀な行動に走る

落ち着いてじっくりと物事を進める静かで真面目な人。几帳面で地道にコツコツ積み重ね、石橋を叩いて渡るような性格です。親切でやさしく、他人に上手に合わせることができ、守りの要となる人でもありますが、自信や勇気がなく、なかなか行動できずに待ちすぎてしまうことも。計画を立てて行動することが好きですが、冒険やチャレンジ精神は低めです。真面目がコンプレックスになり、ときどき無謀な行動に走ることもあるでしょう。

2024年はこんな年

着実に努力や挑戦の積み重ねができる年。地道な努力が続くリズムをうまくつくれ、心地よく過ごせそうです。人との交流も大事な時期なので、内気になったり遠慮したりせず、自ら食事や飲みに誘ってみましょう。「あえて少し恥ずかしい思いをする」くらいの度胸を身につけておくと、のちのち役立つでしょう。言いたいことをのみ込みすぎず、ときにはストレートに発言してみて。健康運は、代謝を上げる運動がオススメです。

開運アクション

- 発言や失敗を恥ずかしがらない
- 聴く音楽のジャンルを増やす
- 役立ちそうな資格の取得を目指す

金のカメレオン座

命数 **47**

正義感のあるリーダー

もっている星
★上下関係を大切にする星
★人と衝突しやすい星
★乗せられて買ってしまう星
★ほめられると好きになる星
★腰痛の星

ラッキーカラー　ライトブラウン　グリーン
ラッキーフード　にしんそば　きのこのマリネ
ラッキースポット　動物園　博物館

基本性格　おだてに弱く、上下関係を大事にするリーダー

正義感があり、パワフルなリーダータイプ。自分が正しいと思ったことにはまっすぐ突き進みますが、ややおっちょこちょいなところがあるため、先走ってしまうことが多いでしょう。知性があり、情報をしっかり集められる冷静さがありますが、おだてにとても弱い人です。古風な考え方をもち、上下関係をとても大事にするため、ほかの人にも自分と同じような振る舞いを求めるところがあります。また、後輩には厳しいことも多いでしょう。

2024年はこんな年

実行力があり、面倒見がいいタイプ。今年は関わる人が増え、行動範囲も広がるでしょう。後輩や部下ができ、頼れる先輩や上司にも恵まれるいい年になりそうです。一方で、あなたのパワフルな行動のなかで、雑な部分を突っ込まれることも。素直に受け止めて成長することで、人としての厚みが出てくるでしょう。上下関係は大切ですが、年下や後輩に厳しくしすぎず、「恩送り」の対象だと思うように。健康運は、膝や足首を動かして柔らかくしておくとよさそう。

開運アクション
- 年下には「恩送り」をする
- 何事も簡単に諦めない
- 「正しい」を押しつけない

金のカメレオン座

命数 **48**

清潔感のある大人

もっている星
★常識をしっかり守る星
★臆病になりすぎる星
★割り勘が好きな星
★安心できる人が好きな星
★緊張しやすい星

ラッキーカラー　オレンジ　ライトブルー
ラッキーフード　鯛めし　ナッツ
ラッキースポット　花火大会　ホテル

基本性格　学習能力と吸収力はあるが、臆病なのがアダ

上品で知的な雰囲気をもった大人です。繊細で臆病なところはありますが、常識をちゃんと守り、礼儀やマナーもしっかりしている人です。学習能力が高く、不慣れなことや苦手なことはほかから学んで吸収する能力に長けています。ただし、臆病すぎるところがあり、慎重になりすぎてチャンスを逃すことや、順番を待ちすぎてしまうこともあるでしょう。手堅く守りが強そうですが、優柔不断で突っ込まれると途端に弱くなってしまいます。

2024年はこんな年

慎重に物事を進められる1年。変化が多くなりますが、礼儀や品を忘れなければ人との関係をしっかりつくることができるでしょう。今年は初対面の人と会う機会が多いほど運気の流れに乗れ、よい方向に進めると信じ、出会いの場に積極的に出向くとよさそうです。多少臆病だったり、失敗を恥ずかしがって行動を避けるところがありますが、小さなことは気にせず、経験を増やすよう心がけましょう。健康運は、定期的に温泉に行くのがオススメです。

開運アクション
- 初対面の人を増やす
- 失敗談を笑いのネタにする
- 挨拶とお礼はキッチリする

金のカメレオン座 命数49

屈理屈が好きな大人子ども

もっている星
★ 変化や新しいことが好きな星
★ 芸術や美術にお金を使う星
★ 屁理屈が多い星
★ 個性的な人を好きになる星
★ 目の病気の星

ラッキーカラー ホワイト ブルー
ラッキーフード ブロッコリーサラダ ほうれん草カレー
ラッキースポット 映画館 書店

基本性格 マニアックなことを知るあまのじゃくな自由人

知的で冷静で理屈が好きですが、どこか子どもっぽく、自由人のスタイルを通すタイプ。周囲が知らないことに詳しく、マニアックなことも知っていて、芸術や美術、都市伝説などにも詳しいでしょう。指先が器用で学習能力が高く真似が得意ですが、あまのじゃくな性格が邪魔をして、素直に教えてもらわないことが苦労の原因になりそう。言い訳が多く、何事も理由がないとやらないところと、なんでも評論する癖があるところはほどほどに。

2024年はこんな年

変化をもっとも楽しめるタイプなので、体験や経験を増やせる年になるでしょう。おもしろい人にもたくさん会えそうです。ただ、飽きるのが早すぎる面があるため、少しマメになって人とのつながりを大切に。海外や見知らぬ土地など、ちょっとでも興味がわいた場所にもドンドン足を運んでみるといいでしょう。思い切った引っ越しや転職など、周囲を驚かせるような行動に走ってもいいですが、計画はしっかり立てておくように。健康運は、こまめに目を休ませるよう意識して。

開運アクション

- 新しい出会いを楽しむ
- 自分でも意外に思うような習い事をする
- 頑張っている人を認める

金のカメレオン座 命数50

生まれたときから心は60歳

もっている星
★ 古風と伝統が好きな星
★ 冷たい言い方をする星
★ 古くて価値のあるものを買う星
★ 頭のいい人を好きになる星
★ 目の病気の星

ラッキーカラー ライトブラウン 藍色
ラッキーフード 焼きブロッコリー ブルーベリー
ラッキースポット 書店 劇場

基本性格 学習能力は高いが、上から目線でプライド高め

冷静で落ち着きがあり、年齢以上の貫禄と情報量があるタイプ。何事も論理的に考えられ、知的好奇心が旺盛で勉強熱心。学習能力がとても高く、手先が器用で、教えてもらったことを自分のものにするのが得意。ただし、プライドが邪魔をする場合があるので、つまらないプライドを捨てて、すべての他人を尊重・尊敬すると能力を開花させられるでしょう。上から目線の言葉や冷たい表現が多くなるので、言葉を選ぶようにしてください。

2024年はこんな年

大人の魅力を出せるようになる年。興味のあることを見つけられ、探究心にも火がつきそうです。気になったことはドンドン調べ、情報をたくさん集めてみるといいでしょう。尊敬できる人やこれまでにないタイプの人にも出会えるので、フットワークを軽くして、新たな交流をもっと楽しんでみましょう。知ったかぶりをしたり、エラそうな口調にならないよう、言葉遣いには十分注意しておくこと。健康運は、肩を動かす運動をこまめにするといいでしょう。

開運アクション

- 大人の魅力を磨く
- 他人を尊敬し尊重する
- 頑張っている人を認める

銀のカメレオン座

命数

41 一言多い高校生

もっている星
★ 頑張り屋の星
★ 本音を話さない星
★ お金の貸し借りがダメな星
★ 友達のような交際が好きな星
★ 運動がストレス発散になる星

ラッキーカラー　オレンジ　イエロー
ラッキーフード　ポークソテー　大根の味噌汁
ラッキースポット　映画館　書店

基本性格　デキる人の近くにいるとグングン成長する

周囲に合わせることが得意な頑張り屋。「でも、だって」と一言多く意地っ張りなところはありますが、真似が得意で、コツをつかむとなんでもできるようになります。ただし、意地を張りすぎて自分の生き方ややり方にこだわりすぎると、能力を発揮できない場合があるでしょう。周囲に同化しやすいのでレベルの高いところに飛び込むと成長しますが、逆に低いところにいるといつまでも成長できないので、友人関係が人生を大きく分ける人でもあります。

2024年はこんな年

上半期は、素直に負けを認めることが大切。無駄なケンカや揉め事は、大事な縁が切れる原因になってしまいます。意地を張りすぎたり不要な反発心を見せず、生意気な発言もしないよう気をつけておきましょう。下半期は、軽い負荷をかけて自分を鍛える時期です。新しい「筋トレ」だと思って面倒事や地味なことも前向きにとらえ、未来の自分がよろこぶような努力を積み重ねていきましょう。

開運アクション

- 憧れの人を探す
- 出会いが増えそうな習い事をはじめる
- 悔しさを前向きなパワーに変える

銀のカメレオン座

命数

42 向上心と度胸がある人

もっている星
★ 要点をつかむのがうまい星
★ 都合の悪いことを聞かない星
★ 一攫千金をねらう星
★ 好きな人には積極的になる星
★ 健康情報が好きな星

ラッキーカラー　ブラック　ダークブルー
ラッキーフード　ジンギスカン　豚汁
ラッキースポット　スポーツジム　リゾート地

基本性格　効率よく結果を出したい合理主義者

合理主義で無駄なことや団体行動が嫌いな人です。几帳面でていねいな感じに見える人と、派手な感じに見える人が混在する極端なタイプですが、地道な努力や下積みなど、基本を身につける苦労を避けて結果だけを求めるところがあります。真似が上手でなんでも簡単にコツをつかみますが、しっかり観察をしないでいるとその能力は活かせないままです。向上心があり、成長する気持ちが強い人と付き合うといいでしょう。

2024年はこんな年

切り替えが早く、沈む船とわかればすぐに違う船に乗り替える判断力と行動力をもっているタイプ。現状を不満に感じたり、会社や生活リズムに何か悪いところがあると思うなら、行動して変えてみるといいでしょう。ただし、後先を考えずに判断をする一面もあるので、動き出す前に一度「ゴールはどこなのか」を考えるようにすること。今後付き合う必要はないと思う人とは距離をおいたり、縁を切る決断をするのも大切です。健康運は、生活習慣を整えましょう。

開運アクション

- 行動する前にゴールを設定する
- スポーツ観戦に行く
- 別れに執着しない

銀のカメレオン座

命数

43 陽気で優柔不断な人

もっている星

- ★明るく華やかな星
- ★不機嫌が顔に出る星
- ★気分でお金を使う星
- ★異性に甘え上手な星
- ★顔が丸くなる星

ラッキーカラー　オレンジ　ライトブルー

ラッキーフード　豚肉とキャベツの甘辛炒め　えだまめ

ラッキースポット　レストラン　食フェス

基本性格　ちゃっかりしているけど、なんとなく憎めない人

愛嬌があり明るく甘え上手ですが、根はしっかり者でちゃっかり者。なんとなく憎めない人です。自然と好かれる能力をもちながら、お礼や挨拶などを几帳面にする部分もしっかりもっています。なにより運に恵まれているので、困った状況になっても必ず誰かに手助けしてもらえますが、ワガママが出すぎて余計なことをしゃべりすぎたり、愚痴や不満が出すぎたりして信用を失うことも。空腹になるととくに態度が悪くなるので気をつけましょう。

2024年はこんな年

「裏運気の年」が終わり、いつもの明るく元気な自分にゆっくりと戻ってくる年。ただ上半期のうちは、イライラしたり短気を起こしたりと、感情的な部分が出てしまう場面も。下半期は、「なんとかなる」と楽観的に物事を考えられるようになり、周囲を許すことや認めることができて、楽しく過ごせるでしょう。健康運は、食欲が増して急に太ってしまうことがあるので、食べすぎに注意すること。ダンスを習ったりカラオケに行くと、ストレス発散にもなっていいでしょう。

開運アクション

- 笑顔を忘れない
- ダンスや音楽系の習い事をはじめる
- 買い物は計画的にする

銀のカメレオン座

命数

44 余計な一言が目立つ勘のいい人

もっている星

- ★勘が鋭い星
- ★恩着せがましい星
- ★老舗ブランドの星
- ★手術する星
- ★運命を感じる恋が好きな星

ラッキーカラー　イエロー　シルバー

ラッキーフード　ヒレステーキ　焼き芋

ラッキースポット　市場　映画館

基本性格　深い付き合いを求めるのに親友が少ない

頭の回転が速く勘がいいため、要領よく生きることが上手なタイプ。頭がよく感性も豊かですが、おしゃべりをしすぎて余計な一言が多くなってしまったり、空腹になると短気を起こしてしまったりするので注意しましょう。情が深く、ときには依存するくらい人と深い付き合いをする場合もありますが、なかなか親友と呼べる人が見つからないことも。人生で困ったときは生き方に長けている人を真似してみると、自然といい流れになるでしょう。

2024年はこんな年

「口は災いのもと」だと心に留めておきましょう。とくに上半期は、感情的になることや、余計な発言が原因で人間関係が崩れてしまうことがあるかも。大事な人との縁が切れる場合もありそうです。下品な言葉は使わないようにして、たとえ本当のことであっても、なんでも口にしていいわけではないと覚えておきましょう。下半期になると直感が冴えて、気になることややりたいことを見つけられそうです。しっかり情報を集めてから、動き出すようにするといいでしょう。

開運アクション

- 余計な発言をしない
- 基礎体力づくりをする
- 美術館に行く

銀のカメレオン座

命数

45 器用な情報屋

もっている星

★多趣味・多才な星
★心配性の星
★ものがたまる星
★損得で相手を見る星
★婦人科系の病気の星

ラッキーカラー　オレンジ　スカイブルー

ラッキーフード　まぐろの刺身　豚ヒレとパプリカの炒め物

ラッキースポット　水族館　アウトレット

基本性格　無駄を省く判断と対応が早く、損得勘定ができる人

情報収集が好きで段取りや計算が得意。努力家ですが、無駄なことは避けて何事も損得勘定で判断するタイプです。いい流れに乗っていても、途中で得がないと判断すると、すぐに流れを変えられるほど臨機応変に行動できる人です。他人の真似が上手なため、他人と同じ失敗をしないので要領よく生きられる人ですが、ずる賢いと思われてしまうことも。お調子者で、お酒の席で余計なことをしゃべって大失敗をしやすいので注意が必要です。

2024年はこんな年

上半期は物事が計画通りに進みにくい時期ですが、あえて損な役割を引き受けてみると、学べることが増え、味方も集まってきそうです。「損して得とれ」を体感できるタイミングだと思ってみましょう。下半期になると流れが変わり、出会いや人と関わる機会が増えてきそうです。この時期に新たに出会った人には、できるだけ注目しておくといいでしょう。流行りのファッションや髪型を試すと、あなたらしく輝けるようにもなりそうです。話題のお店に行ってみるのもオススメ。

開運アクション

- 「損して得とれ」を忘れない
- 人気のお店に行く
- 流行に合わないものは処分する

銀のカメレオン座

命数

46 地道な大器晩成型

もっている星

★親切な星
★相手に合わせる星
★不動産の星
★片思いが長い星
★冷え性の星

ラッキーカラー　ラベンダー　スカイブルー

ラッキーフード　豆乳鍋　大根サラダ

ラッキースポット　渓谷　水族館

基本性格　ゆっくり実力がついていく、自信のない現実派

真面目で根気強く、コツコツと努力できる人。何事にも時間がかかってしまい瞬発力に欠けますが、慎重に進めながらも現実的に考えられます。謙虚ですが、自分に自信がもてなくて一歩引いてしまったり、遠慮しやすく多くのことを受け身で待ってしまったりも。真似がうまく、コツを教えてもらうことで、ゆっくりとですが自分のものにできます。手先が器用なので、若いころに基本的なことを学んでおくと人生の中盤以降に評価されるでしょう。

2024年はこんな年

別れ下手なあなたですが、今年は嫌いな人や悪意がある人、自分を利用してくる人とは縁を切り、新たな人脈を広げる準備をしましょう。自分の気持ちに素直になって生きる勇気を出すことが大事です。あなたのやさしさに気づかない鈍感な人と一緒にいる必要はありません。また、ケチケチしていると、かえって不要なものが増えてしまうので、思い出があるものでも思い切って処分すること。気持ちがスッキリし、前に進めるようになるでしょう。

開運アクション

- ケチケチせず不要なものは捨てる
- 人との別れを覚悟する
- 自分が本当に好きなことを探す

銀のカメレオン座 命数 47

せっかちなリーダー

もっている星
- ★ 正義感が強い星
- ★ 甘えん坊で人任せな星
- ★ お金遣いが荒い星
- ★ 押しに極端に弱い星
- ★ 下半身が太りやすい星

ラッキーカラー	ラッキーフード	ラッキースポット
オレンジ ネイビー	おろしそば 鮭と野菜のクリームシチュー	水族館 スポーツ施設

基本性格 いい仲間に囲まれる行動力のある甘えん坊

仕切りたがりの超甘えん坊で、人任せにするのが得意な人。正義感があり、上下関係はしっかりしていますが、地道な努力は苦手で、何事もパワーと勢いで突き進みます。「細かいことはあとで」と行動が先になるので、周囲の人が巻き込まれて大変なこともありますが、真面目で几帳面なところがあるので自然とリーダー的な立場になって、仲間のなかでは欠かせない存在でしょう。突っ込まれると弱いのですが、いい仲間をつくれる人です。

2024年はこんな年

上半期は、行動を制限されたり身動きがとれなくなってしまいそうですが、下半期からは徐々に動き出せるようになるでしょう。ただ、正義感を出しすぎると、揉め事の原因になってしまうため、言葉やタイミングを選んで発言するようにしましょう。正しいからといってなんでも言っていいわけではありません。行動力が高まりそうですが、動く前にしっかり情報を集めておくことが大切です。思い違いや勘違いで、無駄な苦労をするハメにならないよう気をつけましょう。

開運アクション
- 仕切るなら最後まで仕切る
- 行動する前に情報を集める
- 勢いで買ったものは処分する

銀のカメレオン座 命数 48

古風で上品

もっている星
- ★ ルールを守る星
- ★ 神経質になる星
- ★ 見栄で出費する星
- ★ チェックが厳しい星
- ★ きれい好きな星

ラッキーカラー	ラッキーフード	ラッキースポット
オレンジ ブルー	イクラ レバーパテ	コンサート お祭り

基本性格 あと一歩が踏み出せない、ていねいな努力家

礼儀正しく誠実で努力家なタイプ。自分の弱点や欠点をしっかり分析でき、足りないことは長けている人から学んで自分のものにすることができます。一方で臆病なところがあり、目標まであと少しのところで逃げてしまったり、幸せを受け止められずに避けてしまったりするところも。何事もていねいなことはよいのですが、失敗を恐れすぎて、チャレンジを避けすぎてしまうところがあるので、思い切った行動や勇気が必要でしょう。

2024年はこんな年

現状の不満や不安をそのままにせず、少しでも解決する勇気を出すことが大切な年。間違っていると思うことがあるなら、ハッキリ伝えましょう。たとえそれで問題になったとしても、気持ちの整理がつくでしょう。とくに上半期は、自分本位な人と縁を切ったり、距離をおく判断が必要になります。下半期は、次にやるべきことや興味がわくことを見つけられそうです。勇気を出して、好奇心に素直に従ってみましょう。人に会うことを楽しんでみると、縁がつながってきそうです。

開運アクション
- 下品な人と縁を切る
- 信頼できる年上の友達をつくる
- 不要なブランド品を売る

銀のカメレオン座

命数 49

器用な変わり者

もっている星
- ★独特な美的センスがある星
- ★突然投げ出す星
- ★不要な出費が多い星
- ★不思議な人に惹かれる星
- ★食事が偏る星

ラッキーカラー　オレンジ　ホワイト
ラッキーフード　ガーリックシュリンプ　いちご
ラッキースポット　映画館　美術館

基本性格　屁理屈が多く飽きるのが早い変人

常識をしっかり守りながらも「人と同じことはしたくない」と変わった生き方をする人。芸術や美術の才能があり、周囲が興味のもてないようなことに詳しいでしょう。屁理屈と言い訳が多く、好きなこと以外は地道な努力をまったくしない面も。人間関係も、深く付き合っていると思ったら突然違う趣味の人と仲よくなったりするため、不思議な人脈をもっています。何事もコツを学んでつかむのがうまいぶん、飽きるのも早いでしょう。

2024年はこんな年

人との縁が切れやすい年ですが、執着心が弱いタイプなので、かえって気持ちが楽になりそうです。ただし、何もかも手放しすぎてしまわないこと。本当に必要な縁や、せっかく手に入れたものまで失わないよう気をつけましょう。上半期は、面倒な人間関係に短気を起こしてしまいそうですが、余計な発言はしないように。下半期は、視野が広がって興味をもてることがドンドン見つかりそうです。見るだけで満足せず実際に体験や経験をしてみると、楽しく過ごせるでしょう。

開運アクション

- 手放しすぎない
- 視野を広げる
- 好奇心を忘れない

銀のカメレオン座

命数 50

理論と理屈が好きな老人

もっている星
- ★理論と理屈の星
- ★閉鎖的な星
- ★伝統に価値を感じる星
- ★年上が好きな星
- ★目に疲れがたまる星

ラッキーカラー　ピンク　藍色
ラッキーフード　うなぎの蒲焼き　ヨーグルト
ラッキースポット　書店　古都

基本性格　知的で冷静だけど、やや上から目線

分析能力に長けた、冷静で理屈が好きな人。年齢の割には年上に見えたり、落ち着いた雰囲気をもちながらも、年上に上手に甘えたりすることができます。他人とは表面的には仲よくできますが、知的好奇心がない人や探求心がない人には興味がもてず、めったに心を開きません。神社や仏閣に行くことが好きで、ときどき足を運んでお祈りし、伝統や文化を大事にすることも。上から目線の言葉が強いので、言葉選びは慎重にしましょう。

2024年はこんな年

完璧主義で妥協ができないタイプですが、今年はいらないプライドを捨てるいい機会です。他人を認めることで、進む道や視野が変わってくるでしょう。意地になることや傷つくような出来事があっても、「まあいいや」と流したり手放すようにすると、気持ちが楽になるでしょう。「なんで意地を張り続けていたのか」と不思議に思えてくるはずです。尊敬する人と離れたり縁が切れることもありそうですが、新たな目標ができて、突き詰めたいことが変わるでしょう。

開運アクション

- 頑張っている人を認める
- 不要なプライドは捨てる
- 自分から挨拶する

金のイルカ座

命数

51 頑張り屋で心は高校1年生

もっている星

★部活のテンションで生きる星
★負けず嫌いの頑張り屋な星
★周りにつられて浪費する星
★身近な人を好きになる星
★運動しないとイライラする星

ラッキーカラー　ダークブルー　オレンジ
ラッキーフード　お好み焼き　ごぼうサラダ
ラッキースポット　公園　スタジアム

基本性格　少年の心をもった色気のない人

負けず嫌いの頑張り屋さん。ライバルがいることで力を発揮できる人ですが、心は高校1年生のスポーツ部員。つい意地を張りすぎてしまったり、「でも、だって」が多く、やや反発心のあるタイプ。女性は色気がなくなりやすく、男性はいつまでも少年の心のままでいることが多いでしょう。自分が悪くなくても「すみません」と言えるようにすることと、目標をしっかり定めることがもっとも大事。

2024年はこんな年

ハッキリとしたゴールを決めることでパワーや能力を発揮できるタイプなので、目標となる人を探してみるといいでしょう。何年後に追いつき、いつごろに追い越せそうか、具体的に考えることが大切です。とくに思い浮かばないなら、同期や同級生、同世代の有名人や成功者をライバルだと思って、少しでも追いつけるよう努力してみて。健康運は、スポーツをはじめるのに最高のタイミングです。ただ、頑張りすぎると年末に調子を崩してしまうため、疲れはため込まないように。

開運アクション

- 目標とする人を決める
- 運動をはじめる
- 異性の友人をつくる

金のイルカ座

命数

52 頑張りを見せないやんちゃな高校生

もっている星

★頭の回転が速い星
★団体行動が苦手な星
★ライブ好きな星
★刺激的な恋にハマる星
★健康情報が好きな星

ラッキーカラー　ブラック　オレンジ
ラッキーフード　さばの塩焼き　きんぴらごぼう
ラッキースポット　スポーツジム　劇場

基本性格　団体行動が苦手な目立ちたがり

頭の回転が速く、合理的に物事を進めることに長けている人。負けず嫌いの頑張り屋さんで、目立つことが好きですが団体行動は苦手。ところが、ふだんはそんなそぶりを見せないように生きることが上手です。人の話を最後まで聞かなくても、要点をうまく汲み取って瞬時に判断できるタイプ。ときに大胆な行動に出ることや、刺激的な事柄に飛び込むこともあるでしょう。ライブや旅行に行くとストレスの発散ができます。

2024年はこんな年

頑張る姿や一生懸命さを表には出さないあなた。わざわざアピールする必要はありませんが、夢や希望は周囲に話してみるといいでしょう。黙っていては周りからの協力やいい情報は得られないので、自分がどこを目指しているのかなどを話す機会をつくるとよさそうです。雑用を避けるところもありますが、あえて面倒なことを引き受けるくらいの気持ちでいるほうが成長につながるでしょう。健康運は、ヤケ食いをして胃腸の調子を崩しやすいので注意すること。

開運アクション

- 自分の目標や夢を語ってみる
- 体験教室に行く
- 向上心のある友人をつくる

金のイルカ座

命数

53 陽気な高校1年生

もっている星
- ★笑顔の星
- ★ワガママな星
- ★勢いで恋をする星
- ★簡単に太る星
- ★食べ物に浪費する星

ラッキーカラー　ピンク　ライトブルー
ラッキーフード　ねぎ焼き　ポテトサラダ
ラッキースポット　レストラン　動物園

基本性格　不思議と助けられる運のいい人

「楽しいこと」「おもしろいこと」が大好きな楽観主義者。つねに「なんとかなる」と明るく前向きにとらえることができますが、空腹になると機嫌が悪くなります。サービス精神が豊富で自然と人気者になる場合が多く、友人も多いでしょう。油断をするとすぐに太ってしまい、愚痴や不満が出て、ワガママが表に出すぎることがあるので気をつけましょう。基本的に運がよく、不思議と助けられることも多く、つねに味方がいる人でしょう。

2024年はこんな年

人生を楽しもうとするあまり、目の前の快楽に流されないよう注意しましょう。計画や目標を立てるより、「いまが楽しければいい」と思ってしまうタイプなので、努力や地道な積み重ねがおろそかになってしまいがちです。人生を楽しみたいなら、「自分も周囲も楽しませて笑顔にする」を目標にしてみるといいでしょう。もっと夢を大きくして、「自分と関わる人すべてを楽しませる」くらいまで目指すといいかも。健康運は、年末に鼻炎になったり気管が弱くなりやすいので気をつけて。

開運アクション

- 自分も周囲も楽しませる
- 異性をしっかり観察する
- 定額預金をする

金のイルカ座

命数

54 頭の回転が速い頑張り屋

もっている星
- ★おしゃべりな星
- ★勘がいい星
- ★短気な星
- ★一目惚れする星
- ★スタミナがない星

ラッキーカラー　イエロー　ターコイズブルー
ラッキーフード　焼き肉　ゆで卵
ラッキースポット　神社仏閣　劇場

基本性格　感性豊かでおしゃべり。一言多くて失敗も

直感が冴えていて頭の回転が速く、アイデアを生み出す能力も高く、表現力があって感性豊かな人。おしゃべりで、目立ってしまうことも多いのですが、一言多い発言をしてしまい、反省することも多いでしょう。負けず嫌いの意地っ張り。競争することでパワーを出せる面がありますが、短気で攻撃的になりやすく、ワガママな言動をしてしまうことも。根は人情家で非常にやさしい人ですが、恩着せがましいところがあるでしょう。

2024年はこんな年

頭の回転は速くても計画を立てるのは苦手なタイプ。自分の直感を信じて行動するのはいいですが、まずは2年後、5年後に自分がどうなっていたいかを考えてみましょう。現実的で具体的な目標を立てることが大切です。6月に突然夢ができて突っ走りたくなることがありますが、2か月間情報を集めてから本当に行動していいかを見極め、8月に動き出すといいでしょう。健康運は、スタミナが足りていないので、今年から定期的にランニングや水泳などの運動をするのがオススメ。

開運アクション

- ポジティブな発言をし周囲に感謝を伝える
- 勉強して語彙を増やす
- 直感で動く前に計画を立てる

金のイルカ座

命数

55 社交性がある頑張り屋

もっている星
- ★情報収集が得意な星
- ★トークが軽い星
- ★買い物が好きな星
- ★貧乏くさい人が嫌いな星
- ★お酒に飲まれる星

ラッキーカラー ダークブルー ブラウン
ラッキーフード 豚のしょうが焼き しじみの味噌汁
ラッキースポット 温泉 水族館

基本性格 興味の範囲が広くて目立ちたがり屋

段取りと情報収集が好きで、フットワークが軽く、交友関係も広くて華のある人。多趣味で多才、器用に物事を進められ、注目されることが好きなので自然と目立つポジションをねらうでしょう。何事も損得勘定で判断し、突然交友関係や環境が変わることも。興味の範囲が幅広いぶん、部屋に無駄なものが増え、着ない服や履かない靴などがたまってしまいがちです。表面的なトークが多いので、周囲から軽い人だと思われてしまうところもあります。

2024年はこんな年

多趣味・多才で情報好き、計画も立てられるタイプのあなた。今年は「行動」をもっと意識してみましょう。興味をもったことを調べて知識としては知っているものの、実際に体験や経験はしていないということも多いもの。行動してから考えてもいいくらいなので、周囲を誘ったり、意識してリーダー的な役割にも挑戦してみましょう。健康運は、過労や予定の詰め込みすぎ、お酒の飲みすぎに要注意。

開運アクション

- 情報収集より行動を優先する
- 感謝と恩返しを忘れない
- 夜遊びはできるだけ避ける

金のイルカ座

命数

56 現実的な努力家

もっている星
- ★真面目でやさしい星
- ★自分に自信がない星
- ★小銭が好きな星
- ★片思いが長い星
- ★冷えに弱い星

ラッキーカラー ホワイト スカイブルー
ラッキーフード さんまの塩焼き レバーの甘辛煮
ラッキースポット 温泉 コンサート

基本性格 几帳面に物事を進められる陰の努力家

現実的に物事を考えられ、真面目で几帳面で地道に物事を進めることが好きな人。負けず嫌いで意地っ張りな面もあり、陰で努力をします。些細なことでもじっくりゆっくりと進めるでしょう。そのため何事も時間がかかってしまいますが、最終的にはあらゆることを体得することになります。本心では出たがりなところもありますが、チャンスの場面で緊張しやすく、引き癖があり、遠慮して生きることの多い断りベタな人でしょう。

2024年はこんな年

未来に向けて地道な努力をはじめる年。多少遠回りでゆっくりでも、自分のゴールや夢に近づく方法を思いついたら実践するようにしましょう。周囲に小馬鹿にされても、「うさぎと亀」の亀のように最後に笑うことができると信じ、自分のペースで頑張ってみて。1日10分でもいいので、目標を達成するための勉強や運動をしてみると、早ければ2年後にはいまの周囲との関係をひっくり返すことができそうです。健康運は、基礎代謝を上げる運動をスタートするといいでしょう。

開運アクション

- 1日10分、勉強と筋トレをする
- 「嫌われてもいい」と覚悟する
- 仕事の予習・復習を行う

金のイルカ座

命数

57 おだてに弱い高校生

もっている星
★リーダーになる星
★おだてに弱い星
★後輩にご馳走する星
★恋に空回りする星
★よく転ぶ星

ラッキーカラー　ダークブルー　ブラウン
ラッキーフード　冷麺　トマトサラダ
ラッキースポット　商店街　空港

基本性格　物事を前に進める力があるけど、おっちょこちょい

実行力と行動力があるパワフルな人。おだてに極端に弱く、ほめられるとなんでもやってしまうタイプ。やや負けず嫌いで意地っ張りなところがあり、正義感があるので自分が正しいと思うと押し通すことが多いでしょう。行動は雑でおっちょこちょいなので、忘れ物やうっかりミスも多くなりがち。後輩や部下の面倒を見ることが好きで、リーダー的存在になりますが、本音は甘えん坊で人任せにしているほうが好きでしょう。

2024年はこんな年

多少せっかちなところがありますが、パワフルで行動力があるタイプ。今年は、計画をしっかり立てることが重要です。自分にとって最高に幸せなポジションや状況を想像し、そのためには何が必要でどんな人脈が大事なのかを考えてみましょう。周囲に相談してもよさそうです。尊敬できる先輩や上司がいるのであれば一緒にいるといいですが、あなたはリーダーとしての素質があるので、まとめ役になってみても能力を発揮できるでしょう。健康運は、足腰のケガに気をつけて。

開運アクション

- 計画を立ててから行動に移す
- 勝手に諦めない
- 後輩や部下の面倒を見る

金のイルカ座

命数

58 上品な情熱家

もっている星
★礼儀正しい星
★恥ずかしがり屋の星
★見栄で出費する星
★相手を調べすぎる星
★肌が弱い星

ラッキーカラー　ピンク　ライトブルー
ラッキーフード　チーズ　いちご
ラッキースポット　庭園　コンサート

基本性格　意地っ張りで繊細な心の持ち主

礼儀正しい頑張り屋。挨拶やマナーをしっかり守り、上品な雰囲気をもっていますが、根はかなりの意地っ張り。自我が強く出すぎるのに、繊細な心をもっているので、些細なことを気にしすぎてしまうことがあるでしょう。常識やルールを守りますが、自分にも他人にも同じようなことを求めるので、他人にイライラすることが多いでしょう。清潔感が大事で、つねにきれいにしているような几帳面なところがあります。

2024年はこんな年

品格があり礼儀正しいタイプですが、今年は勇気と度胸を身につけることを意識して過ごしてみるといいでしょう。武道や格闘技など、ふだんなら避けていたことにも恥ずかしがらずにチャレンジしてみて。あえて人前に立つことや、自分の発言に自信をもつことも大切です。何事も慣れが肝心なので、目立つ服や露出の多い服を着て、視線を集めてみるのもいい訓練になりそう。健康運は、スキンケアをしっかりしておきましょう。

開運アクション

- 自分の気持ちを素直に伝える
- 幸せになる勇気と度胸を忘れない
- 素直にほめて認める

金のイルカ座

命数

59 熱しやすく冷めやすい努力家

もっている星

★天才的なアイデアを出す星
★飽きっぽい星
★才能に惚れる星
★目の疲れの星
★マニアックなものにお金を使う星

ラッキーカラー　ホワイト　ブルー

ラッキーフード　うなぎの蒲焼き　鮭の塩焼き

ラッキースポット　劇場　工芸品店

基本性格　負けず嫌いのクリエイター

根っからの変わり者で自由人。斬新で新しいことを生み出す才能があり、つねに人と違う発想や生き方をする人。負けず嫌いの意地っ張りで、素直ではないところがありますが、芸術系や美術、クリエイティブな才能を活かすことで認められる人でしょう。理論と理屈が好きですが、言い訳が多くなりすぎたり、理由がないと行動しないところも。心は中学1年生で止まったまま大人になることが多いでしょう。

2024年はこんな年

自分の才能や個性を活かしたいと思っているなら、思い切って環境を変える勇気が必要です。都会や海外など、チャンスがありそうな場所がわかっている人は、引っ越してでも飛び込んでみるといいでしょう。お金が足りないなど、すぐに動けない事情がある場合は、9月の実行を目標に上半期は節約を心がけ、しっかり貯金しておきましょう。今年はあなたの人生観を変えるような体験や出会いもあるので、素直に行動に移すことが大切です。健康運は、目の疲れに要注意。

開運アクション

- 興味のあることを見つけているなら行動に移す
- 好かれることを楽しんでみる
- 他人の才能や個性を素直に認める

金のイルカ座

命数

60 理屈が好きな高校生

もっている星

★冷静な星
★エラそうな口調になる星
★アートにハマる星
★肩こりの星
★尊敬できる人を好きになる星

ラッキーカラー　ホワイト　藍色

ラッキーフード　エビマヨ　しめじの味噌汁

ラッキースポット　書店　美術館

基本性格　芸術の才がある冷静な理論派

理論や理屈が大好きで、冷静に物事を考えられる大人なタイプ。知的好奇心が強く、深く物事を考えていて対応力があり、文化や芸術などにも詳しく、頭のいい人でしょう。人付き合いは上手ですが、本音では人間関係が苦手でめったに心を開かないタイプ。何事にも評論や批評をする癖もあります。意地っ張りで負けず嫌いでプライドが高く、認めない人はなかなか受け入れませんが、何かを極める達人や職人、芸術家の才能があるでしょう。

2024年はこんな年

プライドが高い一方で、ユーモアセンスもある知的なタイプ。つねに冷静な対応ができますが、言葉が冷たく聞こえてしまうことも多いので、今年は柔らかい言い方や、伝わりやすい言葉を選ぶよう心がけましょう。周囲の人の頑張りをねぎらったり、結果が出ていない人の努力を認められるようになると、味方が集まってくるはず。先輩や年上の人の話を聞き、情報をしっかり集めておくとよさそうです。健康運は、食事のバランスを整えるようにしましょう。

開運アクション

- 頑張りを認め、ねぎらう
- 誰に対しても尊敬できる部分を探す
- やさしい表現や伝え方を学ぶ

銀のイルカ座 命数 51

華やかで心は高校生

もっている星

- ★サッパリとした性格の星
- ★負けを認められない星
- ★お金に執着がない星
- ★異性の友達を好きになる星
- ★胃腸が弱い星

ラッキーカラー：ピンク　ブルー
ラッキーフード：かれいの煮付け　アサリの味噌汁
ラッキースポット：スポーツ施設　キャンプ場

基本性格　気持ちが若く、仲間から好かれる

負けず嫌いの頑張り屋で、目立つことや華やかな雰囲気が好き。やや受け身ですが、意地を張りすぎずに柔軟な対応ができ、誰とでもフレンドリーで仲よくなれます。心は高校1年生のまま、気さくで楽な感じでしょう。女性は色気があまりなく、男性の場合は少年の心のまま大人になった印象です。仲間や身近な人を楽しませることが好きなので、自然と人気者に。学生時代の友達や仲間をいつまでも大事にするでしょう。

2024年はこんな年

新たな友人や仲間ができる年。職場やプライベートで、これまでとは違ったタイプの人と仲よくなれるでしょう。親友や長い付き合いになる人に出会えることも。今年は、一歩踏み込んだ関係づくりに努めることが大切です。習い事をしたり、共通の目標がある人を探してみるのもいいでしょう。舞台や芝居を観賞すると刺激になり、表現力も学べそうです。努力している人を認めると、自分もパワーがわいてくるでしょう。健康運は、運動のスタートに最適なタイミングです。

開運アクション

- 新しい趣味をはじめる
- 舞台や芝居を観に行く
- 仕事関係者とプライベートで遊ぶ

銀のイルカ座 命数 52

刺激が好きな高校生

もっている星

- ★合理的な星
- ★刺激的な遊びに飛び込む星
- ★旅行で浪費する星
- ★野心のある人を好きになる星
- ★ヤケ食いで体調を崩す星

ラッキーカラー：ブラック　ダークブルー
ラッキーフード：いか飯　くるみ
ラッキースポット：リゾート地　ライブハウス

基本性格　頭の回転が速く、話題も豊富な人気者

家族の前と、外や人前とではキャラを切り替えることが上手な役者タイプ。目立つことが好きですが、全面的にそれを出すか、または秘めているか、両極端な人でしょう。何事も合理的に物事を進めるため、無駄と地味なことが嫌いで団体行動も苦手。一方で刺激や変化は好きなので、話題が豊富で人気を集めます。頭の回転が速くトークも上手ですが、「人の話の前半しか聞かない星」をもっているため、先走りすぎることも多いでしょう。

2024年はこんな年

興味のある場所にドンドン足を運ぶことで、いい刺激と学びを得られる年。多少出費がかさんでも気にせず、旅行やライブに行くなどして新たな経験を増やすと、素敵な出会いにもつながるでしょう。これまでとは違った目標ができることもありそうです。団体行動を避けていると大切な縁がつながらなくなってしまうため、苦手に感じても、人の輪に入るよう心がけましょう。雑用や面倒なことほど、率先して行うことも大切です。健康運は、ヤケ食いに注意すること。

開運アクション

- 団体行動を楽しんでみる
- 相手の内面を見るよう努力する
- 音楽フェスや食フェスに行く

銀のイルカ座

命数

53 陽気な遊び人

もっている星
★遊びが大好きな星
★文句が多い星
★かわいいものを買いすぎる星
★体の相性を大事にする星
★体が丸くなる星

ラッキーカラー　オレンジ　ライトブルー
ラッキーフード　麻婆豆腐　ロールキャベツ
ラッキースポット　音楽フェス　喫茶店

基本性格　欲望に素直な楽しい人気者

楽しいことやおもしろいことが大好きな陽気な人気者。人付き合いやおしゃべりが上手で、周囲を楽しませることが好きなタイプ。目立つことが好きで、音楽やダンスの才能があります。「空腹になると機嫌が悪くなる星」をもっているので、お腹が空くとイライラや不機嫌が周囲に伝わってしまいます。欲望に素直に行動し、つい余計なことをしゃべりすぎてしまうところがありますが、人間関係のトラブルは少ないほうでしょう。

2024年はこんな年

持ち前のサービス精神と人懐っこさが活かせる年。人気者のように注目が集まり、人とのつながりが増えて、慌ただしくなってくるでしょう。楽しく過ごすのはいいですが、もともと詰めが甘かったり誘惑に流されやすいところがあるので要注意。何かに取り組むときはメリハリをしっかりつけ、「やるときは最後までキッチリやる」ことを忘れないようにしましょう。また楽しむときは、自分も周りも、もっと楽しめるよう意識すること。健康運は、ダンスやヨガがオススメです。

開運アクション

- 締めくくりをしっかりする
- 周囲を楽しませる
- 本を読んで語彙を増やす

銀のイルカ座

命数

54 遊び好きの人情家

もっている星
★感性が豊かな星
★一言多い星
★気がついたら浪費している星
★デブが嫌いな星
★ストレスをためやすい星

ラッキーカラー　オレンジ　イエロー
ラッキーフード　ジンギスカン　大学芋
ラッキースポット　神社仏閣　お祭り

基本性格　根は人情家だけど、トークがうまい毒舌家

頭の回転が速く、何事も直感で決めるタイプ。遊び心がつねにあり、目立つことが大好き。トークが上手で、周囲を楽しませることが得意でしょう。しゃべりすぎて余計な一言が出てしまい、「毒舌家」と言われることもありますが、根は人情家で純粋な心をもっています。困っている人を見ると放っておけず、手助けをすることも多いでしょう。ストレートな意見を言えるので周囲からの相談も多く、自然と人脈が広がっていくでしょう。

2024年はこんな年

何事も人任せにしていると、愚痴や文句が増えて口が悪くなってしまいます。不満があるなら自ら動き、あえて愚痴の言えない状況をつくってみましょう。他人の努力や頑張りを認めると、あなたの才能や能力を認めてくれる人も現れるでしょう。年上の人からのアドバイスをしっかり受け止めることも大切です。直感を信じるのはいいですが、もともと短気を起こしやすい性格なので、早急に判断しないよう気をつけましょう。健康運は、基礎体力づくりが大切です。

開運アクション

- 他人の才能をほめる
- 上品さを意識する
- 周囲の見本となる人を目指す

銀のイルカ座

命数

55 華やかな情報屋

もっている星
- ★おしゃれで華のある星
- ★トークが薄っぺらい星
- ★ものが増える星
- ★流行に弱い星
- ★膀胱炎になりやすい星

ラッキーカラー　オレンジ　ネイビー

ラッキーフード　まぐろ丼　レンコンのきんぴら

ラッキースポット　水族館　海水浴

基本性格　情報収集が得意でトークの達者な人気者

人当たりがよく、情報収集が好きで、流行に敏感なタイプ。おしゃれでフットワークが軽く、楽しそうな場所にはドンドン顔を出す人です。華やかで目立つことが好きなので、遊びや趣味の幅もとても広いでしょう。損得勘定で判断することが多いのですが、周囲の人間関係とのバランスを図るのもうまく、ウソやおだても得意。トークも達者で周囲を自然と楽しませる話ができるため、いつの間にか人気者になっているでしょう。

2024年はこんな年

あなたの社交性を活かせる年。フットワークがより軽くなり人脈が広がって、これまでにない新たな縁がつながるでしょう。損得勘定で人を判断すると相手に見抜かれてしまう場合があるので、「どんな人にもいいところがある」と思って接すること。また、気になる人ができたら、受け身にならず自分から遊びに誘ってみましょう。ゴルフをする、ジャズを聴く、BARに入るなどして「大人の時間」を楽しんでみると、いい経験と人脈ができそうです。健康運は、休肝日をつくること。

開運アクション

- 損得勘定で人付き合いしない
- 大人っぽい趣味をはじめる
- フットワークを軽くする

銀のイルカ座

命数

56 真面目な目立ちたがり屋

もっている星
- ★やさしい星
- ★チャンスに弱い星
- ★少しでも安物に目がいく星
- ★キスが好きな星
- ★むくみやすい星

ラッキーカラー　オレンジ　ラベンダー

ラッキーフード　納豆　杏仁豆腐

ラッキースポット　海　書店

基本性格　人に好かれるのに遠慮する癖がある

陽気で明るい性格ですが、とても真面目で受け身です。本音では目立ちたいと思っていますが、遠慮する癖があって自分を押し殺しているタイプでもあります。親切で、誰かのために役立つことで生きたいと思っていますが、根は遊びが大好きで、お酒を飲むとキャラが変わってしまうことも。几帳面で気がきくので、人に好かれ、交友関係も広げられますが、臆病になっているとチャンスを逃す場合もあります。

2024年はこんな年

華やかな「銀のイルカ座」のなかで、もっとも控え目でいつも受け身になりがちですが、今年は楽しそうだと思ったら素直に行動に移すといいでしょう。真面目な性格をコンプレックスに思う必要はありません。楽しみながら地道にコツコツできることに挑戦してみましょう。楽器の演奏や筋トレ、資格の勉強などをするのがオススメです。ケチケチせず、気になることに思い切ってチャレンジしましょう。健康運は、白湯を飲むとよさそう。

開運アクション

- 図々しくなってみる
- 自分磨きと自己投資をケチらない
- 新たなジャンルの音楽を聴く

銀のイルカ座 命数 57 華やかなリーダー

もっている星
★仕切りたがりの甘えん坊な星
★ドジな星
★どんぶり勘定な星
★押しに弱い星
★転びやすい星

ラッキーカラー グリーン ネイビー
ラッキーフード 五目焼きそば 抹茶アイス
ラッキースポット 動物園 球場

基本性格 人から注目されたい甘えん坊

面倒見がよくパワフルで、人から注目されることが大好きな人です。おだてに極端に弱く、ほめられるとなんでもやってしまうタイプ。行動力があり、リーダー気質ですが、本音は甘えん坊で人任せで雑なところがあります。それでもサービス精神があるので、自然と人気を集めるでしょう。注目されたくてドンドン前に出てしまうことも。正義感が強いので、正しいことは「正しい」と強く主張するところがあるでしょう。

2024年はこんな年

行動範囲が広がり、いい人脈ができる運気。ただし他人任せにしたり周囲に甘えすぎると、せっかくの運気を無駄にしてしまいます。誘いを待たず自ら周囲に声をかけ、積極的に行動しましょう。後輩や年下と遊んだり、「面倒見のいい人」を目指すのもよさそうです。いつも通りにしていると雑なところを見抜かれてしまうので、何事も「必要以上にていねいに」を心がけましょう。上下関係を気にしすぎないことも大切です。健康運は、足腰を鍛える運動をしましょう。

開運アクション

- 後輩や部下と遊ぶ
- 何事も勝手に諦めないで粘る
- ていねいな言動を心がける

銀のイルカ座 命数 58 常識を守る遊び人

もっている星
★清潔感ある星
★打たれ弱い星
★品のあるものを欲しがる星
★上品な人を好きになる星
★肌荒れで悩む星

ラッキーカラー ピンク ライトブルー
ラッキーフード ニラ玉 そらまめ
ラッキースポット 映画館 公園

基本性格 上品で社交性がある負けず嫌いの頑張り屋

上品で華があり、ルールやマナーをしっかり守るタイプです。遊び心や他人を楽しませる気持ちがあり、少し臆病な面はありますが、社交性があり年上やお金持ちから好かれることが多いでしょう。そして下品な人は自然と避けます。やわらかい印象がありますが、根は負けず嫌いの頑張り屋で意地っ張り。自己分析能力が高く、自分の至らないところを把握している人です。しかし、見栄を張りすぎてしまうことも多いでしょう。

2024年はこんな年

視野を広げ、勇気を出して行動するといい運気。順序を守っててていねいに動くのもいいですが、慎重になりすぎたり失敗を避けてばかりいると、肝心の経験や体験をする機会が減ってしまいます。失敗や恥ずかしい思いをしたほうが、強く厚みのある人間になれると思って、勇気を出して行動してみましょう。気になる人がいるなら、自分から話しかけて友人になれるよう頑張ってみて。健康運は、好きな音楽を聴いてリラックスする時間をつくるとよさそう。

開運アクション

- 失敗から学ぶ気持ちをもって行動する
- 人生には努力と勇気が必要だと忘れない
- 他人のいいところを見る

銀のイルカ座

命数

59 屁理屈が好きな遊び人

もっている星
- ★独自の美意識がある星
- ★言い訳が多い星
- ★浪費癖の星
- ★不思議な人を好きになる星
- ★食事のバランスが悪い星

ラッキーカラー　パープル　ブルー
ラッキーフード　ひじきご飯　ほうれん草のごま和え
ラッキースポット　美術館　音楽フェス

基本性格　斬新なことを生み出す、自由が好きな変わり者

人と違う生き方や発想をする変わり者です。芸術や美術などが好きで、ほかの人とは違った感性をもち、新しいことに敏感で斬新なものを見つけたり生み出したりできるタイプ。屁理屈や理屈が多いのですが、人当たりがよく、ノリやおもしろいことが好きなので自然と周囲に人が集まります。ただ他人には興味が薄いでしょう。熱しやすく冷めやすく、自由と遊びを好み、芸能や海外など、周囲とは違った生き方を自然と選ぶでしょう。

2024年はこんな年

好奇心旺盛な性格を活かして、少しでも気になることは即行動に移し、いろいろ試してみましょう。周囲に「落ち着きがない」「飽きっぽい」などと言われても気にせず、視野や人脈、世界を広げるときだと思うこと。初対面の人にはしっかり挨拶し、礼儀や品を意識して「常識ある態度」をとるようにすると、才能や魅力を引き出してもらえ、チャンスをつかめそうです。発想力があるのはいいですが、自由と非常識を履き違えないように。健康運は、食事が偏らないよう注意して。

開運アクション
- 礼儀と挨拶をしっかりする
- 言い訳できないくらい自分を追い込む
- 他人の才能や個性を認める

銀のイルカ座

命数

60 プライドの高い遊び人

もっている星
- ★知的好奇心豊かな星
- ★上から目線の言葉を使う星
- ★渋いものにお金を使う星
- ★尊敬できる人を好きになる星
- ★肩こりや目の疲れに悩む星

ラッキーカラー　パープル　ホワイト
ラッキーフード　中華丼　サーモンのカルパッチョ
ラッキースポット　劇場　美術館

基本性格　好きなことは追求するが、他人には興味ナシ

やわらかな印象をもたれる人ですが、根は完璧主義の理屈人間です。好きなことをとことん突き詰める力があり、すぐに「なんで？　なんで？」と言うのが口癖。人間関係をつくることが上手ですが、本音は他人に興味がなく、尊敬できない人には深入りしないでしょう。最初は仲がいい感じにしていても、次第に距離をとってしまうことも。冗談のつもりもありますが、上から目線の言葉が出やすいので、やさしい言葉を選ぶ心がけが必要でしょう。

2024年はこんな年

学ぶべきことを見つけられたり、尊敬できる人に出会える年。興味がわいたら待っていないで、すぐ行動に移しましょう。プライドは捨て、失敗から学ぶ姿勢を大切に。恥ずかしい思いをしても、それを上回る度胸をつけるつもりで挑戦し続けましょう。気になる人がいるなら、考えるより先に行動するくらいがちょうどいいと思って話しかけてみて。笑顔と愛嬌を意識してリアクションをよくすると、いい関係になれそうです。健康運は、歩く距離を増やすといいでしょう。

開運アクション
- 興味のあることを即行動に移す
- 失敗を恥ずかしがらない
- どんな人にも自分より優れている部分があると思う

ゲッターズ飯田（げったーず いいだ）

これまで7万人を超える人を無償で占い続け、20年以上占ってきた実績をもとに「五星三心占い」を編み出し、芸能界最強の占い師としてテレビなど各メディアに数多く登場する。『ゲッターズ飯田の五星三心占い』は、シリーズ累計1000万部を超えている（2023年9月現在）。6年連続100万部を出版し、2021、22年は年間BOOKランキング作家別1位（オリコン調べ）と、2年連続、日本で一番売れている作家。

▶オフィシャルブログ　https://ameblo.jp/koi-kentei/

［チームゲッターズ］

デザイン班	**装丁 星座イラスト**　秋山具義＋山口百合香（デイリーフレッシュ）
	本文デザイン　坂川朱音＋小木曽杏子（朱猫堂）
DTP班	髙本和希（天龍社）
イラスト班	INEMOUSE
校正班	株式会社ぷれす、溝川歩、藤本眞智子、会田次子
編集班	伊藤美咲（KWC）、吉田真緒
	大谷奈央＋小坂日菜＋鈴木久子＋白石圭＋富田遙夏＋稲田遼祐（朝日新聞出版）
企画編集班	髙橋和記（朝日新聞出版）
後方支援班	海田文＋築田まり絵（朝日新聞出版）
資材調達班	井関英明（朝日新聞出版）
印刷班	小沢隆志（大日本印刷）
販売班	穴井美帆＋梅田敬＋村上"BIG"貴峰＋小林草太（朝日新聞出版）
宣伝班	長谷川拓美＋和田史朋＋神作英香（朝日新聞出版）
web制作班	川﨑淳＋松田有以＋浅野由美＋北川信二＋西村依泰（アム）
企画協力	中込圭介＋川端彩華（Gオフィス）
特別協力	おくまん、ポリプラス、カルメラ、市川康久、生駒毅
超絶感謝	読者のみなさま

※この本は、ゲッターズ飯田氏の20年以上におよぶ経験とデータに基づいて作成しましたが、必ずしも科学的な裏づけがされているものではありません。当然、ラッキーフードばかり食べればいいというわけではありませんし、アレルギーのある方は注意も必要です。健康に関連する記述についても、本書に書かれていなくても不調がある場合はしかるべき処置をとってください。投資などで損害を被っても、弊社は責任を負いかねますので、ご了承ください。また、戦争、暴動、災害、疫病等が起こった場合、必ずしも占い通りに行動することがいいとは言えません。常識の範囲内で行動してください。

ゲッターズ飯《いい》田《だ》の五《ご》星《せい》三《さん》心《しん》占《うらな》い2024　金《きん》の鳳《ほう》凰《おう》座《ざ》

2023年 9 月 4 日 第1刷発行
2024年 1 月10日 第6刷発行

著　者　ゲッターズ飯田
発行者　宇都宮健太朗
発行所　朝日新聞出版
〒104-8011 東京都中央区築地5-3-2
電話　03-5541-8832（編集）
03-5540-7793（販売）
こちらでは、個別の鑑定等には対応できません。あらかじめご了承ください。
印刷製本　大日本印刷株式会社

ISBN 978-4-02-251917-7

ここから先は Bonus Page です。

「宝」にできるかは

あなた次第……。